SINDICALISMO Y FUTURO DEL TRABAJO
CAMBIO DE ÉPOCA Y SINDICATO GLOBAL

Rubén Cortina

Sindicalismo y futuro del trabajo
Cambio de época y Sindicato Global

prometeo
libros

Colección Xxxxxx
Director: Xxxxxxx
Cuidado editorial: Xxxxxxxx

Armado: Eleonora Silva
Corrección: Jorge Domínguez

Índice

Agradecimientos y dedicatorias 9

Introducción 13

CAPÍTULO 1
Contexto y matriz de la acción sindical internacional 31

    Los inicios 31

    Guerras mundiales y Guerra Fría 34

    Crisis, revolución tecnológica y preludio de una nueva era...............43

    Poder y vaivenes en el sindicalismo del Cono Sur 49

    De la incertidumbre inicial a la construcción de la unidad...............55

CAPÍTULO 2
Componentes de cambio civilizatorio en un nuevo e incierto escenario.......69

1. Multinacionales y cadenas globales de valor. Implicancias de la
descentralización productiva global 69

    Para comprender...72

    Cadenas de valor...76

    El Acuerdo marco global 79

    Globalización, proteccionismo y acuerdos marco globales...............82

    Naturaleza de la negociación laboral global.
Diferencias y similitudes con la negociación tradicional....................88

    Acuerdo marco global, eficacia jurídica y acción sindical 92

    Campañas y acciones sindicales. El caso de UNI-Sindicato Global ..96

2. China en la construcción compleja de un nuevo multilateralismo
camino al desarrollo sostenible 101

    Razones...101

    Historia y visión 105

    Claves del '78 109

    El mercado laboral 112

    La Federación de Sindicatos de toda la China, hoy 124

3. ¿Crisis en el sistema de Naciones Unidas?
El Grupo de los 20 (G20)..128

    Por qué nos interesa 128

    Naciones Unidas, ¿hacia dónde? 134

    Los cimientos del sistema internacional contemporáneo 138

    La Organización Internacional del Trabajo 146

    ¿Y el sistema financiero global? 148

    El G20..152

4. Un aliado en el Vaticano, una luz de certidumbre
para los pobres y excluidos 155

5. El futuro del trabajo 173

CAPÍTULO 3
La Confederación Sindical Internacional 181
*Acción y gestión por un sistema global democrático y social en un nuevo
mundo del trabajo. Un futuro del trabajo con tensiones, debate
y lucha inteligente. Finalizar el círculo unitario*

    Una década y un poco más, aciertos y acechanzas 181

    La Confederación Sindical Internacional y la Organización
    Internacional del Trabajo 185

    La Confederación Sindical Internacional,
    la Red Sindical Mundial de Investigación y la Universidad
    Global del Trabajo (GLU)...187

    La Confederación Sindical Internacional,
    la Oficina de los Sindicatos Globales en Washington
    y la Organización Mundial de Comercio 190

    La Confederación Sindical Internacional
    y el Capital de los Trabajadores 195

    Campañas previas 196

    La Confederación Sindical Internacional y el G20 198

    Otras prioridades 226

Glosario..233
Bibliografía 235

Agradecimientos y dedicatorias

Quiero agradecer y dedicar este trabajo a la persona que más ha comprendido y acompañado las horas, otrora libres, que debí dedicar al libro, Lorena, mi esposa. Su acompañamiento me permitió despertar en momentos en que el devenir del libro y de la realidad me sumergía en pensamientos e interrogantes.

A mis hijas, Ingrid, Rocío y Micaela. Cada una desde su lugar, empujando para que avanzara y terminara el trabajo.

No quiero dejar de recordar a las personas que, en estos años, han ayudado a que cumpliera mis objetivos y con quienes he transitado, en diversos ámbitos y coyunturas, caminos comunes, particularmente, el camino del fortalecimiento de la organización sindical, la lucha por la justicia social global y por la democratización de la globalización; me refiero a Armando Cavalieri, amigo y Secretario General de FAECYS, Philip Jennings, Secretario General de UNI-Sindicato Global y Guy Ryder, ex Secretario General de la CIOSL y de la CSI, y actual Director General de la OIT.

Las conversaciones mantenidas con algunos amigos, que han ayudado a orientar y asesorar sobre algunos capítulos, han enriquecido el trabajo. Menciono a dos, entre otros, a los que agradezco profundamente. Pepe Robles, Director de Investigaciones del Instituto del Mundo del Trabajo "Julio Godio" y al Profesor Guzmán Carraquiri Lecour, nombrado por el Papa Francisco como Vicepresidente de la Comisión Pontificia para América Latina. Al primero, me une una amistad de años y largas horas de café en la esquina de Entre Ríos y México, en Buenos Aires. El segundo, me abrió las puertas de la Comisión y de su casa para conversar sobre la acción pastoral de Francisco y su visión sobre América Latina.

Finalmente, quiero recordar a dos entrañables amigos que ya no están entre nosotros pero que han sido importantes en la consolidación de una mirada política de las cuestiones sindicales de nuestro país, de la región y del mundo. Julio Godio y Antonio Jara. Dos amigos y compañeros que han dejado huella en el mundo del trabajo y en mi persona.

"Quisiera penetrar poquito a poco
en el muro de *las incertidumbres*
despejar cada enigma de su enigma
cada sospecha de sus amenazas".
Mario Benedetti

"La incertidumbre en que vivimos se debe, entre otras
transformaciones, a la separación del poder y la política, el debilitamiento de los sistemas de seguridad que
protegían al individuo, o la renuncia al pensamiento y
a la planificación a largo plazo: el olvido se presenta
como condición del éxito".

Zygmun Bauman

"En tiempos de incertidumbre y desesperanza, es imprescindible gestar proyectos colectivos desde donde
planificar la esperanza junto a otros".

Enrique Pichon Rivière

Introducción

El estado de incertidumbre es, por lo menos, incómodo. Se aconseja salir de él. Y, también, es desafiante. No hay certeza sobre el futuro pero, al mismo tiempo, siempre hay algún futuro. El diccionario de la lengua española define la *incertidumbre* como "falta de certeza" y, al recurrir a la palabra *certeza*, habla de la "firme adhesión de la mente a algo conocible, sin temor de errar". El resto de los diccionarios *online* hablan de "duda, vacilación, indecisión, perplejidad, problema, falta o escasez de conocimientos y dificultad para prever el futuro". A nadie le gusta vivir en la incertidumbre. No saber hacia dónde se dirige. No saber qué depara el futuro genera angustia, sensación de desprotección; no saber cómo actuar para atenuar las eventuales consecuencias de ese futuro y las inseguridades del presente.

Esta sensación es típica en los cambios de época. Y estamos en un cambio de época. Este se presiente y acontece por múltiples factores. Entre ellos, crisis económicas recurrentes y de largo alcance e impacto, profundos reacomodamientos sociales, derivados de la heterogeneidad en la ubicación de los colectivos humanos frente a los cambios económicos y tecnológicos, lento, y casi imperceptible, cambio en el sistema internacional que muestra nuevos escenarios de poder global en las relaciones y equilibrios entre países y regiones. Generalmente, se trata de momentos en los que ocurren situaciones que hasta pueden parecer pasajeras, pero no lo son, y otras que sí pueden serlo. Hay un segmento en el cambio de época en el que no se avizora volver atrás. Hay quienes se entusiasman intelectualmente creyendo que las teorías, fundamentalmente económicas, que se esgrimen tratando de dar sentido a algunas cosas que pasan, son originales y llegaron para quedarse. Otros creen que son solo pasajeras. Sin embargo, pensamientos que parecían inmanentes empiezan a cambiar. Filosofías políticas que parecían inmutables se redefinen y las partidocracias crujen: algunas pueden sucumbir, otras dejan de ser referencias, otras se transforman. "Época" da la sensación de ser mucho tiempo. Y es así. La sensación es que uno no sabe qué lugar va a ocupar en ese devenir porque, por otro lado, no se sabe cómo va a ser, que formas va a tomar. La incertidumbre es funcional al cambio de época. Incidir en la direccionalidad del cambio de época es sacar provecho de él y, fundamentalmente, empezar a despejar la incertidumbre.

Pero ¿estamos condenados los trabajadores y sus organizaciones sindicales a vivir en un estado de incertidumbre tan profundo como el actual?

Recurriendo a la historia del sindicalismo se podría argüir que no. Siempre ha salido adelante, si por salir adelante se entiende dejar atrás situaciones de explotación laboral, discriminaciones de diverso tipo, represión a la actividad sindical, etcétera. Muchas veces, a tientas otras, previendo y otras retrocediendo para volver a presionar y disputar. No ha producido revoluciones por sí, como tal; pero ha sido un co-decisor, un valor agregado, un constructor de realidades que acompañó tiempos de cambio social, le ha puesto dinámica a los tiempos de cambio paradigmático y ha sufrido, fundamentalmente ha sufrido, y pagado el costo por ese enfrentamiento a las contrariedades que se le presentaron en el camino. Ha sabido combinar dosis de teoría y de experiencia práctica, a veces, más de una que de otra, y, a veces, viceversa. Vive tratando de ser comprendido por la política para la edificación de sociedades más justas. Lo que no puede hacer es quedarse quieto, no hacer un esfuerzo por comprender que pasa, por qué pasan y cómo pasan las cosas que lo rodean. La incertidumbre no puede inmovilizarnos o dar todo por perdido.

Por el contrario, la incertidumbre genera el combustible para salir de ella, para terminar con el concepto de que todo viene dado, que todo debe darse por hecho, que las cosas son así o así. La sociedad del trabajo del futuro será la que nosotros construyamos empujando a la política, poniendo sobre el tapete del debate global la centralidad del mundo del trabajo. Incidir en la direccionalidad del cambio de época es sacar provecho de él. Vivir en estado de incertidumbre y de cambio tecnológico, al mismo tiempo, no implica abdicar de valores y derechos, conquistas históricas y pisos civilizatorios. Por el contrario, implica, munidos de esos valores, reorientar lo más posible los cambios hacia mayores niveles de decencia en el trabajo y aumento en la calidad de vida obteniendo nuevas conquistas y nuevos pisos civilizatorios. Si la tecnología permite aumentar la calidad de vida y el bienestar general, no se entienden los actuales niveles de asimetrías y desigualdades globales y al interior de los países.

El presente del sindicato está íntimamente ligado al futuro del trabajo y este, a su vez, al sindicato del presente y sus capacidades de incidencia en la economía global, regional y local. Por ello resulta fundamental, al analizar el futuro del trabajo, tener en cuenta que estaremos incluyendo, en este análisis, el futuro del sindicato partiendo del sindicato actual.

La idea inicial de este libro fue relatar los acontecimientos que llevaron al sindicalismo internacional a iniciar un proceso unitario sin precedentes y analizar los primeros años de vida de la Confederación Sindical Internacional (CSI), fruto de dicho proceso. La unidad como herramienta para potenciar la salida de la incertidumbre. Pretendió, en los primeros tiempos, explicar la diferencia entre crear una nueva organización sindical internacional y proponerse generar un nuevo internacionalismo que tomara nota del cambio de época. Aunque parecen iguales son cosas distintas. Uno no está totalmente separado del otro, pero no son lo mismo. Crear una nueva organización sindical internacional implica sumar voluntades, organizaciones con historias disímiles, establecer objetivos de corto plazo, disponer recursos, consensuar mecanismos decisorios, fijar pautas de funcionamiento, generar declaraciones de principios, estatutos y programas, fijar fecha fundacional, etcétera.

Un nuevo internacionalismo obrero implica todo eso y algo más; generalmente, cuestiones y desafíos de más largo aliento, difícilmente pasibles de ser trasladadas mecánicamente a un papel. Es cierto que el programa, la guía teórica de objetivos y acciones es importante e indica un rumbo. Sin embargo, hablar de nuevo internacionalismo obrero parece estar más vinculado a que la actitud, la política y las estrategias del sindicalismo internacional para desplegar su capacidad de incidir en los modelos económicos del sistema mundo, hasta ahora, han sido (al menos) útiles. Pero, en realidad, se trata de la necesidad de cambiar, reconstituir, regenerar, repotenciar para lograr resultados en nuevas coordenadas de tiempo y espacio, con la dificultad, como veremos, de que esas coordenadas aún son difusas en lo que respecta a la evolución de la política en la arena internacional y al futuro del trabajo.

Este trabajo también pretende trasmitir la idea de que esta época plantea incertidumbres, según lo dicho al principio. Las ha habido en otras etapas del desarrollo de la historia humana sobre el planeta. No es para enloquecerse, pero sí para tomar seriamente la idea de que lo que venga no será producto, como no lo fue nunca, exclusivamente de las innovaciones tecnológicas, por más impactantes que ellas sean. Se trata de exculpar a la tecnología como tal; de ubicarla en un contexto de servicio ético para el disfrute humano y no para profundizar las desigualdades ya existentes. No se puede ser indiferente a una tecnología que ya no es más una máquina que solo automatiza tareas físicas, sino que además automatiza tareas mentales. No ser indiferente significa dotar a nuestras organizaciones sindicales de herramientas e instrumentos para colocarlas en un andarivel distinto al que están acostumbradas a desenvolverse, cualquiera sea la cultura a la que pertenezcan. Para organizar y sindicalizar en este nuevo mundo, que ya no es futuro sino presente, no alcanza con muchos activistas y recursos. Se necesita diagnosticar, estudiar, organizar inteligentemente. Los primeros son necesarios, lo segundo es trascendental. Salir de las incertidumbres implica querer tomar parte en la construcción de lo que vendrá. Si al trabajador o al desocupado del presente le es insuficiente el título secundario, al dirigente sindical le serán insuficiente los asesores. El movimiento sindical, particularmente el latinoamericano, necesitará de dirigentes estudiosos a la vez que militantes, para conducir la organización colectivamente a través de las incertidumbres.

Ya, los noventa, y en los años inmediatamente siguientes, era un lugar común escuchar la frase acuñada por el economista italiano Franco Modigliani, Premio Nobel de Economía en 1985 y Profesor en la Universidad de Columbia (Estados Unidos): "los sindicatos son una especie de dinosaurio en vías de extinción". Algunos años más tarde, encontrándose Argentina como alumna dilecta del neoliberalismo a ultranza, un periodista local, caracterizado cultor antisindical, utilizó el mismo ejemplo para referirse a los dirigentes sindicales en su columna del diario *La Nación*. Independientemente de la interesada y desafortunada comparación entre la organización sindical y la prehistórica especie animal, vale la pena recalar en el concepto de especies y su posible extinción. La supervivencia de las especies en un medio ambiente hostil, en evolución, depende de su propia capacidad de readaptación y de la actitud del hombre hacia ellas.

Por ello, los sindicatos, en palabras de un cualificado líder[1] "no tienen un salvoconducto para circular por la historia". Deberán adaptarse para sobrevivir. Los sindicatos no han adoptado sus formas actuales por accidente o estupidez; de hecho, han tenido bastante éxito frente a fuerzas muy superiores. Los cambios como los que acontecen en la actual transición suponen un esfuerzo de enorme profundidad para incidir en un mundo con una dinámica jamás vista.

Ahora bien, supongo que el "escritor de libros profesional", (así denomino a quien, especialista en determinado tema, decide encararlo desde lo teórico y, generalmente, se dedica a escribir sobre el mismo una y otra vez) tiene una idea bastante acabada de cómo va a enfrentar el tema, tiene un proyecto de prólogo en la cabeza y hasta una idea bastante exacta de por dónde va a transitar a lo largo del proceso de escritura. Tal vez, un novelista o un biógrafo difieran un poco, pero calculo que atraviesan un camino similar.

No es mi caso; no soy un escritor de libros "profesional", aunque he compartido algunos como coautor. Llevo al papel mi visión de un mundo que conozco y sobre el que he estudiado, estudio y observo permanentemente, junto con un grupo de amigos apasionados por lo que pasa en ese mundo. Un mundo sobre el que he activado y militado una importante cantidad de años y en el que interactúo día a día: el mundo del trabajo y las relaciones sindicales internacionales. Mi intención en este libro es dejar temas de debate instalados para las jóvenes generaciones de activistas, militantes, representantes sindicales de base y dirigentes acerca del escenario en el que, en mi opinión, deberán garantizar la permanencia y vigencia del movimiento sindical. Cuidado con esto: estamos acostumbrados a ver las cosas en nuestro estrecho margen de tiempo vital: instituciones, pensamientos, partidos políticos, filosofías, estilos de vida que transcurren en nuestras coyunturas de vida; resulta fácil la tentación de asumir la idea de que "las cosas van a ser siempre así"; "pobres siempre hubo" suele ser otro de los ingredien-

---

[1] Antonio Gutiérrez, ex secretario general de la Confederación Comisiones Obreras de España.

tes conceptuales para dejar las cosas como están. Pero, además, solemos creer que los cambios, si es que se producen, no sucederán mientras nosotros estemos vivos: otro elemento de cuidado.

Hace aproximadamente veinte años, más precisamente en 1998, el sociólogo Julio Godio, me invitó a escribir, junto con otros profesionales, el libro *La incertidumbre del trabajo*. Parece que la palabra "incertidumbre" es mi favorita. Sin embargo, no hay nada más lejos en mi pensamiento, ni el de, supongo, alguien más. No debe haber nada más frío y desconcertante que vivir en la incertidumbre. No obstante, la situación no deja de ser intrigante y desafiante. Empuja a investigar, a preguntarse y, fundamentalmente, a descubrir que no hay nada escrito de antemano; que resulta necesario moverse, no quedarse quieto y plantarse en la realidad incierta para evaluar los componentes, las tendencias, los posibles caminos de salida.

Como no podía ser de otra manera, habiendo escrito solamente algunas páginas, surgieron nuevos temas que necesariamente había que tratar si quería llegar al meollo de la temática central, que sí tuve clara desde el principio: la acción sindical internacional, del sindicalismo internacional y del nacional, y como el internacionalismo debe formar parte prioritaria, nuevamente, de la agenda de los sindicatos, si quieren conservar incidencia y poder estratégico hacia el futuro. Hay un regreso de lo internacional y a lo internacional, no porque surja de algún dirigente iluminado o por algún accidente o porque hay una nueva moda. La economía global y la internacionalización y el futuro del trabajo innovado tecnológicamente empujan, irremediablemente, al sindicalismo a su internacionalización acelerada.

Conversando con mi amigo, el Doctor Alberto "Pepe" Robles, Director de Investigaciones del Instituto del Mundo del Trabajo "Julio Godio" de la Universidad Nacional de Tres de Febrero (UNTREF), concluimos que esto no sería sencillo, porque, al decir del insigne laboralista italiano Umberto Romagnoli, "caminamos en la niebla global", en un cono de sombras, épocas de parir nuevas épocas. Sabemos que ha pasado y hasta que puede estar pasando, pero no se sabe bien hacia qué mundo vamos, qué modelo se terminará consolidando y en qué corredor de tiempo. Enseguida aparecieron conceptos: "cambio civilizatorio", "cambio de época", "incertidumbres". No podía analizar el curso de acción de la Confederación Sindical Internacional (CSI), su nacimiento, su devenir durante los primeros años, sus posiciones sin hacer mención al escenario en el que la misma se iba a desenvolver, a la dinámica de los acontecimientos económicos, sociales y políticos de la realidad, al rol desempeñado por las multinacionales y por China, a la crisis interminable al norte de occidente, a las mutaciones de las mutaciones en el trabajo, a su futuro, al sistema internacional, a los cambios en el Vaticano, a los nuevos alineamientos en el sistema mundo, etcétera. Convinimos con Robles en que se percibía un cambio de época en esta instancia en este sistema mundial, caracterizado por, aunque no solamente, los cambios en los modelos, pero, más aún, por cómo la gente, en general, y los trabajadores, en particular, se ubican frente a esos cambios, cómo los procesan y cómo los perciben. La globalización esta estresada; quienes la promovieron desde sus estratos de poder hegemónico no controlan las crisis que se producen en su seno. Está estancada y solo reacciona intentando restaurar la potencia de sus inicios, caracterizados por la impronta neoliberal que se expandió durante los años noventa: libre circulación del capital y tabicado nacional para los trabajadores; control del gasto público o como se dice ahora "austeridad fiscal"; re-endeudamiento y libre comercio. Esta restauración se está mostrando complicada. Ya no estamos en los ochenta del siglo pasado. Se torna imperioso comprender que, en el seno de una globalización que empobrece y excluye, la inclusión de enormes cantidades de gente, particularmente en el sur del planeta, como consumidores, como mercado, le está cambiando la cara al mundo.

A comienzos del nuevo milenio, los líderes mundiales se reunieron en las Naciones Unidas para dar forma a una visión amplia con el fin de combatir la pobreza en sus múltiples dimensiones. Esa visión, que fue traducida en los ocho Objetivos de Desarrollo del Milenio (en adelante, ODM), continuó siendo el marco de desarrollo predominante para el mundo en el curso de los últimos quince años.

Al concluir el período de los ODM, la comunidad mundial tuvo, por un lado, señales positivas, aunque, por otro lado, también preocupaciones de las que hacerse cargo. Gracias a los concertados esfuerzos mundiales, regionales, nacionales y locales, los ODM han salvado millones de vidas y mejorado las condiciones para muchos más. Los datos y análisis presentados en este informe, con intervenciones específicas, estrategias acertadas, recursos adecuados y voluntad política, incluso en los países más pobres, indican que se puede alcanzar un progreso drástico y sin precedentes.

El informe también reconoce los logros desiguales y las deficiencias en muchas áreas. El trabajo no se ha completado y debe continuar en la nueva era del desarrollo. Los esfuerzos sin precedentes han resultado en profundos logros. Pero detengámonos en el primer objetivo y, tal vez, el más significativo, "Erradicar la pobreza extrema y el hambre", a partir del siguiente dato: "La tasa de pobreza extrema en países en desarrollo pasó del 47%, en 1990, al 14%, en 2015".

- En el curso de las últimas dos décadas, la pobreza extrema se ha reducido de manera significativa. En 1990, casi la mitad de la población de las regiones en desarrollo vivía con menos de 1,25 dólares al día. Este porcentaje ha descendido al 14% de la población en 2015.

- A nivel mundial, la cantidad de personas que viven en pobreza extrema se ha reducido en más de la mitad, cayendo desde 1.900 millones en 1990 a 836 millones en 2015. La mayor parte del progreso ha ocurrido a partir del año 2000.

- La cantidad de personas de la clase media trabajadora que vive con más de 4 dólares por día se ha triplicado entre 1991 y 2015. Este grupo ahora compone la mitad de la fuerza laboral de las regiones en desarrollo, partiendo del 18% en 1991.

- El porcentaje de personas con nutrición insuficiente en las regiones en desarrollo cayó a casi la mitad desde 1990, pasando del 23,3%, en el período 1990-1992, al 12,9%, en el período 2014-2016.

Esto también quiere decir que, a pesar de enormes esfuerzos y de los logros obtenidos, mayormente en el sur (África, América Latina, Asia-Pacífico y, muy puntualmente, China), al tratarse de una globalización particularmente excluyente, todos tenemos conocimientos de nichos de pobreza y de gente, en nuestros lugares de trabajo, barrios y comunidades que son literalmente pobres. Como si esto fuera poco, los cambios políticos tienden nuevamente a empobrecer, a través del desempleo, la informalidad, las migraciones en masa y la profundización de la desigualdad. Godio solía decir que mercado, capitalismo, globalización y neoliberalismo no eran la misma cosa. Y es así. Sin embargo, para el común de los ciudadanos de este planeta, estas palabras están impregnadas de efectos nocivos, socialmente hablando. Para hablar de exclusión, desigualdad, discriminación, desempleo y pobreza estructural no hace falta explicarles a las personas que cada uno de estos términos expresan cosas distintas. La gente los recibe como iguales. En todo caso, el neoliberalismo fue el soporte ideológico de esta etapa del capitalismo, conocida como globalización, en la que la exaltación del mercado y la circulación global del capital llegó a niveles como nunca en la historia de la humanidad. Pero ¿es posible otro sistema-mundo?; ¿más democrático, más inclusivo, menos dañino con el medio ambiente? ¿Existe una globalización que evite los conflictos armados, que priorice la paz, que camine hacia la igualdad? Hoy ya no lo sabemos. Los cambios en el sistema mundo en los últimos tiempos parecen indicar que todo lo que la globalización prometió no hizo más que tender a agudizar las degradaciones, en los términos de Godio. A pesar de los limitados logros de los Objetivos del Milenio en materia social, el movimiento sindical se encuentra ante disyuntivas complejas sobre las que tiene que actuar. Que el capital se globalizó ya no es un secreto para nadie y las consecuencias son también elocuentes. Y lo son tanto que los datos esgrimidos por Naciones Unidas, finalizados los quince años de alcance propuestos, aún siguen siendo preocupantes y nada indica que los mismos no se agraven. Los guarismos que dan sustento a cada uno de los Objetivos de Desarrollo Sostenible son una muestra elocuente de ello para los próximos quince años.

Esta realidad genera espacios de pensamiento crítico respecto al presente. ¿Qué es lo que ha pasado que uno de los motores de la globalización, el comercio internacional, esté retraído? ¿Qué está aconteciendo con la inversión extranjera directa? El informe "Situación y Perspectivas de la Economía Mundial 2017", de Naciones Unidas, expresa con claridad que

> (...) las perspectivas económicas continúan sujetas a significativas incertidumbres y riesgos hacia la baja. En caso de que estos riesgos se materialicen, el crecimiento global sería todavía menor al modesto crecimiento económico que se proyecta actualmente. Debido a las fuertes interconexiones entre la demanda, la inversión, el comercio y la productividad, el largo período de débil crecimiento global corre el riesgo de auto-perpetuarse, especialmente, ante la ausencia de esfuerzos de política concertados para revivir la inversión y estimu-

lar una recuperación en la productividad. Esto impediría el progreso hacia los Objetivos de Desarrollo Sostenibles, principalmente, los objetivos de erradicar la pobreza extrema y la creación de trabajo decente para todos. El crecimiento de la inversión se ha desacelerado en forma significativa en muchas de las principales economías desarrolladas y en desarrollo, así como también en muchas economías en transición. La prolongada debilidad de la demanda global ha reducido los incentivos a las empresas a invertir, mientras que las incertidumbres económicas y políticas también han afectado la inversión.

Pero mientras tanto, fijémonos qué sucede en el mundo. A contraviento de todas las encuestas, un empresario, fuera de la partidocracia política norteamericana, utilizando al Partido Republicano como escudo electoral, se impuso en las elecciones en Estados Unidos con argumentos y posiciones xenófobas, misóginas, discriminatorias, que asustaron hasta a su propio partido, y proponiendo una sustancial rebaja de impuestos a los sectores más pudientes y a las grandes empresas. Es difícil analizar lo que ha pasado. Sin embargo, pareciera ser que no fueron estas, probablemente, las ideas que más influyeron en el voto a Donald Trump. Desde hace algunos años, representantes del movimiento sindical de los Estados Unidos, estancado en una tasa de sindicalización del 10% (solo 6% en el sector privado de la economía), me vienen comentando, con preocupación, la caída libre que está sufriendo en este aspecto que, por otra parte, grafica con elocuencia lo peor: la caída abrupta del salario del trabajador norteamericano, con la consecuente pérdida, prácticamente completa, de los derechos laborales más elementales, y acompañado todo esto de una política agresivamente antisindical y un persistente desempleo en los sectores tradicionales de la economía industrial norteamericana, que, obviamente, ni la economía de servicios ni el Silicon Valley pueden absorber. La globalización económica se llevó esos puestos de trabajo, primero a México y después al sudeste asiático. Desde los años de Reagan, el sindicalismo norteamericano ha debido soportar un ataque furibundo en materia de legislación laboral y sindical, fundamentalmente en los estados del sur. Las promesas demócratas no cambiaron la situación. Quedaron en promesas. La última de ellas, Barak Obama, con el Congreso mayoritariamente republicano y debiendo optar por otras prioridades, como la cuestión de la atención pública de salud de los norteamericanos, no pudo modificar la legislación que hubiera puesto al movimiento sindical en una posición de mayor fortaleza.

Recuerdo las palabras de un encumbrado dirigente de la AFL-CIO ante el proceso electoral de la reelección de Obama frente a Mitt Romney: "no tenemos alternativa; sabemos que lo que no se logró en el primer mandato va a ser difícil lograrlo en el segundo, pero, no tenemos alternativa".

Pero esto no es todo; la apuesta por el libre comercio, de republicanos y demócratas por igual, facilitando a las empresas multinacionales el esquema global de libre circulación para invertir en regiones de bajo costo laboral, básicamente en México y el sudeste asiático, generó la huida de las empresas, fragmentando las cadenas productivas. El economista chileno Manfred Max Neef lo explica más claro que el agua: "en Estados Unidos no se fabrica ni un cepillo de dientes. Es un país camino al subdesarrollo". Ir a Estados Unidos, a New York o a Los Ángeles o a Miami, puede engañar la vista y llevarnos a perder la perspectiva: hay que visitar el medio oeste, el valle del Mississippi y chocar con los desahuciados de las hipotecas *prime*, los desempleados blancos que han quedado en la calle por las empresas que se fueron. Esta realidad ha cambiado la geografía factoril y laboral del país y ha impactado en las cabezas de estos millones de aquejados por una situación que ningún gobierno de los últimos años ha logrado ni querido revertir. Al contrario, primero con el intento de establecer el Área de Libre Comercio de las Américas (ALCA) en el hemisferio americano desde Alaska hasta Tierra del Fuego; luego paralizando la Organización Mundial del Comercio (OMC) y, más tarde, con los acuerdos bilaterales de inversión. Con el Tratado de Libre Comercio de América del Norte (en inglés, North American Free Trade Agreement, NAFTA), a inicios de la década del noventa, y, luego, en la era Obama, con los mega acuerdos regionales como el TISA, el TPP, y otros, que son verdaderos acuerdos de inversión y libre comercio que tienen como objetivo limar las capacidades de los estados nacionales firmantes para regular los asuntos sensibles a su propia soberanía, se produjo un enorme daño al tejido social y laboral, tanto en Estados Unidos como en México. Los norteamericanos de las regiones más castigadas añoran lo que fue Estados Unidos y su industria, el Estados Unidos de la clase media y del trabajo para todos; salvando las distancias y las épocas, como nuestros desempleados de la crisis del 2001 se aferraban a la sociedad salarial que supimos construir, con salario mínimo, vital y móvil, seguridad social pública, sindicatos y trabajo formal para la inmensa mayoría de los argentinos.

Pocos sospechaban del triunfo de Donald Trump y he aquí como procesan los pueblos la falta de respuestas de la política. Es un fenómeno extraño, pero de época. Pocos también pensaban que Inglaterra abandonaría la Unión Europea pero el *Brexit* se produjo generando un terremoto de difícil pronóstico en cuanto a sus consecuencias. Son procesos distintos, indudablemente, y contienen elementos tipificantes específicos cada uno de ellos, como la crisis del 2008 y el escaso impacto electoral de Hillary Clinton (aun habiendo obtenido más votos que Trump) en Estados Unidos, pero dejan un mensaje de desconcierto; y como la rebelión electoral en Inglaterra contra la Unión Europea, alimentada por la obsesión de soledad histórica de Gran Bretaña respecto a esta última y aun sabiendo, como lo ha manifestado el ex Embajador argentino en Estados Unidos y Lisboa, Jorge Argüello, "la Unión Europea representa más del 45% de las exportaciones británicas y el *Brexit* puede costar más del 6% del producto interno bruto en los próximos quince años. Ganó el Brexit, suponiendo hacia el futuro un divorcio muy costoso para Inglaterra, con consecuencias complejas, incluso para la propia Unión Europea". En 2017 procesos democráticos significativamente importantes para el futuro de la Unión Europea han tenido lugar y aunque la extrema derecha no se ha hecho del poder, ha crecido claramente. Hasta ahora, Alemania es el caso más preocupante, con el retroceso electoral del Partido Socialdemócrata Alemán (SPD) y el significativo ascenso electoral de la extrema derecha. El otro caso sintomático es el de las elecciones generales en Francia, en mayo de ese año. Macrón ha mostrado ahora su rostro con el proyecto de reforma laboral que pone en jaque al movimiento sindical francés. Todo esto parece indicar la presencia de un enorme nubarrón para el proceso de integración europeo, al menos, el que se supo concebir desde sus inicios, con una fuerte impronta social. El propio triunfo de Trump en Estados Unidos supone un peligro para Europa. Pero ¿se puede argumentar, tanto para el caso de Estados Unidos como para el proceso del *Brexit* en Inglaterra que la gente votó contra sí misma? Salvando las características diferentes de cada uno de estos procesos, parece haber un dato insoslayable: la falta de respuestas políticas y sociales de un sistema-mundo complejo, aunque, y a pesar de los datos de avance esgrimidos por Naciones Unidas, ha hecho más visible que nunca la estrechez de miras de las partidocracias tradicionales para generar procesos que conduzcan a modelos económicos de desarrollo sostenible. ¿Qué otra cosa puede haber pasado para que el ciudadano medio de la Unión Europea opte por abandonarla frente al modelo social que construyó y del que supo disfrutar, el que se encuentra en franco retroceso? ¿Qué otra cosa puede haber sucedido en los Estados Unidos para que una importante masa de trabajadores haya votado a alguien que promete rebajar impuestos, desmantelar el ya precario sistema de salud, reprimir a los inmigrantes y minorías y amenazar con desatar una guerra de consecuencias imprevisibles?

Como se ve, la cuestión política subyace en nuestro análisis. Visualizamos una crisis civilizatoria en la partidocracia tradicional que no es ajena a los cambios que se producen en la economía mundial y en los realineamientos en el sistema-mundo. Era común entender la ligazón que existía otrora entre los trabajadores y sus sindicatos y algún partido político que se identificaba con los primeros y estos identificaban a ese partido con sus luchas, sus anhelos y hasta su visión de la sociedad. Estos partidos, los que tuvieron la posibilidad de llegar al poder produjeron transformaciones importantes que elevaron la calidad de vida de los sectores más vulnerables. Desde la década del noventa, estas alineaciones comenzaron a desdibujarse y en el seno de los partidos comenzaron a aparecer sectores internos que, con la caída del Muro de Berlín, primero, y con la implosión de la Unión Soviética, después, se desligaron de un pensamiento social, en algunos casos, o creyeron, realmente, que las teorías y políticas resaltadoras del mercado se harían cargo positivamente de la cuestión social. "Teoría del derrame" se la denominó. Allí quedó encerrado gran parte del acervo socialdemócrata que construyó la Europa social y algunos partidos y movimientos latinoamericanos que construyeron los atípicos estados de bienestar en estas latitudes. Ejemplos cercanos: la centroizquierda brasileña previa a la década del ochenta y el menemismo de los noventa en Argentina.

Lo cierto es que China, India y la crisis de 2008 han producido un viraje en el planeta que nos ubica frente a los estertores de una globalización neoliberal, que se enseñoreó ignorando la emergencia de estos países y mercados y que creyó que el dislate financiero que generó la crisis nunca llegaría. Miles de millones de personas se han incorporado al consumo como nunca lo habían hecho mientras tantos otros millones se han despertado del sueño de creer que el acceso a una vivienda, en el sistema económico de la ganancia infinita, era un don de la naturaleza o un regalo del mercado. Crisis mediante, occidente, al norte, intenta sacudirse de una situación que parece terminal, aunque no se crea. Un norte que necesita exportar, que no invierte productivamente y continúa profundizando la financiarización de la economía. Un Occidente que pretende creer que el mundo sigue siendo unipolar.

América Latina, aun formando parte de ese sur emergente, atraviesa situaciones de enorme complejidad. Habiendo rescatado de la pobreza a aproximadamente setenta y cinco millones de personas, no pudo profundizar procesos de integración que pusieran en un primer plano una nueva economía de complementación productiva, agroindustrial integrada y de construcción de una matriz que alejara los clásicos procesos de reprimarización económica, típicos de países y regiones proveedores de recursos naturales, con fuertes excedentes de exportación, aunque subordinados a la demanda externa y a las vicisitudes de esta. El tendal que dejó la crisis del año 2001, en la región, pero particularmente en Argentina, impactó mucho más allá de lo que inicialmente se creyó. Salir de la situación social en que quedó tuvo un costo gigantesco. Se salió de allí, pero no alcanzó. Se tarda menos en ordenar aspectos macroeconómicos que curar las heridas sociales que quedan de una crisis.

Los sectores recuperados de la pobreza reclaman más y quienes han visto recortados sus históricos niveles de renta no se quedan quietos, acompañados por los medios hegemónicos concentrados y los voceros del conservadurismo enquistados en la justicia. América Latina se caracterizó, lo sabemos y lo sufrimos, por las seguidillas de golpes de estado militares cuando los movimientos políticos lograron elevar el nivel de vida de las grandes mayorías populares de sus países. La salida de estas dictaduras y la recuperación de la democracia fueron producidas por la resistencia y la movilización popular y por una dosis de retroceso estratégico de los sectores del poder económico concentrado. Las debilidades de las estructuras políticas permitieron que el pensamiento neoliberal tomara el timón de las políticas económicas de las jóvenes democracias en nuestra región. El poder económico comprendió que no había vuelta atrás: nuevas dictaduras militares, violencia y violación sistemática de derechos humanos ya no eran posibles. Podrían aparecer situaciones de democracias más o menos restringidas, accidentadas, tensionadas, pero no golpes de estado al estilo de los producidos en las décadas anteriores. Un débil consenso democrático tiñó la región, como una especie de equilibrio de poder, ubicando a la democracia electoral como escenario en el cual desarrollar las potencialidades para establecer cotas cada vez más altas de derechos sociales y laborales que permitieran elevar la calidad de vida de la gente. La región se fue acostumbrando a una democracia accidentada, pero democracia al fin.

Lentamente, las décadas los ochenta y los noventa se fueron alejando también accidentadamente y no sin costos. El nuevo siglo amaneció con tormentas y costos humanos y sociales altos. Aun así, la apuesta por la democracia subsistió y, como dijimos, una nueva luz en el fondo del túnel apareció. La apuesta por la democracia no había sido en vano y una nueva constelación de gobiernos se hizo cargo. Ya describimos lo que sucedió en estos años: crecimiento económico, redistribución de la riqueza, combate a la pobreza extrema, recuperación de derechos, inclusión.

Pero lo importante aquí es ver, en este tiempo, que hizo la derecha políticamente. Si uno observa el panorama electoral actual puede tomar nota del cambio producido en ese corredor ideológico. En primer lugar, constituirse en partidos políticos con capacidades electorales y de llegada a sectores de la sociedad que otrora nadie hubiera pensado que podrían llegar; para esto, no fueron modificados sus objetivos políticos y principios, pero sí sus lenguajes y sus formas de comunicarse con las sociedades. Finalmente, lograr hacer penetrar ideológicamente sus mensajes respecto a temas sensibles, a la sociedad. La derecha de los años setenta y ochenta no hablaba de un estado para combatir la pobreza o de la igualdad de oportunidades. Solo quienes tienen una formación ideológica pueden sospechar de una derecha que hable de estos temas. Pero la gente, de carne y hueso, puede tomar mensajes de esta naturaleza y hacerlos propios, más aún cuando las alternativas políticas que realmente pugnaron por un rol del estado comprometido con el combate a la pobreza y con la igualdad de oportunidades, no pudieron, o no quisieron, profundizar sus políticas y lograron solo llegar a mitad de camino. Políticamente, todo esto se puede discutir, electoralmente no.

En los últimos dos años, electoralmente, hubo una oleada de gobiernos con un profundo cambio de signo político en los países de

América Latina y todo indica que esto se puede profundizar. Como el objetivo de la derecha es llegar al poder, y no solo armar bloques de legisladores relativamente importantes y ganar alguna que otra alcaldía o gobernación, la utilización de los medios y la manipulación judicial han jugado en estos tiempos un rol trascendental. Deformando la realidad unos y pasando por encima códigos procesales y constituciones otros. El consenso democrático alcanzado en los ochenta parece empezar a tambalear peligrosamente.

Ahora bien, los nuevos gobiernos de América Latina parecen no comprender que este ya no es el mundo de las últimas dos décadas del siglo XX, aunque hayan modernizado su lenguaje. El mundo ya no es unipolar y occidente atraviesa una crisis que promete quedarse un tiempo largo. Como lo manifestamos, el sistema-mundo aún está resquebrajándose y, por tanto, es difícil saber hacia dónde se sale. Orientaciones económicas que encajaron en el mundo de los noventa hoy ya no encajan y los modelos están en discusión.

Pero, mientras el mundo discurría, para mí, el panorama se fue aclarando y complicando al mismo tiempo y, de a poco, incursionamos en muchas de estas cuestiones, sin grandes elucubraciones (hay especialistas para cada una de ellas) pero sin dejar de hacer mención, en las demandas de actuación del movimiento sindical, a la incidencia que cada uno de estos escenarios y elementos confiere a la nueva configuración del mundo del trabajo. No van a encontrar quienes lean este trabajo un libro de ciencias políticas; pero la política, en palabras mayores, no estará ausente. Las multinacionales, China, los nuevos aires en el Vaticano, el Grupo de los 20, la Organización Internacional del Trabajo, a escaso tiempo de cumplir los cien años de existencia, el futuro del trabajo, son temas puntuales que no pueden faltar en un trabajo que pretende mirar la evolución del movimiento sindical internacional.

No faltó la tentación de historiar al movimiento sindical internacional. Sin embargo, solo contextualizamos para poder entender el desarrollo del sindicalismo y, particularmente, los métodos y formas de practicar la solidaridad internacional en un ambiente cambiante y, casi siempre, hostil.

Con todas las dificultades, este es el mundo y el tiempo que le toca vivir al movimiento sindical, con estas realidades y desafíos, con estos cambios tecnológicos y mutaciones en el trabajo humano, con estos escenarios políticos y con nuestras propias fortalezas y debilidades.

La Confederación Sindical Internacional ha impreso una acción sindical en estos años que la ubicó como un actor global central, aunque no decisivo, a la hora de conducir los destinos del sindicalismo internacional e incidir en la conformación de un modelo. Los Sindicatos Globales han crecido en su accionar para disciplinar a las multinacionales, aunque aún quedan espacios a llenar. Los sindicatos nacionales han ido lentamente comprendiendo la necesidad de trabajar los temas de un mundo del trabajo cambiante y dinámico que se presenta cada vez más complejo y mundializado: UNI-Américas entre 2012 y 2016 aumentó su membresía en 100.000 afiliados. Lo que falta para elevar la calidad de vida de los trabajadores se deberá ir haciendo a la par de sentirse partícipes de la construcción de ese modelo que contenga un mundo del trabajo más solidario, inclusivo y democrático. El debate está abierto y forma parte de las incertidumbres del futuro. Una organización unitaria y decidida a elevar su voz y su movilización inteligente, como lo hace la Confederación Sindical Internacional, no es poco… como punto de partida.

CAPÍTULO 1

Contexto y matriz de la acción sindical internacional

Los inicios

No obstante la implantación histórica de la acción sindical en un territorio específico o en un espacio productivo determinado (taller artesanal, taller manufacturero, empresa, fábrica industrial, conglomerado industrial, plataforma digital, etcétera), el movimiento sindical siempre se consideró a sí mismo internacional, como lo manifiesta Ronaldo Munck (2008), casi de forma instintiva. La identificación de la organización sindical con ese territorio específico o en ese espacio productivo, no privó al sindicato moderno (llamamos así al surgido en los prolegómenos de la revolución industrial del siglo XIX) de su sentido de pertenencia internacional. La solidaridad obrera siempre se edificó sobre dos pilares identitarios: la solidaridad de clase o sector emanada de la homogeneidad de la clase obrera industrial inserta en los modelos productivos del sistema capitalista, esto es, los sistemas tayloristas-fordistas y la expansión de dicha solidaridad a territorios y espacios productivos allende las fronteras nacionales de los países de pertenencia de las organizaciones sindicales, como producto del despliegue del propio sistema capitalista en su faz expansiva tecnológica-industrial.

Promediando el siglo XIX, la revolución industrial ya se había consolidado en varias zonas del planeta, particularmente, en algunos países europeos. En este contexto, la cuestión social se desplegó sobre la base de una profunda injusticia social y una, más que evidente, expoliación del trabajo a escalas nacionales e internacionales. Las organizaciones de solidaridad comenzaron a pulular en estos países bajo diversas formas, aunque los sindicatos se convirtieron en la herramienta de representación de los sectores del trabajo que supieron abrirse camino a través de la acción colectiva e imprimirían jornadas de lucha históricas que jalonaron su presencia en el escenario del mundo del trabajo.

De la mano de la intelectualidad política y social de la época, volcada precisamente al abordaje de la cuestión social del sistema y ubicada a la izquierda del espectro político, los trabajadores encontraron masa crítica para tomar conciencia, no solo de la necesidad de desplegar la acción colectiva que les permitiera prevenir o revertir las típicas situaciones de explotación, injusticia, discriminación y persecución laboral de la época, sino también de las profundas implicancias políticas que esta lucha tendría al tener que enfrentar las poderosas fuerzas del capital, políticamente guarecido y al comando del estado. El movimiento sindical, a diferencia de otros movimientos, iba a tener que poner su esfuerzo también en la lucha política, partidaria y no partidaria, teniendo en cuenta que su hábitat, el mercado de trabajo, se encontraba inserto en el corazón del modelo económico y era, precisamente, diseñado por él. El socialismo, en sus diferentes versiones, el anarquismo y, a partir de 1918, el comunismo, fueron las teorías y los movimientos políticos que abrazaron la causa de los trabajadores en su lucha por la justicia social en sus dos variables: la sindical, propiamente dicha, y la política, vislumbrando, esta última, la posibilidad de construir una sociedad sin explotados ni explotadores, al decir de uno de sus escritos paradigmáticos, *El Manifiesto Comunista*. El llamamiento "¡proletarios del mundo uníos!", tal vez sea la expresión, desde una perspectiva ideológica, que condensa esa presencia internacional a la que hacemos referencia.

Estos pensadores ya miraban para entonces el carácter internacional de la organización de la producción y la distribución de bienes. Como lógica consecuencia, los trabajadores serían sometidos a las mismas situaciones en su condición de vulnerabilidad frente al capital y serían parte del engranaje mundial económico en el que se constituirían los embriones de una acción solidaria internacional a partir del reconocimiento que las organizaciones sindicales locales o nacionales harían de la similitud de situaciones planteadas por los procesos productivos en los diferentes países y regiones, respecto de los trabajadores.

La acción sindical, por un lado, y la resultante del análisis político de la intelectualidad, en sus diversas expresiones ideológicas, por el otro, lograron amalgamar el pensamiento en las organizaciones sindicales de que la lucha sindical estaba inexorablemente atada a la lucha política.

Pero no solo eso. También, se iba consolidando la idea de que esa lucha debía desarrollarse al mismo tiempo en dos espacios yuxtapuestos, en los que el movimiento sindical debía imprimir su acción: el nacional y el internacional, este último desplegando la solidaridad y la cooperación internacional.

Ya para 1857, y tras dos años de debates, se crea, en Londres, la Asociación Internacional de Trabajadores, con presencia del sindicalismo europeo, fundamentalmente inglés. Se puede afirmar que, aunque débil en número, la Primera Internacional, aún con una vida efímera y mucho debate ideológico en su seno, se convierte en la primera experiencia unitaria a escala internacional del movimiento sindical. Tal vez, este debate ideológico sea el germen que caracterizó el tipo de política y acción sindical internacional del movimiento obrero en aquella época.

Es menester recordar que, al tiempo que nacía la Primera Internacional en 1857, en nuestro país, algunos años antes se daban los primeros pasos en la organización del trabajo y de la solidaridad, con la creación de sociedades de socorros mutuos o mutualidades. A partir de 1850 la comunidad afro-argentina y las diversas comunidades de inmigrantes que ingresaban al país, fundaron sociedades de socorros mutuos para socorrerse solidariamente frente a desgracias como la enfermedad y la muerte.

En algunos casos, las mutuales fueron organizadas según la comunidad de pertenencia de sus miembros (Hospital Italiano, Hospital Alemán, Centro Gallego, etcétera) pero, en otros casos, fueron organizadas por oficios (tipógrafos, zapateros, sastres) dando, así, origen a asociaciones civiles de trabajadores con un interés en común.

Es, precisamente, en 1857 que se crea en Buenos Aires la primera organización obrera del país, la Sociedad Tipográfica Bonaerense. Otras mutuales por oficio creadas en esos años fueron la Sociedad San Crispín de zapateros y la Sociedad de Socorros Mutuos de Sastres. Esta organización, años después, en 1878 organiza la primera huelga en el país y en 1906 obtiene su primer convenio colectivo.

La Internacional mencionada precedentemente se organizó sobre la base de sindicatos de variado signo y partidos políticos, básicamente de izquierda. Este conglomerado, obstaculizó en gran medida su funcionamiento. Profundos debates tuvieron lugar en su seno de los cuales surgirían algunos elementos que nos permitirán ver el lento camino de construcción de una matriz de relaciones internacionales sindicales en el primer período del movimiento. Sobre la base de la necesidad de despliegue del sindicalismo en zonas y países alejados del centro de las convulsiones sociales y políticas de la época, los dirigentes de la Primera Internacional se debatían, primero entre la participación del movimiento obrero en la cuestión política (marxistas) y la no participación (anarquistas). También se presentaba otro debate y que tenía relación con la acción política a desplegar: o impulsar una revolución obrera a escala internacional o avanzar en el juego parlamentario con la participación de los propios trabajadores. En cualquiera de los dos debates, que significaron la crisis de la Primera Internacional y, más tarde, de la Segunda, se empezaba a vislumbrar lo que la Primera Guerra Mundial iba a dejar sobre el tablero sindical después de su finalización: una apuesta muy fuerte de los trabajadores hacia sus sentimientos patrióticos, por un lado, y el ideal de solidaridad internacional, por el otro.

Así y todo, es en esta época que se producen mojones históricos para la lucha de los trabajadores del mundo. Aún fracasada la experiencia de la Comuna de París, es conocida la participación orgánica de la Primera Internacional en su instalación como la primera experiencia de toma y control de poder por parte de los trabajadores.

Fechas como el 1 de mayo de 1886 y el 8 de marzo de 1908, finalmente instaurados como día Internacional de los Trabajadores y Día Internacional de la Mujer, respectivamente, adquirieron relevancia internacional por la tarea desplegada por el sindicalismo internacional y esa relevancia perdura hasta nuestros días.

Guerras mundiales y Guerra Fría

Los trabajadores irían optando por un lento proceso de adscripción a sus naciones en guerra, enrolándose en los ejércitos contendientes. No desparecería el espíritu internacionalista de solidaridad, sin embargo, quedaría en un segundo plano, en y por la coyuntura bélica. Esta situación denota cierta orientación gradual de corrimiento hacia las realidades nacionales que, de alguna manera, van a incidir notablemente en la futura atadura de los movimientos sindicales nacionales a la suerte de sus respectivos estados-nación.

En esta nueva realidad, la cuestión internacional tenderá a ocupar espacios subalternos en las agendas sindicales nacionales teniendo en cuenta las vicisitudes y preocupaciones a las que los sindicatos nacionales se veían sometidos en sus mercados locales de trabajo. Mientras tanto, el sindicalismo internacional siguió funcionando más influenciado por los alineamientos en las relaciones internacionales de los países y, en todo caso, por las reminiscencias ideológicas, esta vez, influenciadas por la ubicación de los sindicalismos nacionales en los entramados políticos al interior de sus países de pertenencia, situación que se va a agravar a partir de la instalación de la Guerra Fría.

En 1916, entonces, se disolvía la Segunda Internacional; en 1917 se producía la Revolución Rusa y en 1919 se creaba la Tercera Internacional, denominada la Internacional Comunista, claramente alineada con los objetivos de la Unión de Repúblicas Socialistas Soviéticas (URSS), que eran, lógicamente, los de expandir la Revolución; en 1919, también se crea la Confederación Internacional de Sindicatos Cristianos, más tarde, a partir de 1968, denominada Confederación Mundial del Trabajo. Además, 1919 es el año de nacimiento de la Organización Internacional del Trabajo.

En estas primeras décadas del siglo XX nacen también importantes centrales sindicales nacionales fundamentalmente en Europa (Francia e Italia) y en algunos países de América. Lentamente, también se produce el proceso de transformación en ciertas estructuras sindicales que dará como resultado el paso de sindicatos de oficios a sindicatos de rama o actividad. El primer Convenio Internacional de la OIT es el Convenio sobre limitación de la jornada de trabajo, demostrativo de la larga lucha, ya para entonces, que libraba el movimiento sindical por las ocho horas de trabajo.

En 1913, se crea la Federación Sindical Internacional (FSI) como contraparte sindical de la Segunda Internacional (hoy Internacional Socialista de partidos socialistas y/o socialdemócratas). Ambas trabajarán, aunque en distintos campos, por los mismos objetivos, lo que en 1920 producirá el alejamiento de la AFL-CIO de los Estados Unidos por entender esta que la orientación básicamente socialista de la FSI no coincidía con su visión del mundo.

Como lo mencionáramos, la Segunda Guerra Mundial aminora notoriamente los impactos del sindicalismo internacional. Recién en

1945 se crea una organización unitaria: la Federación Sindical Mundial (FSM), de fuerte impronta europea, que tiene su primera crisis en 1949 producto de las tensiones de la Guerra Fría. Gran parte del sindicalismo europeo y americano se alejan de la FSM, quedando esta circunscrita al sindicalismo soviético y de los países de la órbita de la URSS. Así entonces, ese año nace la Confederación Internacional de Organizaciones Sindicales Libres (CIOSL), que subsistirá, al igual que la Confederación Mundial del Trabajo (de orientación cristiana), hasta el 2006, año de creación de la Confederación Sindical Internacional.

Un importante lugar en este esquema lo ocuparon los sindicatos internacionales de sector, esto es, organizaciones de un mismo tipo de actividad a nivel mundial. Estas organizaciones, denominadas Federaciones Sindicales Internacionales, jugaron, y habrían de jugar en el futuro, habida cuenta de su proximidad con las vicisitudes de los sindicatos de sector insertos en las dinámicas económicas específicas, un rol protagónico. Hasta la constitución de las centrales sindicales internacionales mayoritarias (CIOSL, FSM y CMT) y su consolidación como tales, estas organizaciones sectoriales llegaron a jugar roles importantes en la estructuración de un esquema de relaciones internacionales sectoriales que, incluso, impactó en la visión sindical vinculada a sus pertenencias con las centrales mundiales. El caso particular lo constituía la CIOSL ya que las FSI eran autónomas (y lo siguen siendo en la actualidad respecto a la CSI) de la central mundial; fijaban su política, organizaban sus administraciones y recursos y, algunas de ellas, llegaron a marcar sus disidencias respecto a ciertas políticas de la CIOSL. Igual, consolidadas las tres centrales mundiales, estaba claro que cada una tenía sus contrapartes organizativas sectorialmente o, por lo menos, coincidían desde el punto de vista de los objetivos políticos generales con algunas de las tres.

La antigüedad de algunas de ellas denota que tuvieron un desarrollo y un papel destacado en el entramado de una acción sindical internacional fuertemente imbricada con la realidad de los distintos mercados de trabajo considerados desde la óptica sectorial. Mientras que, las centrales mundiales expresaban los debates ideológicos y la acción más general del movimiento obrero internacional, las FSI se movían en un terreno más real y específico que, además, permitía un conocimiento y un diagnóstico puntual de los distintos sectores económicos, las empresas y la situación de los trabajadores ubicados en un mismo sector, pero en coordenadas geográficas muy disímiles.

En 1891, se constituye la Federación Internacional de Trabajadores de las Industrias Metalúrgicas (FITIM) y, en 1904, se constituye la Federación Internacional de Empleados y Técnicos (FIET), organización que nuclearía a los trabajadores de las finanzas y del sector de comercio, entre otros; organizaciones que datan de 1871, 1893, 1894 y 1895 darán, años más tarde vida, a la Federación Internacional Textil, del Vestido y del Cuero, en 1970. La Internacional de las Comunicaciones, organización creada en 1920, sobre la base de la Internacional de los Tipógrafos (1889), la Internacional de los Litografistas (1896) y la Unión Internacional de Encuadernadores (1907) se crea, en 1949, la Federación Gráfica Internacional y así sucesivamente, con los distintos sectores.

Este proceso de creación y fusión posterior, proceso que continúa hasta nuestros días, denota claramente el paso de sindicatos de oficios a sindicatos sectoriales, en el campo internacional.

Como se puede apreciar hasta aquí, la acción sindical internacional siempre estuvo enmarcada por la realidad política mundial y por los debates ideológicos al interior de los movimientos sindicales, por lo menos en su primera y segunda etapa. La construcción de una sociedad más justa, aún por distintas vías y vista desde diversas concepciones ideológicas, generalmente, era el primer punto del orden del día de cualquier congreso sindical de la época. Los representantes sindicales lo eran de una realidad de desarrollo sindical muy diversa en desarrollo cuantitativo y cualitativo y en poder estratégico. Esto hacía primar, en los análisis, la visión europea de la problemática sindical. Hasta la finalización de la Segunda Guerra Mundial, no obstante, la composición tripartita de la OIT, en la que el movimiento sindical era reconocido institucionalmente por un organismo internacional, se percibía, en la mayoría de los países, una fuerte intolerancia hacia la actividad sindical. El sindicato era, para las teorías económicas clásicas de la época, un obstáculo para el desarrollo de las fuerzas del mercado. A partir del desarrollo y aplicación de las políticas keynesianas y la instalación de un nuevo sistema internacional, de la mano de la creación de los diversos tipos de estados de bienestar, el movimiento sindical se encontró ante la posibilidad de constituirse en actor, por un lado nacional, al ser copartícipe de la construcción de esos estados nacionales de bienestar e internacional, al poder desplegar una acción de denuncia, solidaridad y cooperación internacional desde una posición de autonomía de los estados, gobiernos y partidos políticos, en el marco de un mundo de posguerra crítico en el que el movimiento sindical se comprometía con los procesos de descolonización y de vigencia de la libertad y la democracia. El peso de la lucha particular y específica por la construcción de una "sociedad más justa" se trasladó a las realidades nacionales y regionales, aunque el sindicalismo internacional conservara siempre una idea central de justicia social y democracia a escala planetaria.

La acción internacional del sindicalismo, que se desdobla entre la acción del sindicalismo internacional y la acción internacional de los sindicatos nacionales, tiene, como pudimos ver, una primera etapa de fuerte irradiación desde lo internacional hacia los embriones de resistencia, algunos de los cuales llegaban a constituirse, en la medida de sus posibilidades, en verdaderos sindicatos en ambientes fuertemente hostiles. Esta irradiación se nota, en algunos casos, en la constitución de "regionales" de las centrales internacionales. Tal el caso de la FORA, Federación Obrera Regional Argentina, de perfil anarquista. Con el tiempo, esta se diluye y ocupa su lugar un movimiento sindical de características más nacionales.

El internacionalismo sindical de la época tenía una fuerte carga simbólica, que, sin dejar de ser importante, operaba con debilidades objetivas en el terreno concreto. Las posibilidades de transmitir solidaridades específicas frente a acontecimientos sindicales puntuales chocaban con las limitaciones no menores de los medios de comunicación y transporte de la época. Por otra parte, las pertenencias ideológicas limitaban una acción sindical más compleja, teniendo en cuenta la oposición y rechazo en bloque de las estructuras políticas, económicas y empresariales de la época por parte del sindicalismo internacional, reflejo, por otra parte, de las propias posiciones nacionales de los sindicatos, en la mayoría de los países. No obstante la presencia cada vez más pronunciada de las empresas multinacionales y de un sistema internacional en el orden político, económico y financiero, el rol desempeñado por ambos era todavía limitado en cuanto a estrategias globales identificables que facilitaran visibilidad para avanzar en una gestión sindical internacional de diálogo y negociación con ellos, al tiempo que se consolidaba un modelo de economía cerrada, que, a partir de la década del cuarenta, se lanzó hacia la construcción de los mencionados estados de bienestar obligando a los movimientos sindicales nacionales a preocuparse por las cuestiones que esta construcción les imponía, poniendo en un segundo plano las virtudes de una mirada global de los fenómenos económicos, sociales y políticos.

Como lo mencionamos en párrafos anteriores, el ambiente enrarecido de la Guerra Fría ponía al movimiento sindical internacional, a pesar de las diferencias en cuanto a representatividades, en una situación compleja. El ajedrez de la Guerra Fría se jugaba también en el movimiento sindical internacional.

Se puede afirmar que el nuevo escenario internacional ayudó a la instalación de un nuevo patrón de división en el movimiento sindical internacional. Efectivamente, en términos generales, se puede visualizar a partir de entonces un sindicalismo soviético y un sindicalismo occidental, cada uno con zonas de influencia sindical y política. El sindicalismo occidental corría por senderos diversos: el sindicalismo europeo, por un lado, y el norteamericano, por otro. El primero, habida cuenta de la tradicional división ideológica de los movimientos sindicales nacionales (socialistas, comunistas y socialcristianos), orientados hacia la izquierda democrática, que iba a tener preponderancia política en la Europa de los setenta, aún crítico, mantenía su adscripción hacia concepciones ubicadas a la izquierda del proceso político. Por su parte, el sindicalismo norteamericano, luego de largos debates en su seno respecto al valor histórico de la experiencia soviética y de atravesar tiempos de relativa bonanza finalizada la crisis de 1929 y al calor del *boom* económico de los períodos de guerra y posguerra, comenzada la Guerra Fría, se alinea fuertemente con las políticas norteamericanas de promoción ideológica y económica sobre sus zonas de influencia.

La evolución de la Guerra Fría trajo aparejado el surgimiento de movimientos nacionales no alineados a los dos contendientes, lo que permitió que algunos movimientos sindicales nacionales no se alinearan automáticamente a las corrientes existentes a nivel internacional o, por lo menos, alineadas en ellas, sin una participación activa en el campo internacional. Estas experiencias, que claramente se desarrollaron en el sur del planeta, eran también la expresión viva de un sindicalismo claramente implantado nacionalmente, muy ensimismado en sus problemáticas nacionales, que eran precisamente, muchas de ellas, consecuencia de la guerra de posiciones planteada entre Estados Unidos y la Unión Soviética. Claro ejemplo de estas situaciones era el desarrollo de fuertes sindicalismos nacionales en Argentina, Brasil, Uruguay, México y Colombia, entre otros. El caso de Argentina parece ser útil para comprender este fenómeno. Creada la Confederación General del Trabajo (CGT) en 1930 y consolidada a partir del '45 con el advenimiento del justicialismo al gobierno, la organización trató, bajo el influjo precisamente del peronismo, de crear una organización regional para América Latina en contraposición a la existencia regional de la Confederación Internacional de Organizaciones Sindicales Libres (CIOSL), la Organización Regional Interamericana de Trabajadores (ORIT), claramente influenciada por entonces, por la AFL-CIO. La Agrupación de Trabajadores Latinoamericanos Sindicalistas (ATLAS) se creó en 1952 y tuvo corta vida: el golpe de estado de 1955 la hizo desaparecer de la realidad argentina, lo que la disminuyó hasta anular su presencia en la subregión.

El caso de Uruguay, que no obstante estar su movimiento sindical ubicado claramente a la izquierda del espectro político, su central obrera el PIT-CNT, nunca estuvo afiliada a central sindical internacional alguna, a pesar de practicar una intensa política de relaciones internacionales.

Es de hacer notar que la impronta internacional en los movimientos sindicales del sur no desapareció. Las organizaciones sindicales continuaron teniendo relaciones internacionales, fundamentalmente, las de sector, aunque el enfoque ahondó la ya extendida práctica de lo simbólico en las relaciones internacionales y de presencia en los ámbitos institucionales de las organizaciones internacionales del movimiento obrero. Además, cabe resaltar que las relaciones se desarrollaban en un contexto de cautela por los compromisos políticos que las relaciones podían generar. Existen evidencias de participación de delegaciones extranjeras en Congresos y actividades sindicales de Argentina y viceversa. Sin embargo, gran cantidad de sindicatos nacionales de nuestro país carecían de secretarías o departamentos internacionales en sus secretariados y comisiones directivas, lo cual permite inferir la escasa relevancia de la temática internacional, como tal, en las estrategias sindicales de la época.

Es en este contexto que se visualiza una preocupación en el denominado sindicalismo "libre"[1] en relación con los movimientos sindicales mayoritarios en América Latina. He aquí una de las principales derivaciones de la Guerra Fría que habría de influir, no solo en el panorama político de la época, sino también en una fuerte desconfianza de estos movimientos sindicales nacionales hacia este denominado sindicalismo "libre" encarnado por el tándem CIOSL (Confederación Internacional de Organizaciones Sindicales Libres), desde 1949, y su regional americana, la ORIT (Organización Regional Interamericana de Trabajadores). Fundamentalmente esta última, dominada por la central norteamericana AFL-CIO orientada a denunciar la presunta penetración nazi-fascista en los movimientos nacionales y sindicales de la época, principalmente en el peronismo y la CGT de Argentina y ya, en plena Guerra Fría, a neutralizar la presunta presencia e influencia comunista en el sindicalismo de América Latina y el Caribe.

Esta impronta iba a enfrentar una contradicción insalvable entre la orientación pro norteamericana de la ORIT y la representatividad de los sindicalismos latinoamericanos. En la primera etapa, caído el peronismo en 1955, el denominado sindicalismo "libre" de la ORIT se encontró ante la insólita situación, corroborada a través de misiones sindicales extranjeras en nuestro país, de que la CGT continuaba siendo la central más representativa de América Latina y sus sindicatos perseguidos e intervenidos y sus dirigentes presos, reprimidos y muertos y los trabajadores con una pronunciada caída en sus salarios y condiciones de trabajo.

Esta situación, con el tiempo se va a revertir, fundamentalmente por la actitud de la CIOSL que, aun sospechando de la composición ideológica del peronismo, fue tomando nota de la situación de los trabajadores y las organizaciones sindicales en la etapa de la dictadura.

Es la CIOSL la organización que, con el tiempo, fue colocando en un segundo plano a su regional americana, la ORIT, mientras comenzaba lentamente a acercarse a las experiencias sindicales existentes y reales de América Latina en forma bilateral, algunas de las cuales pertenecían

---

[1] El sindicalismo libre fue la expresión del sindicalismo identificado con Europa y occidente (generalmente, denominado libre y democrático) en oposición al sindicalismo soviético, acusado, con justa razón, de ser un sindicalismo no autónomo y dependiente en sus políticas y estrategias de los designios del Partido Comunista de la URSS.

a la ORIT, pero otras, de no menor importancia, seguían al margen de la organización interamericana.

Más adelante, en desacuerdo con estas y otras políticas de la CIOSL, como la política de contactos con los sindicatos del este de Europa, la AFL-CIO abandona la central mundial y, paralelamente, la CIOSL inicia un camino de afianzamiento de su ala más sindicalista y menos anticomunista, camino este que la convertiría en la central sindical mundial más poderosa.

Sin embargo, desde el punto de vista de la participación del movimiento sindical de la región en las políticas internacionales del movimiento sindical, el daño estaba hecho: una mirada negativa del sindicalismo nacional hacia las internacionales y sus regionales se esparciría, fundamentalmente, en Argentina, Brasil y Uruguay. Las organizaciones sindicales no se alejarían de su afiliación internacional y hasta se produciría una alta afiliación hacia las internacionales, pero se mantendrían los resquemores respecto a la visión sobre Latinoamérica. Forzar una interpretación basada exclusivamente en los escenarios de la Segunda Guerra Mundial y en la posterior Guerra Fría de enfrentamiento este-oeste, era desconocer las vicisitudes y problemáticas históricas y complejas del subcontinente latinoamericano y encorsetarlo en dicotomías alejadas de las realidades de los trabajadores de la región, los que, para entonces, comenzarían a vivir, precisamente en la posguerra, los procesos económicos derivados de la hegemonía norteamericana en el mundo y en la subregión. La mirada occidental y eurocéntrica, esta última de alguna manera entendible por la importante presencia europea en la creación y consolidación de las primeras organizaciones obreras de las que se tiene conocimiento, se apoderó del sindicalismo internacional generando, en muchos casos, análisis alejados de la realidad que solo consiguieron retrasar la toma de conciencia internacional de los movimientos sindicales nacionales de nuestra región.

Mientras el sindicalismo internacional y sus tres expresiones de la época (CIOSL, FSM y CMT) se consolidaban, los movimientos sindicales nacionales se encontraban enfrentando sus propias problemáticas en el marco de las complicadas situaciones económico-políticas de los países de la región sumergidos en ciclos perversos de golpe-elección-golpe que habrían de teñir el panorama de la construcción de la democracia en estos países, a lo largo del siglo XX.

El año 1959 habría de agregar un condimento extra a la realidad política y sindical del hemisferio americano: la Revolución Cubana que, sumada a la lucha de los países no alineados y a las colonias en los continentes africano y asiático, habría de influir en sectores sindicales hacia la creación de espacios al interior de las centrales sindicales o por fuera de ellas. Estos espacios, denominados "combativos" aunque renegaban ideológicamente de los sectores históricos del movimiento sindical, no modificarían, desde otra perspectiva, su rechazo e indiferencia al sindicalismo internacional y consecuentemente la jerarquización de una política internacional de los movimientos obreros locales.

Los años setenta y ochenta van a significar un escalón interesante para la política internacional del movimiento sindical porque dejarán abierta una hendija que se potenciará en la década de 1990 y porque tibiamente, se retomarían con mayor intensidad las relaciones internacionales entre los sindicalismos del sur y las centrales internacionales, fundamentalmente, con la CIOSL y la CMT.

Crisis, revolución tecnológica y preludio de una nueva era

Es interesante hacer notar, repasando los acontecimientos de la década del setenta, la existencia de un informe titulado "Los límites del crecimiento", encargado al MIT por el Club de Roma, que fue publicado en 1972, poco antes de la primera crisis del petróleo. La autora principal del informe, en el que colaboraron diecisiete profesionales, fue Donella Meadows, biofísica y científica ambiental, especializada en dinámica de sistemas. El trabajo tuvo tres actualizaciones: 1992, 2004 y 2012.

La conclusión del informe de 1972 fue la siguiente: si el actual incremento de la población mundial, la industrialización, la contaminación, la producción de alimentos y la explotación de los recursos naturales se mantiene sin variación, alcanzará los límites absolutos de crecimiento en la Tierra durante los próximos cien años.

La tesis principal del libro es que "en un planeta limitado, las dinámicas de crecimiento exponencial (población y producto per cápita) no son sostenibles". Así, el planeta pone límites al crecimiento, como los recursos naturales no renovables, la tierra cultivable finita, y la capacidad del ecosistema para absorber la polución producto del quehacer humano, entre otros.

Sería exagerado decir que, a partir de las inquietudes generadas en los círculos políticos, económicos e intelectuales por este informe, comenzó a hablarse, preocupadamente, sobre las cuestiones medioambientales y ecológicas; no obstante, sentó un precedente que desembocaría en la Declaración de Estocolmo, un acuerdo que nacía tras la Conferencia de Naciones sobre el Medio Ambiente celebrada en junio de 1972.

El informe dejaba planteadas algunas preguntas: ¿Hay un límite al crecimiento?; ¿hasta qué grado podemos seguir consumiendo como hasta ahora?; ¿existe una barrera imposible de atravesar? Las respuestas a estas preguntas dejaban un sinnúmero de conceptos a tener en cuenta vinculados con las preocupaciones de la era industrial y, consecuentemente, a las cuestiones del mundo del trabajo y de la calidad de vida de los trabajadores: "nada puede crecer indefinidamente; nuestro planeta es espacialmente limitado (y físicamente medido en 510 millones de kilómetros cuadrados)"; "podríamos aceptar, sin mayores dilaciones, la afirmación de que el crecimiento sobre este sea finito; que la explotación de sus recursos (alimentos y recursos no renovables) sea limitada; que se puede producir una saturación de los sumideros que absorben elementos contaminantes, etcétera. Es decir, de seguir nuestra tendencia al crecimiento, nos enfrentaremos a una situación crítica de la actual civilización", destacaban las conclusiones. Resultaba obvio que el mundo del trabajo sería revolucionado por este informe y en el campo sindical, la temática planteada pasaba a integrar la lista de prioridades del movimiento sindical internacional.

Pero no solo por la aparición del informe "Los límites del crecimiento", los inicios de la década del setenta presagiaban complicaciones para la humanidad y, particularmente, para los trabajadores. Ya se avizoraba una fuerte caída del crecimiento económico. La decisión de la Organización de Países Exportadores de Petróleo (OPEP) de aumentar el precio del crudo en 1973 terminó con el petróleo barato que había lubricado ese crecimiento. Creció la inflación y aumentó el desempleo. Importantes industrias se vieron obligadas a ahorrar energía y a reducir sus plantas de personal. En términos sociales y políticos la salida de la crisis de la década de 1970 no fue neutral. Políticamente, se expresó en una fuerte crítica al estado de bienestar por parte de los economistas enrolados en las corrientes neoliberales y cuyos argumentos reflejaban las posiciones empresarias de inquietud por la pérdida de rentabilidad de las empresas y, consecuentemente, de freno de las inversiones. A partir de esta realidad la intervención del estado se caracterizó por una menor preocupación por las reivindicaciones sociales, quedando abierta la puerta para una fuerte ofensiva neoconservadora que se expresaría en las presidencias de Ronald Reagan en Estados Unidos y de Margaret Thatcher en Inglaterra, a comienzos de la década siguiente.

En este contexto económico-político, la cuestión tecnológica afloró con toda su intensidad, como paso previo a lo que sucedería en los noventa, ya en toda su potencialidad. Nadie podría ignorar, hoy día, que el hombre llegó a la Luna en 1969, mediante un complejo tecnológico computarizado. Los avances científicos y tecnológicos no cesaron de realizarse en ningún momento, durante las décadas de 1950 y 1960. No obstante, la mayor parte de los avances en este sentido, no se difundieron sino en el momento en que los sectores de la producción se vieron obligados a asimilarlos como resultado del detonante de esta crisis de 1973. Esta crisis, como lo observamos, generó una conmoción gigantesca, obligando a las potencias de occidente a reorientar toda su tecnología, haciendo que contemplara los aspectos centrales del entorno en el cual la crisis se desarrollaba con sus características, a saber: mínimo de mano de obra, con incidencia en los aspectos de la vida individual y colectiva, y con elevada productividad. Así comienzan a tener un desarrollo importante la robótica, la ingeniería genética y las telecomunicaciones.

En 1961 fue construido el primer robot industrial. Para los primeros años de la década del setenta, ante el progreso de la microelectrónica, el costo de los robots bajó significativamente, detalle que la industria japonesa capturó en forma temprana, equipando en forma masiva su industria automotriz con estos nuevos aportes a su proceso productivo, lo que le permitió en los años posteriores copar el mercado automovilístico norteamericano a una velocidad asombrosa. En 1978, Estados Unidos fabricó 13 millones de unidades de coches; en 1980, 8 millones y en 1982, 5 millones. A ese paso, la industria automovilística norteamericana quebraba. La situación, que no solo acontecía en Estados Unidos sino en Europa, ameritaba una oleada de inversión en tecnología en esos países que permitiera equiparar las cosas.

Esta es la época en la que importantes progresos tecnológicos, no solo en el campo de la producción industrial, sino en elementos de consumo que marcarían la vida de la gente y abrirían el flujo cada vez más perceptible de cambios en los hábitos de trabajo y de vida cotidiana. En 1972 aparece la consola de videojuegos y el almacenamiento extraíble. En 1978 aparece el procesador de textos Workstar. En 1973 hace su incursión el primer móvil de la historia: el Motorola, masificándose para 1979. También en 1979, aparece el Walkman Sony. En 1970 la calculadora de bolsillo. Un cambio de época asociado a la fuerte penetración tecnológica irrumpe y hace mutar sustancialmente el mundo sociocultural, el sistema de ideas, de técnicas y, en lo concerniente al mundo del trabajo, pone en jaque la tecnología y la institucionalidad del industrialismo. Al comenzar la década de 1970, la Segunda Revolución Industrial había llegado a su fin, esto es, el tipo de tecnología de esta última se había agotado en forma definitiva, cuestión que la crisis del petróleo contribuyó a agravar.

La economía de esa década cae abruptamente con relación a la década anterior, sin embargo, los adelantos tecnológicos imprimirán un fuerte aumento de la productividad, aunque, en lugar de provocar expansión provocó estanflación.

La gran crisis impactó en los países de América Latina. La enorme liquidez generada por los países exportadores de petróleo, por un lado, y la necesidad de divisas para infraestructura de los grandes países de América Latina, por el otro, fueron los ingredientes para consolidar un proceso de endeudamiento creciente de estos países hasta llevarlos a cuadruplicar la deuda externa de la región, llevándola de 75 mil millones de dólares en 1975 a más de 315.000 mil millones en 1983, situación que, al deteriorarse el tipo de cambio con el dólar estadounidense, ponía a los gobiernos de la región en situación de crisis al deber enormes cantidades de dinero en moneda nacional. Al mismo tiempo, cayeron los precios internacionales de las materias primas. Políticamente, fue la época de instalación de los gobiernos dictatoriales en la región y de sus políticas económicas que darían inicio a fuertes procesos de violación sistemática de los derechos humanos y de represión indiscriminada, particularmente, a los trabajadores y sus sindicatos. La política de endeudamiento de estos gobiernos, que, en algunos casos, continuó con las recuperaciones democráticas de los ochenta y con los gobiernos democráticos de los noventa, desplomó los ingresos de los sectores populares y redujo el poder adquisitivo de las clases medias y trabajadoras.

Siempre en el marco de la Guerra Fría, los movimientos sindicales continuaron sus procesos de fuerte imbricación con sus realidades nacionales. Como lo dijimos, ese proceso colocó en un segundo plano la cuestión internacional. A pesar de ello, a mediados de los años setenta, la CGT de Argentina se afilia a la CIOSL, no así a la ORIT, su filial americana, todavía con predominio de la AFL-CIO de los Estados Unidos. Para Latinoamérica esta década va a estar teñida de golpes de estado sangrientos promovidos, avalados y apoyados por la política exterior norteamericana. En este contexto, el sindicalismo europeo, al tiempo que participaba activamente de la construcción de la Europa Social y en la consolidación de la Confederación Europea de Sindicatos, nacida en 1973, desplegaba una activa política internacional de solidaridad con los movimientos sindicales latinoamericanos, perseguidos y reprimidos en el marco de las dictaduras vigentes. Miles de cuadros sindicales fueron recibidos en Europa y México en calidad de exiliados. No había, en esa época, otra alternativa de política internacional que la que la realidad permitía. El margen era estrecho. Las organizaciones sindicales eran intervenidas o cerradas y los militantes sindicales encarcelados, asesinados o desaparecidos. Con características similares, esta situación se replicó en Argentina, Brasil, Uruguay, Paraguay y Chile. La CIOSL y la CMT, fundamentalmente, produjeron campañas de denuncia por violación de derechos humanos y sindicales durante esta etapa abriendo, para la siguiente década, una relación, aún no plena, más activa de los movimientos sindicales latinoamericanos.

Los ochenta trajeron consigo la vuelta a la democracia en América Latina mientras el mundo, aún sin imaginarlo, se aprestaba a vivir, en pocos años, el fin de la Guerra Fría y la menos imaginable implosión de la Unión Soviética, la que habría de abrir el proceso que desencadenaría una formidable auto-revolución del capital, popularmente conocido como globalización.

Para ese entonces, el movimiento sindical internacional se había solidificado alrededor de la mayoritaria CIOSL, la socialcristiana CMT y la pro-soviética FSM. Como dijimos, la Guerra Fría continuó en esta década. No obstante ello, las dos primeras parecían coincidir cada vez más en ciertos aspectos centrales en relación con el mundo del trabajo de la época y, particularmente, con relación al trabajo solidario con países y movimientos sindicales que se encontraban bajo el influjo de los dos contendientes de la Guerra Fría y muchos de los cuales luchaban contra el colonialismo y el neocolonialismo y casos particulares como la lucha contra el apartheid en Sudáfrica.

Mientras se profundizaba la relación entre las internacionales y los movimientos sindicales mayoritarios de América Latina, la Organización Regional Interamericana de Trabajadores (ORIT), producía un lento camino de cambio en su relación con las organizaciones sindicales afiliadas y no afiliadas. Confuso y contradictorio por la todavía presencia e influencia de la AFL-CIO de los Estados Unidos en su seno. Pero, también, indetenible en la visión de quien fuera su Secretario General a partir de 1984, el panameño Luis Anderson, proveniente del Sindicato de Trabajadores del Canal de Panamá. Anderson condujo la ORIT hasta el 2003, año de su fallecimiento, y en su ejercicio la ORIT creció con la incorporación de las grandes centrales brasileñas (Central Única dos Trabalhadores, CUT, y Força Sindical) y la incorporación definitiva de la CGT de Argentina, que se había afiliado varios años atrás pero no como central sino como un grupo pequeño, aunque de sindicatos poderosos, como la Confederación General de Empleados de Comercio y los municipales, entre otros. La ORIT, durante el mandato de Anderson atiende, no sin debates, a los sindicatos del Cono Sur en su lucha por la democratización de la región y auspicia y apoya la creación, en 1986, de la Coordinadora de Centrales Sindicales del Cono Sur (CCSCS), que se convertirá a partir del año 1991 en el sujeto sindical del Mercosur. La ORIT dará preponderancia en su accionar a la cuestión de la deuda externa de los países de la región y a las propuestas de tratados de libre comercio impulsados por Estados Unidos. En 1986, realiza, coorganizada con la CGT de Argentina, en Buenos Aires, una importante conferencia sobre el tema con la participación de importantes panelistas de economía, dirigentes sindicales de la región, y de Europa, y con la presencia de la CIOSL. Allí, se denuncian los efectos perversos y condicionantes de las deudas externas, que serán motivo de luchas y movilizaciones de los movimientos sindicales de la región hasta nuestros días.

Poder y vaivenes en el sindicalismo del Cono Sur

Anderson fallece en 2003 y toma la posta el bancario paraguayo Víctor Báez, dándole un nuevo impulso a la organización regional de la CIOSL en un hemisferio sustancialmente distinto al que le tocó vivir a Anderson.

A pesar del acercamiento producido por la gestión Anderson en la ORIT con los sindicatos de América Latina, esta seguirá reflejando las realidades disímiles que se percibían entre las subregiones hemisféricas y, dentro de ellas, en las características de desarrollo de los sindicalismos nacionales.

El visible ímpetu de la joven central sindical brasilera, la CUT, que junto con el Partido de los Trabajadores, llevará a la presidencia de Brasil a uno de sus fundadores, Ignacio "Lula" Da Silva, y la impronta de representatividad y arraigo de la CGT de Argentina, aun estando ambas ya dentro de la estructura de la ORIT pero con escasa participación, por entonces, en su conducción, generaba tensiones que se amplificaban por la mayor dedicación de estas centrales nacionales, más el PIT-CNT de Uruguay, no afiliado a ninguna central internacional ni regional, a lograr la democracia en Paraguay y Chile y, más tarde, a consolidar la inicial participación del movimiento sindical del Cono Sur en el proceso de integración regional Mercosur.

Es de hacer notar que las particularidades del proceso de integración mercosureño solo eran visibles para el sindicalismo de los países que lo integraban. Efectivamente, la existencia de un proceso de integración regional en el Cono Sur de América Latina no gozaba de demasiado predicamento en otras latitudes. El Mercosur era un proceso extraño que, si bien se inscribía en la ruta de la globalización, coexistían en su seno tensiones que pronto aparecerían en la superficie. Una orientación enmarcada en un escenario propicio para las multinacionales que operaban en la región en un contexto de políticas económicas de ajuste estructural y privatizaciones marcó la primera etapa. Los primeros momentos del Mercosur elevaron exponencialmente las importaciones y exportaciones intrazona que permitieron que las tasas de desocupación no se agravaran frente al visible deterioro de la situación social y laboral en la subregión. Al mismo tiempo, los sectores empresarios miraban al Mercosur desde ópticas diferenciadas: quienes, por un lado se beneficiaban de las exportaciones de sus productos manufacturados y quienes optaban por el libre comercio, básicamente de productos no manufacturados, para quienes eran más saludables las estrategias lanzadas desde Estados Unidos y la Unión Europea de promoción de acuerdos de libre comercio, acuerdos que formarán parte del debate mundial sobre el comercio y su influencia sobre el desarrollo económico y el papel de la Organización Mundial del Comercio (OMC) creada en 1995 en reemplazo del GATT.

El movimiento sindical del Mercosur vio en el proceso la posibilidad de incidir en el mismo, no solo por la alternativa política de profundizar la integración regional, objetivo histórico inscripto en las raíces de la lucha por la independencia, sino porque el sindicalismo de la región veía con preocupación los impactos de un proceso que, indefectiblemente, movería el tablero social y laboral: las diferencias en los mercados de trabajo, en las administraciones del trabajo, las diferencias en los sistemas de relaciones laborales y el tratamiento de las migraciones laborales, entre tantas otras preocupaciones. Estas fueron las causas que empujaron al movimiento sindical a presionar a las autoridades del proceso a generar un espacio de tratamiento de los temas sociolaborales que el Mercosur originariamente no tenía. Así nació, en la propia estructura del proceso el Subgrupo de Trabajo número 10 de Relaciones Laborales, Empleo y Seguridad Social, más tarde, en 1995, el Foro Consultivo Económico-Social, la Declaración Sociolaboral del Mercosur en 1998, y más adelante, el Grupo de Alto Nivel de Empleo. La Coordinadora, sin intentar copiar mecánicamente, veía como un ejemplo interesante el rol y el papel desempeñado por el sindicalismo europeo en la Unión Europea, obviamente con las diferencias del caso y los objetivos de la Confederación Europea de Sindicatos de ser parte del proceso de construcción de una "Europa Social".

Para algunos sectores del sindicalismo europeo y norteamericano, la Coordinadora expresaba una nueva tendencia en el sindicalismo latinoamericano, novedosa y de preocupación por las cuestiones del desarrollo sostenible y de una cercanía a las problemáticas específicas regionales de los trabajadores. Algunos de estos sectores, más allá de la conducción de la ORIT en la persona de Luis Anderson, expresaban una actitud crítica frente al no reconocimiento de los procesos de integración regional en la central americana al no ser la acción de la CCSCS ni las políticas sobre la integración una prioridad emergente para la ORIT. Sin embargo, es dable recordar que Anderson fue uno de los impulsores de la Coordinadora y quien llevó adelante la conducción de la ORIT que, como dijimos, incorporó al sindicalismo brasileño a su seno, entre otros.

La muerte de Anderson marco un nuevo tiempo para el sindicalismo de la ORIT en la región. Su despedida cerró una etapa importante de la organización hemisférica y sus cenizas arrojadas en las aguas del Canal de Panamá serán la base del recuerdo del dirigente que la condujo en un delicado equilibrio entre el norte y el sur. Quedó entonces el escenario para continuar el crecimiento y predicamento de la central continental en las Américas, esta vez, en manos de Víctor Báez, acompañado, ahora sí, por un importante despliegue y compromiso, aun con diferencias, del sindicalismo brasileño y argentino.

Tres importantes cuestiones debía enfrentar la ORIT ahora, a saber, cómo llevar adelante las relaciones con la CIOSL, que apoyó a Báez como Secretario General actuante para terminar con el mandato truncado de Anderson, reconocer y promover las políticas de integración hemisférica subregional que llevaban adelante sus más importantes afiliadas del sur y el proceso unitario que se iniciaría al poco tiempo, en América, visto como complejo por la presencia histórica y activa de la CLAT, la Central Latinoamericana de Trabajadores, regional de la mundial CMT.

Lamentablemente, con el correr del tiempo un debate inconsistente y poco útil, comenzó a instalarse al interior del movimiento obrero latinoamericano, que no sirvió demasiado para fortalecer al sindicalismo sino para debilitar la necesaria unidad: la existencia de centrales tradicionales y centrales progresistas. Los movimientos sindicales, aquí y en cualquier parte del mundo, poseen componentes de cuidado de sus estructuras y de posiciones político-sindicales que las ubican ideológicamente en parámetros más vinculados a plataformas políticas que a plataformas sindicales. Esto no constituye un obstáculo para el desarrollo de acciones sindicales en aras de llevar adelante campañas o posiciones unitarias. Llevar esta teórica dicotomía a niveles que ponían en peligro la unidad del movimiento sindical, no solo llevaba a obstruir un camino de entendimiento mínimo, sino a adelantar un debate sobre progresismo político y sindicalismo que lejos de resolverse solamente en la teoría se resolvía en la práctica. Desde la instalación peligrosa de este debate, importantes acontecimientos políticos tuvieron lugar en el hemisferio, en los que quedó demostrada la capacidad de adaptación de las organizaciones sindicales sin menospreciar su pragmatismo, en algunas ocasiones, y sus compromisos ideológicos-políticos, en otras. Lo real es que era imposible prescindir del sindicalismo del Cono Sur de América Latina, sea cual fuere su adscripción ideológica, para la implementación de campañas fuertes y representativas en los temas específicos del mundo del trabajo, como en los más generales de carácter político, atados, obvia e indisolublemente, a las respectivas realidades nacionales.

Algo parecido sucedía con la actividad sindical sectorial. Muchas organizaciones sindicales integraban históricamente las federaciones sindicales internacionales. No obstante, sus presencias en ellas, salvando honrosas excepciones, resultaban relativamente pasivas y carentes de dinámica. Nuevamente, en este tópico quedaba al desnudo, en el sindicalismo latinoamericano, un interés relativo frente al accionar de los sindicatos globales en los que no se notaba una imbricación con las particularidades del sindicalismo de las regiones ni tampoco una mirada general de estos, desde la perspectiva europea. A pesar de la existencia de las oficinas regionales de estos sindicatos globales en los distintos continentes, los mismos no tuvieron el impacto, por supuesto al margen del funcionamiento regular de sus canales estatutarios, algunas campañas de solidaridad y visitas relativamente periódicas a los países, que podrían haber tenido. No hubo entonces un acompañamiento sectorial hacia las problemáticas sindicales de la integración regional por parte de los sindicatos globales. Nacionalmente, los sindicatos mantuvieron sus afiliaciones sin demasiados compromisos, priorizando sus problemáticas nacionales y, en todo caso, subregionales, por sobre un escenario internacional que, por diversas razones, se iba convirtiendo en una preocupación cada vez mayor para el sindicalismo debido al despliegue de una profunda auto-revolución del capital a escala planetaria, cuyos impactos se manifestarían globalmente al mismo tiempo que al interior de las economías de los países y regiones.

El sindicalismo brasilero, de la mano de la Central Única de los Trabajadores (CUT) y, más tarde, de la Unión General de Trabajadores (UGT) comenzó a tener una fuerte incidencia en la conducción de la ORIT. Era el más grande en términos de cantidad de afiliados, aunque no en tasa de sindicalización, y, en el caso de la CUT en particular, su relación estrecha con el triunfante Partido de los Trabajadores (PT) la ubicaba como una central respetada, novedosa y con una visión política, aunque plural en su seno, claramente orientada hacia las posiciones más a la izquierda del movimiento sindical de la región. Por su parte, la UGT nació ya adentrado el proceso del PT en el gobierno como una escisión de la Força Sindical, hoy la tercera central brasileña. La UGT se convirtió, en poco tiempo, en una central también novedosa y en crecimiento, aunque más plural y no seguidora de ningún partido en particular, lo que quedó demostrado en las posiciones frente al proceso de *empeachment* de la presidenta Dilma Rousseff, en el que, internamente, la UGT dejó librado a cada sindicato integrante la posición a asumir frente a dicho proceso.

Con relación al sindicalismo argentino, a pesar de ser el más poderoso de la región en términos de tasa de sindicalización, estructura y recursos, su participación en la ORIT, aun mucho más activa que durante los tiempos de Anderson, al no integrar su Secretariado Continental, la CGT ni la Central de Trabajadores Argentinos (CTA), de menor envergadura, su compromiso con la actual dirección ha sido y es de apoyo estable. A este respecto, es dable señalar que la relación de la ORIT y, luego de la Confederación Sindical de las Américas (CSA), con la CGT de Argentina continúa siendo, vista en perspectiva, cambiante. Los cambios producidos a mediados de la década del noventa en la central norteamericana, fueron perfilando una nueva impronta de la ORIT al crearse un círculo políticamente progresista con la AFL-CIO en la Presidencia, Víctor Báez, en la Secretaría General y la CUT de Brasil, en el Secretariado. Como lo expresáramos, la CGT de Argentina apoyó este proceso desde una prudente posición, integrando el Ejecutivo Continental de la organización, ámbito de menor trascendencia entre el Congreso y el Secretariado.

Resulta, en este sentido, interesante observar el proceso vivido en la AFL-CIO a partir de 1995, año en el que asume su presidencia John Sweeney. Luego de años de estancamiento en el crecimiento sindical internamente surge un movimiento denominado Nueva Voz. Este movimiento se plantea recrear la acción sindical de la central obrera sobre la base de invertir recursos y consolidar una profunda política de organización de los trabajadores y de aumentar los lazos históricos de apoyo al Partido Demócrata en las elecciones. Tras un proceso sinuoso, Sweeney logra la Presidencia de la AFL-CIO. En el área internacional hay un explícito abandono ya de las posiciones históricas y, por lo tanto, una suerte de autonomía en términos de política de alianzas de la central en el campo global. La AFL-CIO se enfoca, claramente, en la construcción de solidaridad con las luchas de los trabajadores del mundo, integrándose activamente tanto a la CIOSL y la ORIT, como, más tarde, a la CSI y la CSA. De allí, la consolidación de una conducción con un sesgo progresista hacia la centroizquierda del espectro político en la ORIT que se ampliaría, más adelante, con la unificación que daría nacimiento a la CSA.

A propósito de la participación del sindicalismo argentino, queda claramente acompañando la conducción del Secretariado Continental de la CSA, lo que también se facilita por la relación importante que la CGT mantiene con la CSI y porque en este esquema la CGT ocupa uno de los lugares del Grupo de Trabajadores de la región americana en el Consejo de Administración de la OIT. En las épocas de constitución de la CSA, a la que la CGT de Argentina contribuyó en forma activa, su participación en el Secretariado de la flamante CSA estuvo en discusión, encontrándose en aquel entonces una fuerte resistencia del sindicalismo brasilero, particularmente de la CUT, y de algunos sectores del sindicalismo centroamericano a la incorporación de la CGT al Secretariado Continental.

Probablemente, el debate descrito con anterioridad respecto a la existencia de centrales tradicionales y centrales progresistas haya sido sustrato para mantener afuera del máximo órgano de conducción de la CSA a la central argentina, considerándola de carácter tradicional, dato este que no deja de ser cierto: la mayoría de sus afiliadas son organizaciones sindicales, algunas de ellas, nacidas hacia fines del siglo XIX y principios del XX. Asimismo, la presencia activa de la CTA, flamante afiliada a la CSI y a la CSA, e integrante del núcleo de sindicatos considerados progresistas y de relación profunda con la CUT de Brasil, puede haber sido también un impedimento para que la CGT integrara la dirección de la CSA. Otro argumento esgrimido, en aquel entonces, era que una presencia argentina y brasileña en el Secretariado era demasiado para el Cono Sur en relación con las demás regiones. Sin embargo, el Secretariado de la CSA, como producto de la unidad terminó incorporando a la UGT, teniendo Brasil, y por lo tanto el Cono Sur, dos representaciones, aunque del mismo país. De todas maneras, el buen trabajo que la CGT desarrolla hoy día en la OIT permite inferir que la central argentina ha priorizado su trabajo allí y no en su integración al Secretariado de la Central hemisférica, además de priorizar una estrategia de conjunto con el sindicalismo brasilero en la subregión. Es evidente, entonces, que la participación de la CGT de Argentina en el movimiento sindical del hemisferio se encontró a medio camino entre el "no estarás" y el "no pretendo estar" lo que, a la larga, la ubica como una organización sindical testigo imposible de dejar de ser tenida en cuenta a la hora de la definición de los grandes temas de la agenda del sindicalismo de la región, sin formalismos.

De la incertidumbre inicial a la construcción de la unidad

Hablamos, algunos párrafos atrás, sobre la auto-revolución del capital. Este concepto fue acuñado por el sociólogo Julio Godio y pretendió lo difícil: explicar en tres palabras algo que es muy complejo y así sumarse, desde otra dimensión, a la enorme constelación de definiciones y conceptos, que se multiplicaron a partir de los noventa, sobre la globalización.

Para Godio, lo trascendente de la globalización consistió en las capacidades clásicas del capitalismo para mutar y readaptarse a nuevos ciclos, generalmente luego de procesos de crisis, y las capacidades del propio sistema de generar una dinámica bifronte en el mundo de las relaciones del trabajo. Solía poner como ejemplo una moneda: dos caras integrando el mismo objeto. La globalización y sus impactos generaban mutación y degradación al mismo tiempo y, generalmente, una yuxtapuesta a otra y viceversa.

La mutación a la que hacía referencia se centraba, esencialmente, en el cambio tecnológico. Solo para darnos una idea y no para sacar conclusiones definitivas, un equipo de solo quince personas creó en Instagram un acceso a 130 millones de clientes para compartir 16.000 millones de fotos. A los quince meses de fundada fue vendida a Facebook por 1.000 millones de dólares. En 2012, tenía cuatro mil seiscientos empleados, incluidos mil ingenieros. Lo que podríamos denominar el predecesor de Instagram en la primera era tecnológica, la multinacional KODAK, empleaba en un punto ciento cuarenta y cinco mil personas. KODAK fue fundada en 1880. Ciento treinta y dos años más tarde, poco tiempo antes de que Instagram fuera vendida a Facebook, KODAK declaró la quiebra. La tecnología de la globalización se expresa en abundancia y extensión: empresas como Instagram y Facebook emplean a una pequeña fracción de la gente que se necesitaba en KODAK.

En el campo de las fuerzas productivas, algo venía a instalarse para quedarse y sus consecuencias cambiarían el panorama económico-social imperante hasta entonces. La degradación la describía, como dijimos, como la contracara de la mutación. Aquella se expresaba en las consecuencias laborales y sociales que caracterizaron la época y que todavía hoy, aún en un escenario internacional distinto al de los años noventa, seguimos sufriendo: desocupación, trabajo informal, fragmentación del colectivo laboral al interior de las unidades de producción, fragmentación del propio proceso productivo a escala planetaria, exclusión, desigualdades. Este paquete, envuelto en la feroz crítica al estado de bienestar y de exaltación del libre mercado al infinito, es lo que la academia económica denomina neoliberalismo y que se expandió desde mediados de la década de 1980 y se consolidó en las políticas económicas de los años noventa. El paradigma de la sociedad industrial-salarial había comenzado a perder sustento ya desde los años setenta, cuando la crisis de realización del capital fue resuelta por mutación a través, precisamente, de una nueva auto-revolución del capital que, mediante la aplicación en las empresas de las nuevas tecnologías sobre procesos y productos del trabajo, logró producir fuertes aumentos en la productividad. Nace la empresa de variedad. Godio habla de empresas en "estrellas" para graficar las capacidades de las empresas de romper con la verticalidad del viejo monopolio y adaptarse a las nuevas características de mercados abiertos y fragmentación de las cadenas productivas. Se debilitan los yacimientos de trabajo fordistas tornándose más heterogéneos los mercados de trabajo y erosionándose la sociedad salarial. El desempleo y el subempleo se convierten en fenómenos estructurales. Godio replica este escenario con la necesidad de reconstruir un nuevo paradigma que denomina "la sociedad de trabajo" en contraposición a la sociedad de mercado que pretende construir el poder económico concentrado. En este sentido Godio ilustra su concepción de la sociedad de trabajo como componente de una versión no refractaria de la globalización sino, aceptando aspectos que tienen que ver con las mutaciones, aunque en el marco de la profundización de la democracia en la sociedad y en el mundo del trabajo y de un rol protagónico de las organizaciones sindicales para frenar la degradación generada. En este sentido, ya adentrado el proceso de globalización, la CIOSL establece como uno de sus objetivos la lucha por una "globalización democrática".

Al no ser neutral la auto-revolución del capital, no existe la voluntad de utilizar las nuevas tecnologías para promover la modernización integrada de las economías a escala global sino para favorecer una gigantesca concentración, con el capital financiero en el puente de mando y con un desarrollo desconocido hasta entonces de las empresas multinacionales, las que se desenvuelven en un ámbito desregulado para favorecer, entre otras cosas, el funcionamiento de la fragmentación operada en el sistema productivo a escala global.

El ámbito desregulado profundiza el déficit democrático de la globalización al dejar al desnudo la inexistencia de ningún atisbo de gobernabilidad económica y política global. Las grandes potencias occidentales y el capital trasnacional se campean en el escenario global, a sus anchas. Las instituciones políticas, económicas y financieras internacionales han sido cooptadas por la versión neoliberal de la globalización y han empujado a los países en desarrollo a facilitar su endeudamiento y el transitar tranquilo de los conglomerados multinacionales y sus cadenas de valor, de acuerdo con el lugar en el "juego" que le haya tocado a cada uno de estos países, ya sea de proveedores de mano de obra barata o de productos primarios sin valor agregado.

En este marco, estas mismas organizaciones internacionales, las de carácter político[2] y las instituciones financieras y comerciales multilaterales[3] a pesar de su orientación neoliberal, a partir de los primeros años del 2000, iniciaron un derrotero de cambio en sus estructuras y dinámicas, impactadas por la globalización y los cambios políticos que se sucedían en el sur del planeta, algunas de ellas; otras, sin abandonar automáticamente sus posiciones y contenidos, aceptando ciertos niveles de debate sobre su pasado, otrora impensables, presionados por la

---

[2] Las Naciones Unidas (como tal) y la Organización de Estados Americanos.

[3] El Fondo Monetario Internacional, el Banco Mundial, el Banco Interamericano de Desarrollo y la Organización Mundial del Comercio.

sociedad civil y las propias organizaciones sindicales. Hoy es común en los ámbitos internacionales y en los nacionales especializados escuchar debates y propuestas sobre la necesidad de modificar las estructuras de Naciones Unidas, replantear el funcionamiento de los organismos financieros internacionales y rever los mecanismos, equilibrios y agenda al interior de la Organización Mundial del Comercio.

Estados Unidos es el ejemplo flagrante de un nuevo mundo de desigualdades: en el Silicon Valley o en una Universidad de investigación como el Instituto Tecnológico de Massachusetts (MIT), el rápido ritmo de la investigación ha hecho florecer empresas y millonarios. Simultáneamente, los estudiantes luchan con enormes deudas, los recién graduados tienen dificultades para encontrar nuevos empleos y millones han recurrido al endeudamiento para mantener temporariamente su nivel de vida.

En fin, la globalización sesgada hacia el libre mercado y el libre comercio golpea, a esta altura, con dureza el mundo del trabajo desnudando la degradación mencionada. Las organizaciones sindicales se encuentran sumidas en un escenario inédito en el que se ha resquebrajado el patrón tradicional de relacionamiento entre capital y trabajo. El primero circula, el segundo no. El primero ha aprovechado el cambio tecnológico, el segundo no. El primero se deslocaliza y relocaliza en función de menores costos, el segundo sufre el desempleo o emigra. Las organizaciones sindicales internacionales intentan enfrentar esta realidad, pero les resulta difícil hacerlo merced a la división reinante y a las dificultades para comprender, pero, fundamentalmente, para asumir cabalmente el nuevo juego y el nuevo escenario. Los viejos esquemas de las relaciones sindicales internacionales entraron en crisis. Ya no alcanza con las campañas de solidaridad al viejo estilo. En las realidades nacionales, luego de una década de pérdida de derechos y políticas antisindicales que empujaron, en muchos casos, a estrategias defensivas, comienza una contraofensiva democrática que visualiza el agotamiento del modelo neoliberal e inicia una lenta recuperación de los pisos sociolaborales preexistentes, con apoyo de los movimientos sindicales, con particular énfasis en América Latina. El mundo comienza a discutir el rumbo de la globalización y le agrega a la misma un adjetivo: "excluyente". Entra en crisis la Organización Mundial del Comercio que pretende vincular libre comercio con desarrollo. El sindicalismo internacional, comprendiendo el momento y un sindicalismo norteamericano jaqueado, aunque en proceso de renovación positiva, enfrenta este intento de vinculación en Seattle y así, dan el primer paso. La crisis de Argentina en 2001 hace explotar por los aires los intentos de mantener las políticas de los noventa.

Ante este panorama, quien fuera Secretario General de la Confederación Internacional de Organizaciones Sindicales Libres (CIOSL), hoy Director General de la OIT, Guy Ryder plantea que es imposible enfrentar los desafíos del mundo global con el sindicalismo internacional dividido y da inicio a un proceso que habría de culminar en noviembre de 2006 con la creación de una organización unitaria, la Confederación Sindical Internacional (CSI). La Confederación Internacional de Organizaciones Sindicales Libres (CIOSL) era, sin duda, la organización sindical internacional democrática más grande. No obstante, se reconocía también para entonces la existencia de organizaciones fuera de la familia de la CIOSL. A pesar de que la idea de la unidad del movimiento sindical figuraba entre las prioridades del Secretario General de la CIOSL, este era consciente de las dificultades que se debían enfrentar para conseguirla. Era necesario plantear la unidad reconociendo que la propia CIOSL debía producir cambios en su interior si quería obtener resultados en el difícil escenario planteado por un mundo del trabajo golpeado por la globalización. En 2000 se realiza el 17° Congreso Mundial de la CIOSL, en Durban. En él, aunque en las decisiones congresuales no se hace referencia específicamente a las relaciones con la Confederación Mundial del Trabajo (CMT), en el debate sobre aspectos de auto reforma esgrimidos por la propia CIOSL, denominado "Reflexiones del Milenio", se plantea revisar las relaciones con otras organizaciones internacionales del movimiento sindical. La revisión que se plantea la CIOSL da como resultado una Recomendación emanada de su Comité Ejecutivo Mundial en noviembre de 2001, para formalizar con la CMT un acuerdo con vistas al establecimiento de un foro conjunto que habilite un diálogo con la CMT. En este Congreso hizo uso de la palabra el Secretario General de la CMT, Willy Thys, quien reconoció la necesidad de una mayor unidad en el mundo sindical, aunque advirtió que arribar prematuramente a la instalación de una nueva central internacional unificada no constituía la única forma de alcanzar los objetivos que tenían por delante los trabajadores. Tal vez, para frenar el ímpetu unificador de la CIOSL o por las propias dificultades para propagar al interior de la CMT este impulso, era, en cierta medida, verdad que la sola existencia de una organización internacional unificada no era suficiente para enfrentar los enormes desafíos ya instalados en un atribulado mundo globalizado. La CIOSL, particularmente sus grandes afiliadas y el propio Guy Ryder, reconocían que el sindicalismo internacional, y hasta los propios sindicalismos nacionales, debían rediseñarse y atacar temas, algunos de los cuales podían ser permanentes en la agenda histórica de los trabajadores pero desplegados en el nuevo entorno global adquirían otros pesos específicos y requerían, por tanto, agendas de otro tipo, a lo cual había que sumar la emergencia de nuevas temáticas, demandas y preocupaciones que había que sumar a dicha agenda.

En mayo de 2003, Ryder aprovechó la ocasión del 10° Congreso de la Confederación Europea de Sindicatos (CES), celebrado en Praga, para lanzar un firme llamamiento a la unificación del movimiento sindical internacional. Era una ocasión políticamente apropiada para lanzar este llamamiento: en la CES conviven, desde su fundación en 1973, organizaciones sindicales europeas afiliadas internacionalmente a la CIOSL y a la CMT que vienen trabajando juntas los últimos treinta años. El Secretario General de la CIOSL, sin presionar con fechas específicas, concluyó diciendo que el período por delante hasta el 18° Congreso Mundial de la CIOSL, a celebrarse en 2004, y, un año más tarde, el de la CMT, ofrecían la ocasión ideal para hacer lo que resultara claramente más adecuado para los trabajadores y trabajadoras en todo el mundo.

Ambas confederaciones, CIOSL y CMT, comenzaron, a partir de entonces, un acercamiento en el que las cualidades y sensibilidades personales de ambos Secretarios Generales jugaron un rol determinante en el proceso, como así también, el empuje constructivo del ex Secretario General de la CES, el italiano Emilio Gabaglio. Gabaglio era, originalmente, miembro de la CISL italiana (Confederación Italiana de Sindicatos de Trabajadores), la segunda central italiana en importancia, de origen democristiano, pero afiliada a la CIOSL), además de ser un dirigente muy respetado.

Ante la cercanía del Comité Ejecutivo de la CIOSL y de los órganos rectores de la CMT, ambos Secretariados elaboran una declaración denominada "Principios Básicos para una Nueva Organización Sindical

Internacional". Así las cosas, el Comité Ejecutivo de la CIOSL, aún con preocupación por ciertas opiniones de algunas centrales afiliadas de la CMT, se inclina mayoritariamente, por el proceso de la unificación y la creación de una nueva organización sindical internacional.

En junio de 2004, Guy Ryder informaba al Comité Ejecutivo Mundial de la CIOSL que se observaban dificultades en la opinión de afiliadas de la CMT y de sus regionales, respecto a la unidad. La CMT venía anunciando que continuaría con su estrategia de unidad de acción con la CIOSL y no hacia una unificación estructural. Aun así, la CMT entendía que la propuesta unitaria consistía en la creación de una nueva organización y no en la incorporación de la CMT a la CIOSL. Este último dato era sustancial para un cambio en la actitud de la CMT; no obstante, su postura unitaria se planteaba como extremadamente prudente, a los efectos de mantener su cohesión interna.

La lógica de la unificación planteada por la CIOSL encerraba argumentos de difícil negación por parte de la CMT y algunos de ellos, aun sin ser esgrimidos públicamente, eran mayoritariamente compartidos por la conducción de la CMT y por un sinnúmero de organizaciones sindicales nacionales no afiliadas a ninguna central internacional que esperaban una experiencia de esta naturaleza.

El movimiento sindical internacional necesitaba llegar a numerosos sindicatos que no integraban las filas organizativas de las organizaciones preexistentes y ganar terreno e influencia en la relación con las empresas y los gobiernos.

Una respuesta efectiva e impactante, a la altura de los retos planteados, demandaba una unidad sindical democrática a escala mundial. Una nueva organización no constituiría una respuesta en sí misma; aun así, sería una herramienta adecuada para poner en marcha un dispositivo de análisis, respuesta y eficacia de la acción sindical internacional, un nuevo tipo de respuesta a viejas y nuevas demandas de los trabajadores, una guía para los sindicatos nacionales en sus respectivas luchas y la implantación de un nuevo modelo de internacionalismo sindical para reorientar una globalización desbocada y fuera de la medida del hombre y la sociedad y sesgada hacia la financiarización de la economía y los negocios.

La continuidad de la competencia entre la CIOSL y la CMT podía, por otra parte, tener consecuencias adversas en términos políticos y de solidaridad, además de financieros. Aun teniendo en cuenta las diferencias entre ambas confederaciones, diferencias que nunca se ocultaron, lo real es que la creación de la nueva central internacional debía sintetizar, en el preámbulo y los estatutos, un lenguaje nuevo, adecuado a los tiempos que se vivían. Obviamente, los principios y valores fundamentales no estaban en discusión. De todas maneras, existían, en el borrador de "Principios Básicos", áreas de coincidencias que permitían responder a las preocupaciones de compatibilidad y de conceptos fundamentales.

Por otra parte, el trabajo en conjunto en el Consejo Asesor Sindical (TUAC) de la OCDE (Organización para la Cooperación y el Desarrollo Económico) y en la CES (Confederación Europea de Sindicatos) otorgaba suficientes garantías, desde la experiencia práctica. También la presencia de estas organizaciones en el Grupo de Trabajadores de la OIT y en sus diversas instancias dejaba entrever que allí tampoco se presentarían dificultades.

¿Cuáles eran, entonces, las dificultades que se presentaban para la unificación? Varias.

En primer lugar, la cuestión de la identidad. La CMT reclamaría ciertas garantías para la conservación de su identidad como corriente sindical y su adscripción a determinados valores espirituales. No hay olvidar que la CMT agrupaba al sindicalismo socialcristiano.

Otra cuestión para dilucidar era la relación con las estructuras regionales. Las estructuras regionales de la CIOSL (América, África y Asia-Pacífico) eran parte de ella misma y funcionaban en forma centralizada, incluso presupuestariamente. No era esta la realidad de la CMT: sus regionales gozaban de una amplia autonomía política y financiera respecto a la central.

En cuanto a las organizaciones sectoriales, o sea lo que hoy se denominan Sindicatos Globales de sector, al contrario de lo que sucedía con las regionales, aquellas en la CIOSL, aun perteneciendo a su familia, gozaban de plena autonomía política y financiera respecto a la central. Las organizaciones sectoriales de la CMT forman parte de su estructura y hasta pagaban cuotas y tenían derecho a voto en sus órganos rectores. Esta situación generaba un conflicto: la CMT planteaba que las organizaciones sectoriales debían ser parte de las discusiones de la unidad; en cambio, la CIOSL no podía hablar en representación de sus organizaciones sectoriales por gozar estas de autonomía.

Obviamente, un debate se presentaba también en cuanto a las finanzas. Al ser las estructuras distintas, también distinta era la obtención de recursos. Como vimos, las regionales de la CMT tenían sus propias estructuras financieras y las de la CIOSL eran sostenidas con el presupuesto centralizado de la organización mundial.

Si el Comité Confederal de la CMT y el 18º Congreso Mundial de la CIOSL, adoptaban decisiones favorables a favor de la unificación, el paso institucional final debería haber sido una decisión en el mismo sentido del próximo Congreso Mundial de la CMT, cuya celebración estaba prevista para noviembre de 2005.

Entre la realización del Congreso de la CIOSL y el de la CMT transcurrieron algunos meses, que fueron aprovechados para los preparativos necesarios para la implementación de la unificación y el diálogo con organizaciones sindicales nacionales no afiliadas a ninguna de los dos mundiales para que se incorporasen como cofundadoras de la nueva internacional. La posterior implementación de un Secretariado conjunto fue también otro paso importante, ya que el mismo debía hacerse cargo de los preparativos para la celebración de un Congreso Constituyente de la Nueva Internacional en 2006.

Del Congreso de la CIOSL de Miyasaki (Japón) surge claramente cuál iba a ser el derrotero final hacia la reunificación y, fundamentalmente, la idea de que, a partir de la instauración de la nueva central, comenzaba una etapa de búsqueda de nuevas estrategias para globalizar la solidaridad. De hecho, el lema del Congreso fue precisamente ese: contraponer a una globalización excluyente la idea de una globalización de la solidaridad. Es interesante leer algunos puntos de la resolución adoptada por el Congreso con relación a la unificación.

> (...) 14. Convencido de que hoy en día, la unidad sindical a nivel mundial resulta crucial para garantizar la representación efectiva de los derechos e intereses de los trabajadores y trabajadoras en la economía global;
>
> 15. Convencido, también, de que lograr dicha unidad es una tarea urgente para el movimiento sindical internacional, y que se dan, actualmente, las condiciones necesarias para ello;
>
> 16. El Congreso decide comprometer solemnemente a la CIOSL a la creación de una nueva confederación sindical internacional, basada en los valores, principios y objetivos establecidos en el apéndice a esta resolución, así como en el pluralismo y la democracia internos.

17. La CIOSL se suma a la CMT en un llamamiento a las centrales sindicales nacionales independientes y democráticas que no cuenten con ninguna afiliación a nivel mundial, para participar en este proceso y convertirse en cofundadores de la nueva confederación.

18. El Congreso subraya la importancia de que las afiliadas hagan suyo y participen en este proceso a nivel nacional. Se encomienda, por tanto, al Secretario General que prepare un documento de consulta, recogiendo las decisiones del Congreso, a fin de promover el diálogo y la plena participación de las organizaciones sindicales nacionales en el proceso.

Principios básicos para una nueva organización sindical internacional: La Confederación aspira a ser una organización unificada y pluralista, que represente al movimiento sindical mundial. Afiliará sindicatos democráticos, libres e independientes, respetando sus diversos orígenes y formas particulares de organización. La Confederación determinará sus posiciones y llevará a cabo sus actividades de forma completamente independiente de cualquier influencia externa, ya sea gubernamental, política, económica, religiosa, o de cualquier otro tipo. La Confederación está convencida de que el trabajo humano reviste un valor superior al que tiene el capital o cualquier otro elemento de la actividad económica. La Confederación defenderá los valores de libertad, justicia social, solidaridad y equidad que han animado las luchas incesantes del movimiento sindical a todo lo largo de su historia, para afirmar la dignidad de los trabajadores y trabajadoras y garantizar el reconocimiento de sus derechos fundamentales en el lugar de trabajo y en la sociedad. La Confederación está convencida de que la realización de estos valores en las condiciones actuales requiere un sindicalismo de transformación social, que agrupe y movilice sus fuerzas a fin de:

• Garantizar a escala mundial un desarrollo durable, equitativo y solidario, orientado a eliminar la pobreza, a la protección del medio ambiente, a garantizar el acceso a los bienes públicos, la creación de empleos dignos para todos y todas;

• Afirmar el derecho de los pueblos a la autodeterminación, a vivir en democracia bajo el gobierno de su elección, libres de cualquier forma de opresión, explotación y discriminación;

• Reivindicar el pleno respeto en todo el mundo de los Derechos Humanos, incluyendo los derechos sociales;

• Promover la igualdad de género en el trabajo y en todos los aspectos de la vida cotidiana;

• Contribuir a realizar y mantener la paz, basada en la justicia y la seguridad para todos los pueblos;

• Rechazar el recurso a la guerra como medio de solucionar conflictos, y reforzar el papel de las Naciones Unidas, en tanto que instrumento legítimo y esencial para llegar a una solución;

• Intentar que se establezca una nueva gobernanza de la globalización, a fin de supeditarla al objetivo de un orden económico y social más justo, humano y solidario, mediante la reforma, la democratización y la coherencia en todas las acciones de las instituciones multilaterales.

La Confederación recibirá concretamente el mandato de sus afiliadas para:

• Defender y promover los derechos e intereses de los trabajadores y trabajadoras, en todo lugar y circunstancia;

• Garantizar la representación e incrementar el impacto del movimiento sindical con respecto a las instituciones internacionales, entre otras cosas, mediante el establecimiento de un derecho de consulta permanente;

• Reforzar el papel de la OIT y fomentar la aplicación generalizada de las normas internacionales del trabajo;

• Apoyar el desarrollo de sindicatos democráticos e independientes en todo el mundo, entre otros medios mediante una cooperación sindical coordinada;

• Denunciar cualquier violación de la libertad sindical, de los derechos de negociación colectiva y de huelga, y organizar la solidaridad y las acciones internacionales necesarias para su restablecimiento;

• Combatir todas las formas de racismo, xenofobia y exclusión, y garantizar los derechos de los trabajadores y trabajadoras migrantes;

• Luchar por la eliminación del trabajo infantil y del trabajo forzoso;

• Desarrollar el diálogo social con las organizaciones internacionales de empleadores, en defensa de los objetivos del movimiento sindical;

• Promover y apoyar la coordinación de la acción sindical con vistas a las empresas multinacionales;

• Organizar campañas, jornadas de acción y cualquier otro tipo de movilización a escala internacional que se juzgue necesario emprender en apoyo de las reivindicaciones sindicales;

• Apoyar los esfuerzos encaminados a ampliar la representatividad del movimiento sindical en relación con otros sectores de un mundo del trabajo cada vez más diversificado;

• Garantizar la plena integración de la mujer en los sindicatos, y la promoción de la igualdad de género en sus órganos directivos, así como en sus actividades a todos los niveles;

• Promover los derechos de los trabajadores y trabajadoras jóvenes a un empleo decente, así como su plena participación en los sindicatos; y

• Establecer lazos y cooperación con otras organizaciones de la sociedad civil para la realización de objetivos comunes.

El Congreso de la CIOSL también aprobó dos resoluciones en las que fijaba su posición respecto a los objetivos a conseguir y las tareas inmediatas a asumir con la nueva Confederación: "Un mundo que cambiar" y "Conseguir que la solidaridad funcione".

Para quienes pensaban que el objetivo de crear la central internacional generaba una ausencia de objetivos políticos y metodologías de trabajo, estas resoluciones dejaban a las claras, por lo menos desde la perspectiva de la CIOSL, que ese pensamiento estaba errado. Hubo en este proceso mucho debate, pero nada debía desviar la atención del objetivo primero: fundar la nueva organización.

Las conversaciones continuaron hasta noviembre de 2006. En este interregno de tiempo la confianza entre las dos organizaciones y las independientes que se sumarían, fue creciendo y muchas de las dudas respecto a la unificación se fueron lentamente disipando.

Las más importantes problemáticas que podrían haber trabado el proceso se fueron resolviendo. Desde los temas financieros hasta la situación con las regionales y con los sindicatos globales de las dos organizaciones y otros temas menores.

A las regionales se les otorgaba un plazo de un año para producir sus respectivas unificaciones y a las organizaciones sectoriales (sindicatos globales) se les otorgaba autonomía para producir sus procesos de acercamiento en cada uno de ellos.

En este último caso, algunos de los sindicatos globales comprendieron anticipadamente la necesidad de unificación en sus sectores. Tal el caso de Union Network International (UNI o Red Sindical Internacional, en castellano), Sindicato Global del sector servicios. Nacido en el año 2000 como producto de la fusión de cuatro sindicatos internacionales (FIET, ITG, MEI e IC), ya cerca del proceso de creación de la CSI y una vez constituida esta, los sindicatos cristianos tuvieron las puertas de UNI abiertas para su incorporación. En diciembre de 2005, la internacional de los trabajadores de la construcción y la madera, FITCM, perteneciente a la familia de la CIOSL, se funde con su similar cristiana (integrante de la CMT) y se crea la ICM, lo que se consideró un adelanto sectorial de lo que iba a suceder con la CSI.

En cuanto a la relación de estos con la CSI se crearía un Consejo de Sindicatos Globales en el que estarían todos los sindicatos globales y la CSI. Los procesos de unificación regional no registraron mayores problemas, salvo la dilatada unificación americana. Al cabo de este trajinado y discutido proceso, hasta el nombre difirió del resto de las regionales: tanto en África como en Asia la denominación sería CSA (Confederación Sindical de África y Confederación Sindical de Asia). En América se denominó Confederación Sindical de los Trabajadores/as de las Américas (en inglés, Trade Union Confederation of the Americas, TUCA). Fue importante el rol jugado por la CGT de Argentina en este tema. En muchos países de América del Sur y en América Central existían sindicatos cristianos y no cristianos, ya sea de izquierda y/o centroizquierda. En Argentina, la CGT se había afiliado a la CIOSL en 1975. Sin embargo, un importante número de sindicatos cristianos eran miembros de la CGT, por las características unitarias de la central obrera argentina. O sea, eran miembros activos de la CGT, pero realizaban su militancia internacional en la CMT y en su organización regional, la CLAT (Central Latinoamericana de Trabajadores). A esto, se sumaba que la minoritaria Central de Trabajadores Argentinos no se encontraba afiliada a ninguna central internacional y haría su incursión orgánica en el campo global afiliándose a la CSI.

Europa era un caso aparte. Allí, como vimos, desde 1973 existía la Confederación Europea de Sindicatos (CES) en la que convivían organizaciones tanto de la CIOSL como de la CMT. No obstante, el objetivo de la CES difería en alguna medida con los objetivos más generales de la CIOSL y la propia CMT. La CES consistió y consiste en un proyecto sindical más vinculado al proceso de integración de la Unión Europea. Con todo, el Congreso fundacional de la CSI crearía un ámbito, el Consejo Sindical Paneuropeo, del que participarían la CES y la CSI.

Así se arriba, con gran entusiasmo, como dijimos, y luego de un período muy complejo para el movimiento sindical, al Congreso Fundacional de la CSI realizado en noviembre de 2006 en Viena, Austria. Si entre 1990 y el 2001, gran parte de la acción sindical internacional veía como la globalización neoliberal arrasaba con conquistas y derechos y ponía en duda la sociedad de trabajo, para el 2006, el sindicalismo internacional se posicionaba para encarar el difícil objetivo de unificar a todo el movimiento obrero para iniciar la construcción de un nuevo internacionalismo sindical. El lanzamiento de la Confederación Sindical Internacional era un paso trascendental en este objetivo. Más adelante, veremos lo que aconteció.

CAPÍTULO 2

Componentes de cambio civilizatorio en un nuevo e incierto escenario

1. Multinacionales y cadenas globales de valor. Implicancias de la descentralización productiva global

Conviene detenerse en un actor determinante de esta película: las empresas multinacionales y las cadenas globales de valor. No son nuevas, ni mucho menos, pero su peso específico en la economía global actual las ubica como un factor relevante con relación a los modelos productivos, a los flujos de inversión, al uso de las nuevas tecnologías, a las características del comercio internacional y a la problemática del empleo. La presencia, cada vez mayor, de estas empresas globales ha influido notablemente en la vertebración de una nueva acción sindical internacional, volviendo a poner en un primer plano la presencia de las viejas Federaciones Sindicales Internacionales o Sindicatos Globales.

El contexto económico en el cual se desenvuelven estas empresas ha cambiado y, al mismo tiempo, las características de sus estructuras internas también han mutado para adaptarse a ese contexto económico, al tiempo que su despliegue también influye sobre este último. Su capacidad de adaptación a los ciclos económicos suele encerrar una dinámica importante y, aún en contextos de crisis económica mundial y de retorno a ciertos andariveles de proteccionismo en las economías centrales, su despliegue va a continuar en ascenso.

El proceso de internacionalización de las empresas se inició a fines del siglo XIX y acusó un considerable descenso en el período comprendido entre las dos guerras mundiales. No obstante, con el ciclo expansivo de la posguerra se inició una expansión de las inversiones extranjeras directas que se ha intensificado, especialmente, tras la crisis estructural de los años setenta. De hecho, la importancia de las empresas trasnacionales en el mundo se ha acentuado en las últimas décadas, tanto en volumen de inversiones como en número de empresas.

No pretendemos desarrollar aquí un esquema teórico alrededor de las empresas multinacionales. Hay abundante bibliografía al respecto. Pero a los efectos de vincular su presencia cada vez más determinante y sofisticada con los contextos históricos, descritos párrafos atrás, y para un posterior análisis de la acción sindical respecto a ellas, conviene recordar los *shocks* inducidos por el alza abrupta de los precios del petróleo en 1974 y 1981. Con estas crisis, que afectó a todos los sectores industriales, la tasa promedio de beneficios disminuyó del 17% al 11%. Era evidente la respuesta innovadora por parte de las empresas que produjera un fuerte cambio en la forma de competir en la economía internacional: se reorganizaron, interna y externamente en cuanto a la vinculación con sus unidades de producción. El resto lo puso la globalización, en dos etapas: primero, con la globalización financiera y de los mercados y más tarde, con la innovación científica-tecnológica y el mundo digital, a partir de la década de 1990, que se viene desplegando hasta la actualidad.

Hoy día es casi imposible determinar con certeza dónde se fabrica un producto en el mercado mundial debido a la fragmentación de la cadena productiva y la dispersión internacional de las tareas. Desde el punto de vista espacial, los procesos de producción se escinden en diversas etapas y se desarrollan individualmente en diversas localizaciones del planeta. El otro proceso característico de esta etapa es la externalización de tareas, otrora desarrolladas en el interior, verticalizado desde las empresas grandes hacia otras, pequeñas y medianas, a su vez, especializadas, volviendo esa verticalidad hacia una mayor horizontalidad. Como lo caracteriza Alonso Ferrando para el Instituto de Estrategia Internacional, "las empresas multinacionales están cambiando su rol en la economía mundial. En varios casos, están limitando su actividad como 'productores' globales para convertirse en 'compradores' y 'coordinadores globales'.

Volveré sobre los procesos de descentralización hacia las cadenas globales de valor (CGV). Ahora, para adentrarnos lentamente en la cuestión sindical sobre estos actores trasnacionales, conviene mirar algunas características de las multinacionales, en los contextos económicos internacionales, que les sirvieron de soporte.

En primer lugar, estas empresas comienzan a aparecer en 1860, aunque existen autores que ubican su génesis en la etapa de las colonias. No obstante, entre 1860 y 1914 irrumpen en la realidad económica. De este tiempo datan por ejemplo BAYER y SINGER, entre otras. Son momentos de notable aceleración científico-tecnológica y de desarrollo de los sistemas de producción y comercialización "estandarizados" que propician la aparición de nuevos productos y, también de nuevas demandas o hábitos de consumo. La expansión empresarial es estimulada por el descubrimiento, explotación y comercialización de materias primas (la Standard Oil), o de nuevos productos (la Ford).

Se suele afirmar que de 1914 a 1945 se produce la consolidación de las empresas multinacionales. Particularmente, las norteamericanas, producto de las dos contiendas mundiales.

De 1945 a 1990 es el tiempo de lo que se denomina de universalización de las multinacionales. En esta etapa las empresas multinacionales aceleran su naturaleza universal o intercontinental y se consagra la hegemonía de las EMN norteamericanas.

Bretton Woods sienta las bases de un sistema monetario internacional (FMI) y al mismo tiempo se crea el GATT (sistema mundial de tarifas y aranceles) predecesor de la OMC (Organización Mundial de Comercio) que permite una mayor liberalización del comercio mundial. Ambas cuestiones, la financiera y la comercial servirán de impulso exponencial de las actividades de las multinacionales en el mundo, en especial teniendo en cuenta las economías arrasadas de la Europa post-bélica y la ayuda económica del único país que había salido reforzado económicamente del conflicto, Estados Unidos.

El proceso de globalización las potencia y les infringe mutaciones en sus estructuras internas y en sus formas de operar en el nuevo contexto global, siendo la libertad de circulación, las capacidades de deslocalización y relocalización que esta libertad permite y la consecuente fragmentación del proceso productivo que se expresa en las cadenas globales de valor, el marco en el cual se desenvuelven.

Es posible definir los principales elementos o rasgos característicos de una empresa multinacional (EMN): internacionalización productiva, objetivo de la maximización de beneficios, estrategias empresariales generales e internacionalizadas y jerarquización orgánica y unidad directiva. Para entender rasgos que tienen que ver con las estrategias sindicales, tanto nacionales como globales, es menester agregar los cambios operados en la composición orgánica del capital de estas empresas y el impacto que esto tiene en la dirección de estas.

Para comprender

A los efectos sindicales conviene comprender que el elemento de la internacionalización productiva concede una situación excepcional a las multinacionales al permitirles obtener ventajas derivadas del aprovechamiento de las imperfecciones del sistema económico internacional, a las que no pueden acceder las empresas nacionales más que por medio del comercio internacional.

Según Durán Herrera, estas imperfecciones del sistema económico internacional que propician la actividad de las multinacionales son cinco:

- Imperfecciones de mercado.

- Asimetría en la distribución de la riqueza.

- Asimetría en la distribución de la renta.

- Asimetría en la distribución de la información.

- Asimetría jurídico-política internacional.

Estas asimetrías deben ser estudiadas por el movimiento sindical porque de ellas es posible descubrir aspectos para tener en cuenta multitemáticamente. Las asimetrías entre regiones y países, precisamente, en la distribución de la riqueza, la renta y de la información deben permitir a los movimientos sindicales nacionales y regionales establecer estrategias unitarias transfronterizas a los efectos de enfrentar estas asimetrías. Por ejemplo, la realización de la Conferencia Regional de Empleo del Mercosur en el año 2004, impulsada por la Coordinadora de Centrales Sindicales del Cono Sur, fue una correcta estrategia de diálogo social tripartito subregional que permitió poner sobre el tapete de discusión las políticas de la empresa multinacional de la primera etapa del Mercosur caracterizada por la presencia de políticas neoliberales funcionales a las estrategias de estas empresas. La creación del Grupo de Alto Nivel de Empleo del Mercosur fue una respuesta importante en la que la cuestión laboral de la integración fue puesta en primer plano junto a las cuestiones económicas y comerciales.

La maximización de beneficios es otro dato central para el movimiento sindical. La contracara de esto son las condiciones de explotación de los recursos naturales y de la mano de obra del país en el que la multinacional opera. Cuando la empresa multinacional valora los resultados obtenidos en cada ejercicio lo hace valorando los resultados globales y los parciales de cada unidad productiva. Una unidad operativa en un país queda expuesta a la posibilidad de deslocalización y relocalización con el desempleo subsecuente, de ceñirse, exclusivamente, la valoración al análisis país por país o unidad de producción. He aquí un motivo estratégico de funcionamiento del movimiento sindical nacional y del internacional que permita un monitoreo de la empresa respecto a sus operaciones y resultados globalmente y en los países donde opera, al mismo tiempo.

Durante el proceso de constitución de la gran empresa moderna, su estructura interna y su red de relaciones externas sufren importantes modificaciones.

Una de las características claves de esta transformación es la separación del control y la propiedad en el seno de la empresa. Esta separación se produce como consecuencia de dos tendencias históricas. Primero, la dispersión de la propiedad a través de la comercialización de los paquetes originales de acciones en el mercado público, que determina una proliferación de accionistas. Este proceso se alimenta con los mecanismos divisorios de la herencia y con la necesidad de aglutinar capitales para operar a mayor escala. Y segundo, disponer de una clase de administradores profesionales y técnicamente adiestrados.

Estos profesionales, denominados CEO (Chief Executive Officer, en castellano, Director Ejecutivo), tienen una compensación total que, generalmente, consta de un fijo, un variable de corto plazo –el bonus o su sueldo multiplicado–, y el variable a largo plazo en forma de *stock options* que los encierra en una "jaula de oro" para que no se vayan a otra compañía. Los variables, una enorme parte de su sueldo, están sujetos a performance de la compañía o "a riesgo de cobro", como suele llamarse.

¿Qué implica esto? Una gran transformación en la cadena de mandos de estas compañías. Hoy, estas empresas están en manos de grupos o fondos de inversión con cientos y miles de inversionistas anónimos que son los verdaderos dueños. Lo que se ve en las oficinas de estas empresas son mandatarios, en su calidad de directores y/o gerentes que gozan de los privilegios descritos en el parágrafo anterior.

Suelo comentar que hace noventa años atrás era fácil identificar a la multinacional Ford con su fundador, Henry Ford. No resultaba difícil encontrarlo recorriendo la empresa y sus talleres o en las oficinas centrales de Detroit. Según Zygmunt Bauman, la empresa cerrada y el tipo de mando generaba una dependencia e identificación mutua: Ford, el viejo Henry Ford, no disponía del "arma de la inseguridad", o sea, la opción de trasladar su riqueza a otros lugares; "… al igual que sus trabajadores, el capital de Ford estaba 'fijo' al lugar, sumergido en una pesada y voluminosa maquinaria, encerrado entre los altos muros de la fábrica". Ambas partes del conflicto estaban interesadas en evitar que la desigualdad se saliera de cause. En este tipo de empresa y de despliegue del capital los gerentes eran técnicos, coordinadores, a lo sumo la garantía que la intensidad del trabajo se mantuviese de manera tal de que, precisamente "la desigualdad no se saliera de cauce". Ford se encargaba de que sus obreros pudiesen comprar el coche que su empresa fabricaba: ¡sin convertirse en millonario un obrero de la Ford podía tener un Ford T… y Henry Ford, vendérselo! Resulta difícil hoy que esto suceda, al margen de la existencia de algún familiar o grupo familiar de su descendencia en el capital de la empresa. Los grupos o fondos de inversión trastocan la composición orgánica del capital y su forma de dirigir el giro empresario. Todo está en manos de los CEO que gozan de amplios poderes para orientar la operación de la corporación. Para darnos una idea, los salarios de los ejecutivos no dejan de aumentar. Cada uno de los directores ejecutivos de las empresas más importantes del Reino Unido se embolsa un promedio de 4,25 millones de libras al año. Esto equivale a 131 veces lo que cobra un empleado promedio y unas 2000 veces lo que cobra un trabajador de la industria de la confección en Bangladesh. Sharan Burrow, Secretaria General de la CSI declaraba: "… grandes multinacionales han construido un modelo de negocio sobre una enorme fuerza de trabajo oculta integrada por 116 millones de personas".

Agrega un Informe de la CSI: "En las cadenas mundiales de suministro de 50 grandes empresas, publicadas por el Foro Económico

Mundial en Davos, se denuncia un modelo de negocio no sostenible, cuya presencia global abarca casi todos los países del mundo, y presenta el perfil de veinticinco empresas con sede en Asia, Europa y Estados Unidos. El 60% del comercio mundial en la economía real depende de las cadenas de suministro de las más grandes corporaciones, las cuales utilizan un modelo de negocio basado en la explotación y la violación de los derechos humanos en dichas cadenas".

La investigación de la CSI muestra lo siguiente:

- Las tenencias de efectivo de veinticinco empresas, que asciende a 387 mil millones de dólares, podrían aumentar los salarios del total de los 71,3 millones de personas que representan su fuerza de trabajo oculta en más de 5 mil dólares anuales;

- El poder económico conjunto de veinticuatro empresas estadounidenses, entre las que se cuentan Amazon, Walmart y Disney, podría comprar Canadá;

- Nueve empresas asiáticas, tales como Foxconn, Samsung y Woolworths, representan, conjuntamente, un ingreso de 705 mil millones de dólares, lo que equivale al valor de los Emiratos Árabes Unidos;

- Diecisiete empresas europeas, como Siemens, Deutsche Post y G4S, ingresan, conjuntamente, 789 mil millones de dólares, un valor que equivale a Malasia.

Los beneficios son generados por los bajos niveles salariales que aplican, salarios con los que las personas no pueden vivir, estos beneficios se generan a costa de poner en peligro la seguridad y que resultan en muertes y lesiones en el trabajo injustificables; sus beneficios aumentan debido a la evasión de impuestos, o porque causan la trágica contaminación de las tierras y el agua de las comunidades.

Cuando las empresas mundiales se niegan a satisfacer la moderada demanda de los trabajadores/as de recibir un salario mínimo que les permita vivir decentemente: 177 dólares mensuales en Phnom Penh; 250 dólares en Yakarta, 345 dólares en Manila, están condenándolos, con todo conocimiento de causa, a vivir con sus familias en la pobreza. Es una mera muestra de codicia.

Esta codicia no es simbólica o, si se quiere, solo antiética. Juega un rol en la economía y, por lo tanto, no es neutra. No es casual que mientras se ha saltado de 20 veces a 300 veces el nivel de disparidad de ingresos de los ejecutivos, entre unos años y la actualidad, los trabajadores en Estados Unidos están con sus salarios estancados y los niveles de explotación en materia de condiciones de trabajo y salarial en el sudeste asiático asustan.

Cadenas de valor

La desigualdad se ha potenciado y esto está íntimamente emparentado con las cadenas globales de valor. El patrón del comercio internacional ha cambiado notablemente durante los últimos veinticinco años. Aún en la crisis por la que atraviesa la economía mundial y las reacciones proteccionistas que se avizoran en el horizonte global, es menester conocer estas cadenas y el impacto laboral que generan en términos del déficit de trabajo decente denunciado por el movimiento sindical internacional. Actualmente, las empresas distribuyen sus operaciones en todo el mundo, desde el diseño del producto hasta la fabricación de las piezas, su ensamblaje y mercadeo, a través de estas cadenas. Las decisiones de inversión de las empresas multinacionales, a través de actividades de subcontratación y deslocalización, crean las cadenas globales de valor en todo el mundo. En un contexto de producción globalizada, utilizando estas cadenas, las principales motivaciones para las empresas son la reducción de costos y la disminución de riesgos.

Si bien el análisis de las Cadenas Globales de Valor no es un tema nuevo, desde hace algunos años, es el eje central de debates especializados. La OIT en su Conferencia de 2016 organizó una Comisión tripartita sobre el trabajo decente en las cadenas mundiales de suministro. Las conclusiones de la Comisión indican un mandato a la OIT para producir iniciativas que conduzcan a resolver las brechas de gobernanza en las cadenas de suministros sectoriales, nacionales, regionales e internacionales. Los Estados solicitaron a la organización la elaboración de un plan de acción y la convocatoria a una reunión tripartita para analizar las causas de déficit de trabajo decente en las cadenas mundiales de suministro y considerar cuales serían los programas, medidas, iniciativas o instrumentos necesarios para promover el trabajo decente.

¿Por qué la OIT y el movimiento sindical están interesados en tratar los temas vinculados a las cadenas globales de valor o de suministro?

En primer lugar, porque implican un profundo cambio en los modelos productivos regionales y globales. Son precisamente la expresión más acabada de la fragmentación de la producción en la economía-mundo actual. Su importancia radica en el aumento de escala y alcance que implican una mayor complejidad en los fenómenos de fragmentación y deslocalización del proceso productivo, así como el *outsourcing* (subcontratación), no solo de ciertas etapas de la producción sino también, en gran parte, de los servicios ligados a ella.

Las cadenas de valor, al fragmentar los procesos de producción determinan realineamientos en la composición de la fuerza de trabajo. En general, los países en desarrollo se ubican en un eslabón diferente dentro de las cadenas de valor mundiales. Algunos forman parte de las secciones de la cadena con un alto valor agregado, pero, no es el caso de la mayoría, que se ubican al comienzo de la cadena, en la parte más primaria de la misma.

La reducción de costos y la disminución de riesgos mencionadas implican la búsqueda de mercados altamente desregulados en materia laboral y con escasa incidencia convencional y sindical. Esto es lo que se ve en el sudeste asiático, particularmente en China y el resto de los países de la región. El aprovechamiento de la falta de regulaciones en los mercados de trabajo es la constante en el funcionamiento de las cadenas de valor.

Las empresas transnacionales buscan maximizar los beneficios y la productividad a costa de minimizar los costes y obtener tasas de ganancia cada vez más elevadas. Para ello, vulneran sistemáticamente los derechos humanos, sociales, laborales, medioambientales; y reducen, entre otras cosas, el pago de impuestos. Prueba de ello es la evasión fiscal por medio de la manipulación de los precios de transferencia: las casas matrices suelen reducir formalmente los beneficios obtenidos en una filial situada en un país que impone impuestos más altos, mientras al mismo tiempo los incrementan en otro que cobra impuestos más bajos. Así, la empresa matriz va vendiendo productos a precios diferentes, concentrando la facturación en el país que dispone de una fiscalidad más baja; es lo que se ha venido a denominar ingeniería fiscal.

Sin embargo, Zara es un ejemplo de diálogo social global, al haber accedido la empresa a la firma de dos Acuerdos Marco Globales con la internacional textil (hoy Industry All) y con la de servicios (UNI); en el primer trimestre de 2016, la empresa ha superado todas las previsiones al ganar 521 millones de euros, un 28% más que el año anterior. En 2015, ya obtuvo unos beneficios de casi 3.000 millones de euros, lo que ya era un 15% más que en el año precedente. La dirección de la empresa vio entonces aumentar su retribución el 53,4%, hasta llegar a los 12,2 millones anuales. Menciono este ejemplo para tomar nota de que a pesar de tener estos acuerdos, que facilitan el diálogo social con las organizaciones sindicales en las distintas regiones y países en los que opera Zara, como lo ha sido en realidades como la de Estados Unidos, no es común encontrar estas facilidades en la mayoría de las trasnacionales y, por lo tanto, existen aún pocos casos en los que se avengan a regular sus relaciones laborales, tanto a niveles nacionales como internacionales.

Las modificaciones en la división internacional del trabajo ponen de manifiesto una realidad que incide directamente en los ordenamientos laborales: las presiones en las cadenas de producción que generan empleo precario. Así, la descentralización y la diseminación productiva dan lugar a que la actividad empresarial se realice mediante personal ajeno a la empresa a través de subcontrataciones y trabajo autónomo; es decir, la externalización productiva se convierte en elemento central del actual modelo productivo. Además, la personalidad jurídica de las empresas transnacionales se fragmenta en filiales, proveedores, contratistas y subcontratistas, siendo la relación entre ellas puramente mercantil, al menos, desde la perspectiva del derecho formal. Dicho de otro modo: las empresas transnacionales consideran que los niños y niñas que trabajan en los talleres subcontratados no se encuentran bajo su responsabilidad legal y que no pueden controlar la mano de obra que emplean en todos los países y a lo largo de todas las cadenas de producción.

La libre circulación internacional de mercancías y capitales dificulta identificar a los verdaderos responsables de las operaciones económicas. Por eso, deberían considerarse como responsables a todos los actores económicos que lucren con la actividad mercantil, sea cual sea la fórmula jurídica utilizada por la empresa, incluida la fractura en la cadena de producción entre proveedoras, contratistas y subcontratistas. Junto con ello, debe profundizarse en la trazabilidad social del producto y responsabilizar al operador que lo ponga en el mercado –remontando toda la cadena de producción y distribución– tal y como hace el Derecho Comunitario Europeo a la hora de regular la responsabilidad en materia de productos defectuosos. Las empresas transnacionales son responsables de toda la cadena de suministros, ya que, como afirma Supiot, "el producto permanece cargado del espíritu de quien lo puso en circulación y debe seguir respondiendo, no obstante, sus cambios de propietario".

Es frente a esta realidad que el movimiento sindical necesita estar activo y priorizar la construcción de ámbitos de negociación a los efectos de construir consensos en materia de comportamiento de estas empresas y sus CGV acorde con el cumplimiento y respeto de los derechos fundamentales del trabajo en esos ámbitos. Quienes tienen la mayor responsabilidad en esta delicada y compleja política son, fundamentalmente, las Federaciones Sindicales Internacionales o Sindicatos Globales de sector. Son estas organizaciones, con una larga historia, las que han debido apelar a la creatividad e innovación en sus agendas de acción sindical, basadas en el traslado al campo regional y global de instrumentos que nacionalmente están presentes y que operan con diversos niveles de eficacia y reconocimiento legal, cuestiones estas, llevadas al campo global, difíciles de conseguir. Nos referimos, lógicamente, a la negociación colectiva, en este caso, entre una empresa multinacional y un sindicato global, con su producto por excelencia: el acuerdo marco global. Este instrumento es, probablemente, una de las innovaciones en materia de acción sindical internacional más importante de los últimos cuarenta años.

El Acuerdo marco global

Desde que el movimiento sindical hizo su irrupción en los albores del nacimiento de la sociedad industrial, hasta nuestros días, su principal idea-fuerza fue la de convertirse en la voz y contraparte organizada de los trabajadores frente al complejo empresarial (empresas, grupos de empresas, cámaras empresarias) y al complejo político (estados y gobiernos). Esta idea-fuerza está vinculada a la necesidad del sindicalismo de obtener, de sus contrapartes, reivindicaciones de tipo general y/o sectorial como parte más débil del mundo del trabajo, tratando de elevar las condiciones materiales de vida de los asalariados. Como lo describimos en párrafos anteriores, esta necesidad está vinculada con el surgimiento, en aquellos años, de la denominada cuestión social, esto es, el reconocimiento de que la sociedad, en su devenir, debía contemplar para su organización el lugar que ocuparía la solidaridad y los derechos sociales al lado de la racionalidad puramente económica, que había generado, como lo sigue haciendo aún, pobreza, exclusión y degradación.

La primera manifestación de esta idea-fuerza fue el reclamo puntual de cierto tipo de derechos considerados en aquella época "elementales" a través de lo que dio en llamarse el "pliego de condiciones o de reivindicaciones". La obtención de los derechos allí planteados estaba íntimamente relacionada con la capacidad del sindicato de expresar, en los hechos, la fortaleza de su representación, construida en base a la unidad del colectivo involucrado y a la capacidad de este de ejercer ciertos niveles de presión para arribar al objetivo, mediante el no cumplimiento de su rol productivo en el proceso de trabajo. Estos derechos fueron divulgándose y haciéndose conocidos, no solo por el reclamo de los trabajadores y sus organizaciones, sino por el accionar de la Organización Internacional del Trabajo, surgida en 1919 con el objetivo, precisamente, de dejar fuera del mercado dichos derechos, los que debían constituirse, de a poco, en pisos civilizatorios que permitieran elevar la calidad de vida en el mundo del trabajo.

Esta breve descripción del fenómeno sindical, como tal, desprovista de las vicisitudes detalladas del entorno económico, del proceso histórico y hasta del posterior desarrollo de la organización y de los instrumentos y herramientas sindicales, nos permite ver, en perspectiva, la confianza y la voluntad puestas al servicio de la solidaridad en muchos de quienes dieron valientemente los primeros pasos. Muchos de ellos jamás hubieran imaginado el despliegue extraordinario de la acción sindical, ya sí, imbricada con los fenómenos culturales, políticos, económicos y sociales de las distintas épocas y su adaptación en términos de la pluralidad de escenarios productivos, de las complejidades del mundo del trabajo y de las características cambiantes del sujeto social componente de las organizaciones sindicales.

Pocos habrán imaginado, en aquellos tiempos, que un pliego de condiciones se transformaría, con el correr de los años, en un convenio colectivo con numerosos artículos que detalla los acuerdos en materia salarial y de condiciones de trabajo; que dicho convenio tuviese, eventualmente, fuerza legal y cuyo contenido pueda ser motivo de reclamo y exigibilidad, por lo menos, en aquellos países en los que la práctica de negociación colectiva es relativamente habitual.

Los sindicatos basaron su crecimiento, presencia, visibilidad y capacidad negociadora en la fortaleza de sus estructuras y en su representatividad, expresada esta última en sus capacidades de movilización y en sus tasas de sindicalización. Llegar a la mesa de negociaciones fue siempre el objetivo inmediato; plantarse frente a la contraparte y ser reconocido por la misma como interlocutor legítimo en el terreno de las relaciones laborales se convirtió en componente estratégico del accionar sindical.

Es que el sindicalismo luchó siempre para adquirir la relevancia, visibilidad y estatura que lo colocara en la sociedad como el encargado de ser agente de regulación del mercado de trabajo y, al mismo tiempo, por tratarse de un mundo de particular trascendencia en términos de organización de la sociedad y el estado, como lo es el mundo del trabajo, tener también su mirada más allá del presente y operar como co-constructor de sociedades más inclusivas que eleven la calidad de vida de sus trabajadores.

La economía global, entendida como aquella realidad cuyos elementos básicos poseen una capacidad institucional, organizativa y tecnológica de operar "como una unidad en tiempo real, o en un tiempo establecido, a escala planetaria", ha irrumpido de una manera brusca y, para muchos, desconcertante en el marco institucional y en las actitudes y conductas de los actores del mundo laboral. Fenómeno complejo, caracterizado a la vez por la integración, la interconexión, la flexibilidad y la reversibilidad; por la convergencia, la multifuncionalidad, el policentrismo y la descentralización; por la pluralidad, la fragmentación y la hibridez, ¿se trata de un episodio más –con sus singulares rasgos cualitativos– de la ya larga convivencia de lo laboral con las crisis económicas o debe ser considerado como un capítulo insólito y radicalmente perturbador? Las páginas que siguen se proponen mostrar las principales repercusiones que, para las organizaciones sindicales y sus actividades, ha supuesto la mundialización económica, partiendo de que, históricamente, el sindicalismo ha conocido también momentos de drásticos cambios en lo económico a los que ha debido adaptarse, con mayor o menor éxito. En definitiva, se trata de analizar la singularidad y viabilidad de las respuestas sindicales ante la propia singularidad de esa economía globalizada, la que ahora, entra en un cono de ralentización entrando nuevamente en escena el proteccionismo al haber mostrado la falta de respuestas a las demandas de grandes mayorías que sufrieron y sufren las consecuencias de un modelo económico global generador de desigualdad y desesperanza.

Efectivamente, la crisis del 2008 y las crisis de las economías europeas y norteamericana, en la actualidad, vuelven a poner las orientaciones económicas de la globalización sobre el tapete de discusión. La reiteración de fenómenos de financiarización de la economía y la reinstalación de políticas de ajuste, vía recorte de los gastos públicos, conducen a la economía global a nuevos escenarios de crisis en los que los debates se instalan ya, en si es posible recuperar aspectos económicos de lo viejo o si es necesario descubrir y llevar a la práctica nuevos modelos de desarrollo sostenible con mayor distribución de la riqueza y generación de trabajo decente. Se trata de avanzar en el marco de una economía global social y medioambientalmente más equilibrada y más democrática. Lo que se vislumbra en estos últimos años es un regreso paulatino a políticas de proteccionismo, desinversión y freno al comercio internacional.

Globalización, proteccionismo y acuerdos marco globales

Otro de los fracasos ha sido la imposibilidad de vertebrar instituciones sociolaborales globales que posean capacidad para regular supranacionalmente las relaciones de trabajo, monitorearlas y, eventualmente, establecer mecanismos sancionatorios y/o punitorios. La OIT ha jugado, y juega, un rol importante pero la falta de coherencia en el funcionamiento del sistema internacional muchas veces torna lenta la capacidad de dicha institución para regular, realmente, el comportamiento laboral de las empresas. Las organizaciones sindicales internacionales, al manejarse con innovación y creatividad, lograron profundizar los logros obtenidos en la OIT entre los trabajadores organizados y las empresas, como el diálogo social. En esta ocasión, se trata de un instrumento que comenzó a aparecer en el escenario de las relaciones laborales colectivas en la década del 1980, muy tímidamente.

Con la explosión de la globalización y su impacto en el mundo del trabajo, el acuerdo marco global, no se ha convertido en un mecanismo de utilización cotidiana ni mucho menos aún, pero su aceptación por un número importante de empresas multinacionales o globales que, lentamente, lo van incorporando como instrumento apto para mejorar y dinamizar los sistemas de relaciones laborales, más allá de los respectivos marcos normativos nacionales, indica que amerita, hoy día, ser incluido, al temario de las reuniones y programas de estudio, que tratan los temas laborales modernos.

Efectivamente, las empresas multinacionales han echado mano de mecanismos de Responsabilidad Social Empresaria. Se entiende a esta como una serie de expectativas generadas en la sociedad respecto al funcionamiento e impacto de la empresa en los entornos sociales y medioambientales, como así también con relación a las calidades en el manejo y relaciones entre los componentes de la estructura empresarial.

Las multinacionales lanzaron, precisamente, en el marco de las acciones de Responsabilidad Social Empresaria, los denominados Códigos de Conducta. Un código de conducta de empresa es un documento redactado voluntariamente por una empresa en el que se exponen una serie de principios que se compromete unilateralmente a seguir. En algunas oportunidades, los códigos de conducta alcanzan a las empresas proveedoras y subcontratistas.

El contenido de los códigos de conducta de las empresas es sumamente variado y depende en gran medida de la cultura de la empresa y del país al que pertenece. En líneas generales, puede decirse que los códigos de conducta están referidos a cuestiones anticorrupción, laborales, ambientales y legales básicas, como el rechazo de la esclavitud, el trabajo infantil, el cumplimiento de las normas ambientales de cada país y, en general, el respeto a las leyes nacionales. En general, los códigos de conducta existentes solo tienen aplicación en la casa matriz y a veces, con restricciones en las filiales. Se trata, en lo esencial, de un fenómeno de interiorización de reglas mínimas de comportamiento de la empresa que esta se compromete a mantener en su espacio de actuación, es decir, a lo largo de todos los territorios nacionales en los que despliega su actividad económica y productiva. La empresa asume unilateralmente un imperativo moral, que es el de mantener en todos y cada uno de los lugares en los que actúe un conjunto de "estándares justos de trabajo".

Dadas las características unilaterales de estos códigos y el hecho de que hayan sido instrumentos percibidos por los sindicatos como neutralizadores de la presencia sindical y la negociación colectiva y más vinculados a un perfil de marketing de la empresa que un instrumento realmente puesto en práctica para fomentar conductas socialmente responsables, los sindicatos comenzaron a impulsar los denominados "Acuerdos Marco Globales", desde los ochenta.

Como lo vimos, el movimiento sindical nació global, mundial, internacional. No obstante, la constitución y afirmación del sistema de los estados-nación determinaron, al calor de las economías cerradas, que los movimientos sindicales se estructuraran conforme sus respectivos países, en sus respectivos marcos económicos y regulatorios. Siempre hubo una suerte de solidaridad obrera internacional acotada a las posibilidades estrechas de transporte y comunicación. Es en estos marcos en que el movimiento sindical, a veces tolerado como representación social y otras no, avanza en el camino de convertirse en contraparte organizada de la relación laboral. En forma paralela a la contractualización de la relación de trabajo en el campo individual, lentamente, los pliegos de condiciones, primera expresión reivindicativa de la solidaridad instrumental en el lugar de trabajo por parte del colectivo laboral, van dando forma a lo que, con el correr del tiempo, serán los convenios colectivos tal cual los conocemos hoy, al menos, en las latitudes en las que la negociación laboral es práctica corriente.

Por su parte, las empresas multinacionales, se expandieron, cuantitativa y cualitativamente, de manera exponencial. La Comisión Mundial sobre la Dimensión Social de la Globalización de la Organización Internacional del Trabajo, en su momento, identificó la presencia de 65.000 empresas multinacionales con cerca de 850.000 filiales operando en el mundo. La expansiva presencia de estas empresas se produce, como dijéramos antes, en un marco de ausencia de regulaciones supranacionales que incrementó, de esta manera, una lucha por la competitividad que induce a los países a bajar regulaciones, impuestos, protección medioambiental y estándares laborales.

Existen, entonces, signos de evolución de la configuración de estos códigos de conducta mediante la paulatina modificación del carácter unilateral de las reglas de empresa y su desplazamiento hacia fenómenos de participación y negociación. Estamos en presencia, así, de una segunda fase en el desarrollo de estas fórmulas de regulación del espacio trasnacional de las relaciones laborales cuya estabilización y generalización está por verse, pero de la que hay ya ejemplos de relevante interés, por tratarse, en todos los casos, de instrumentos regulatorios en los que se inserta un momento negocial con mayor o menor intensidad.

Los más relevantes son, sin duda, los fenómenos de negociación colectiva que se realizan con las empresas multinacionales, a escala global. Se denominan "Acuerdos Marco Internacionales" o "Acuerdos Marco Globales" de los que ya existe una muestra significativa en ciertas empresas clave de la alimentación, la madera y la construcción, de la energía e industrias químicas, de las finanzas, el comercio y las comunicaciones y en la industria automotriz.

Retrospectivamente, las experiencias de los años sesenta y, más firmemente, las de los setenta están relacionadas con la coordinación de actividades sindicales en las multinacionales. Efectivamente, en un escenario caracterizado por la vigencia de la economía cerrada, las organizaciones sindicales afincadas en las estructuras de los estados nacionales y sus mercados locales buscaron coordinar su acción, cuando las empresas trasnacionales inician el proceso de mutación de sus estructuras para ir adaptándolas a la explosión global de los años noventa. La respuesta intentó convertirse en una estrategia de lucha sindical más efectiva en las nuevas condiciones. En función de esta realidad, la coordinación internacional fue visualizada como una herramienta de lucha, en toda su extensión. El verdadero objetivo era construir fortaleza sindical para obtener objetivos sindicales básicos, como la dirección de acciones de solidaridad. De hecho, en esas décadas no existían acuerdos marco globales como tales. Las pocas reuniones conjuntas entre sindicatos globales y multinacionales, para discutir cuestiones de índole laboral, pronto se desvanecían cuando las organizaciones sindicales intentaban avanzar hacia compromisos mayores o cambios que podían afectar las prácticas corporativas habituales. Esta estrategia muta, básicamente, a partir de los noventa. El movimiento sindical internacional, al intentar convertirse en sujeto decisional en la estructura de la economía global, adapta sus estrategias respecto a las multinacionales en el sentido de buscar ámbitos de diálogo más permanentes que eleven la cultura bilateral de negociación hacia escenarios caracterizados por una impronta actitudinal frente a la empresa y la negociación. La actitud es abrir los espacios de negociación más allá de la existencia de conflicto, las más de las veces, y precisamente, por la existencia de este, ante la debilidad y el acotamiento sindical en las realidades nacionales donde operan estas empresas. Existe la necesidad de doblegar el espíritu antidiálogo y antisindical en las multinacionales. Hay que demostrar, con estrategias y campañas, que el diálogo es indispensable para un mejor funcionamiento de la empresa, un mayor bienestar para los trabajadores y un correcto funcionamiento de la economía global. Un acuerdo con una multinacional, por pobre que sea, por minimalista que parezca, encierra enormes posibilidades para el movimiento sindical: la multinacional acepta al sindicato como interlocutor y se acopla a un engranaje en el que lo que prima es la acción sindical y el tratamiento consensuado de las relaciones productivas y sociales al interior de la empresa global. El conflicto laboral no desaparece; lo que cambia son los métodos y estrategias para procesarlo y reencausarlo, enriqueciendo, al mismo tiempo, los conocimientos y la fortaleza sindical.

El contenido fundamental de estos acuerdos es el establecimiento consensuado de condiciones mínimas de trabajo en todos los centros de la empresa multinacional. Este piso mínimo se suele condensar en los ya conocidos derechos laborales garantizados como núcleo mínimo por las normas laborales fundamentales de la OIT, pero es, también, frecuente que se amplíe su contenido a otras cuestiones relevantes que implican una ampliación del alcance de ese piso igualador de las condiciones de competencia internacional, entre las empresas, que significan los estándares de trabajo. Puede ser, también, que multinacional y sindicato resuelvan estabilizar mecanismos de diálogo a través de memorándum de entendimiento que, a la postre, pueden fructificar en acuerdos de mayor envergadura. Hoy día, ya existen acuerdos que extienden su contenido a contratistas y proveedores.

La invocación, no meramente formal, junto con la Declaración de Principios y Derechos Laborales Fundamentales de la OIT de 1998, de las normas de conducta para las Empresas Multinacionales de la OCDE del año 2000, o incluso, de la Declaración de Naciones Unidas sobre la Responsabilidad de las empresas multinacionales en la esfera de los derechos humanos del año 2011, estuvo basada en la ampliación de los estándares de trabajo mínimos pactados para su aplicación a los trabajadores de las corporaciones multinacionales.

A través de un acuerdo marco se produce una remisión a la norma internacional, de esta manera, los convenios de la OIT encuentran su aplicación, no ya a través de su recepción en los ordenamientos estatales con vigencia en el territorio de estos, sino mediante su incorporación a través de la autonomía colectiva, a lo largo del espacio-empresa construido globalmente. Junto con ello, resulta frecuente, que estos acuerdos marco incluyan prescripciones concretas relativas al tema de salarios y de jornada de trabajo. Normalmente, se garantiza mediante el acuerdo que los trabajadores serán remunerados de acuerdo con lo dispuesto en la normativa estatal y en los convenios colectivos del país en el que la empresa se haya establecido. Esta cláusula de retribución mínima en función del territorio en el que se localice la sede de la empresa puede ser completada con un compromiso de garantizar un salario mínimo o con la aplicación de los convenios de la OIT sobre salarios. Lo mismo sucede con la jornada de trabajo, remitiendo el acuerdo a los máximos legales y convencionales del país en el que se localice la corporación. Finalmente, un tercer grupo de derechos está relacionado con la materia de la salud laboral. Suele haber, por supuesto, también aquí, remisión a la normativa nacional; sin embargo, se encuentran compromisos directos de cumplimiento de los convenios de la OIT 155 y 167.

Un apartado merece, también, el hecho de que en estos acuerdos marco aparece como firmante la Federación Sindical Internacional o, como se lo denomina hoy, el Sindicato Global en cuyo sector se encuadra la actividad de la empresa multinacional, presencia necesaria en la medida en que simboliza la capacidad contractual adecuada del sindicato como representante global de los intereses de los trabajadores en el espacio-empresa global que corresponde a la actividad empresarial.

Los acuerdos marco trasnacionales incorporan siempre unos instrumentos de control autónomos de los compromisos a los que se ha obligado la empresa, en los que participan las partes firmantes, es decir, el sindicato global del sector y la representación empresarial. Los acuerdos marco, en general, fijan reuniones anuales de seguimiento, evaluación y monitoreo de la marcha del acuerdo, como una forma de puesta en práctica de este. Aquí, los sindicatos nacionales de los países donde la multinacional opera, miembros del sindicato global, pasan a cumplir un rol estratégico a la hora de evaluar los compromisos asumidos en el acuerdo.

Como se ve, se trata de instrumentos, en general, simples. La complejidad que hoy representa un convenio colectivo nacional, desde el punto de vista de sus contenidos, mecanismos de solución de conflictos, de su abordabilidad temática y jurídica, todavía no se ha trasladado al escenario internacional de la negociación laboral. Estamos en una etapa inicial en la que, tanto las organizaciones sindicales y las empresas multinacionales, se encuentran explorando las bondades y desafíos de estos instrumentos. No obstante, para ambos, constituye una prioridad porque se torna preciso ir ampliando los márgenes de negociación en un mercado laboral todavía incierto desde el punto de vista de la creación de institucionalidad supranacional que habilite la existencia de instituciones globales de regulación de los sistemas de relaciones laborales.

Naturaleza de la negociación laboral global. Diferencias y similitudes con la negociación tradicional

Describir la naturaleza, diferencias y similitudes de los instrumentos sindicales de negociación en el espacio global con relación a la negociación tradicional, practicada local y/o nacionalmente, no resulta sencillo porque la historia de aquella práctica es muy reciente. Se sabe, por experiencia histórica, que la acción sindical en el campo de la negociación suele ser producto de acumulación de prácticas culturales que se van asentando en los escenarios laborales a través de los años. Independientemente de la realidad política de cada país, hoy, la negociación colectiva constituye una herramienta universalmente reconocida como válida para regular sistemas de relaciones laborales de espectro democrático. No en vano los sectores patronales hablan, en general, de "diálogo social", la OIT dedica gran parte de su actividad a la ratificación y vigencia del Convenio 98, encasillándolo, asimismo, en el lote de los denominados derechos fundamentales y un importante número de países legislan sobre el instituto, ya sea a nivel constitucional como legislativo.

Antonio Baylos, de la Universidad de Castilla-La Mancha, resume claramente tres funciones que deben siempre tenerse presente en la regulación de la negociación colectiva: la económica, especialmente, en su proyección global sobre el crecimiento económico, la política de rentas y el incremento de la productividad; la normativa, como instrumento organizador de la producción y como vehículo de la gestión de la empresa; y, en fin, la que se podría denominar función política-democrática de racionalización del poder del complejo empresarial. Desde nuestro punto de vista convendría agregar un cuarto, relacionado con la capacidad redistributiva de la riqueza que genera el instrumento al tiempo que desarrolla la función económica en sus impactos sobre la política de rentas, mencionada por el profesor español.

Más allá de estos reconocimientos, lo importante respecto a este instituto es la búsqueda y práctica del movimiento sindical respecto al mismo. El movimiento sindical ha comprendido que su existencia y fortaleza está directamente relacionada con su capacidad de negociación, al mismo tiempo que su capacidad de generar disfunciones en los procesos productivos y, por ende, en el entramado de las relaciones laborales cuando la negociación no existe, por negativa empresaria, o cuando sus resultados son considerados insuficientes, o cuando las pautas negociadas son incumplidas y la relación negocial se deteriora hasta dejar de funcionar.

Se podría inferir hoy que la negociación colectiva, independientemente de su práctica, que suele ser irregular producto de las vicisitudes políticas y sistemas laborales de los distintos países, es universalmente aceptada como instrumento sindical. Sin embargo, es conveniente destacar que en el paisaje global las deficiencias e inequidades de los actuales mercados de trabajo, hoy atacados por crisis económicas estructurales que impactan centralmente sobre el empleo e indirectamente sobre las relaciones laborales, no pueden ser tratadas a partir de instrumentos que no tomen en cuenta el carácter global del mundo del trabajo, en particular, el relacionado con el accionar de las empresas multinacionales. Asimismo, nunca como hoy, la necesidad de la solidaridad obrera internacional resulta más visible.

Esta solidaridad ya no es aquella de las primeras épocas del movimiento sindical, caracterizada por expresiones que escasamente dejaban trasuntar la existencia de colectivos que pusieran, internacionalmente, en aprietos a las empresas. Las huelgas de solidaridad, tal vez la expresión solidaria de mayor profundidad, difícilmente podían impactar debido a las distancias y las características de las comunicaciones. Estas dificultades, aunque eran valientemente superadas, eran centrales a la hora de implicar un impacto de envergadura en la estructura del capital, desde la óptica internacional.

Hoy la solidaridad tiene mayores componentes de gestión sindical internacional que implican la necesidad de un conocimiento mayor del funcionamiento del capital multinacional. Ya la distancia y la lentitud de las comunicaciones no son excusas para la construcción de un sujeto sindical que gestiona y presiona local y globalmente, al mismo tiempo. Por estas razones, la acción sindical solidaria y global requiere de nuevos esfuerzos por parte de los sindicalismos nacionales, en la medida que estos van comprendiendo que respecto de determinados sujetos económicos la política sindical local se encuentra acotada y, al mismo tiempo, necesitada de nuevas presiones y acciones sindicales a escala global.

El caso de la negociación colectiva es un caso para tener en cuenta en este esquema de pensamiento. No se trata de pensar que, alguna vez, la negociación colectiva local o nacional va a terminar siendo reemplazada mecánicamente por la negociación colectiva trasnacional. Se trata de comprender que, para extender las capacidades de negociación de las organizaciones que tienen en sus encuadramientos o jurisdicciones filiales de empresas multinacionales, resulta necesario establecer una lógica de yuxtaposición y articulación de espacios negociales que permita conectar con la globalidad de la empresa y su carácter multipresencial en los diversos escenarios laborales nacionales. Es la impronta de circulación del capital que caracteriza a la economía global la que obliga a encarar las relaciones internacionales sindicales con eje en este tipo de empresas, como complemento de las negociaciones locales y/o nacionales donde operan sus sucursales o filiales.

Existe, además, conforme algunas experiencias todavía aisladas, la idea de que ambas, la negociación colectiva local y/o nacional y la global, tenderán a un enriquecimiento mutuo, una vez que se adquieran niveles más profundos de articulación entre ellas. Las culturas de negociación en coyunturas económicas inflacionarias que obligan a priorizar la cuestión salarial por sobre cualquier otra, podrán dar paso a una búsqueda mayor de nichos de productividad de la empresa que, en su mayor parte, son producto del trabajo de sus trabajadores y al debate permanente sobre las condiciones de trabajo que, por la característica cambiantes y dinámicas de los procesos productivos y la incorporación de nuevas tecnologías, ocuparan lugares más prioritarios en la estructura de los convenios. En este aspecto, la articulación mencionada puede enriquecer los conocimientos sobre la multinacional y permitir sacar mayor provecho local y/o nacional de lo global. Al mismo tiempo, los pisos y techos de las negociaciones locales deberían permitir elevar la mira en términos de demanda de la negociación global o regional.

Queda claro, entonces, que ambos espacios se retroalimentan. Incluso, en múltiples ocasiones, el proceso de negociación se origina en el sindicato global, a partir de señales emitidas por sus miembros. Estas señales pueden tener múltiples orígenes: inexistencia o debilidad de negociación colectiva local y/o nacional, necesidades estratégicas vinculadas a competitividades regionales o globales del sindicato local o nacional, alta intensidad de prácticas sindicales de cooperación en el terreno internacional por parte del o los miembros interesados, situaciones de conflictividad permanente con la multinacional, existencia de grupos de activistas o sindicatos en formación en multinacionales sindicalmente hostiles que demandan la presencia del sindicato global en la empresa de la que se trate, etcétera.

Ocurre, asimismo, que el sindicato global, merced a la fuerte presencia y envergadura de ciertas multinacionales, establece prioridades de sindicalización y búsqueda de espacios de negociación, obviamente, con el concurso de la presencia sindical local o nacional en la misma, si la hubiere y, en caso de que esta no existiese, promoviendo campañas de sindicalización, desde la estructura misma del sindicato global.

Cualquiera de las opciones, supone una fuerte interactuación y articulación entre el sindicato global y sus miembros en los distintos países. De estos conceptos surge entonces, la idea de que estos acuerdos marco globales no sustituyen la negociación colectiva local o nacional. Por el contrario, una correcta utilización de esta interactuación, permite al sindicato local sumar nuevas herramientas a su acción sindical yuxtaponiendo los contenidos de sus convenios colectivos y sus impactos en la empresa de la que se trate a la visión global que le aporta su pertenencia a un sindicato global que, de tener un acuerdo marco global firmado con esa empresa le otorga, localmente, una cobertura global ligada a las estrategias de negocios de la multinacional y los componentes de esta última: posibles deslocalizaciones, generación de desempleo, incorporación de tecnologías, estrategias de inversión en el país, políticas de recursos humanos, etcétera.

En el caso de tratarse de un país en el que no existe organización sindical de rama del sector de la multinacional o sindicato, este tipo de acuerdos puede significar, para el colectivo laboral de la multinacional una oportunidad organizativa única, además de la vigencia de un instrumento de regulación por fuera de los sistemas tradicionales de generación de derecho.

Acuerdo marco global, eficacia jurídica y acción sindical

Hoy día, así como cuesta ubicar la política internacional del movimiento sindical como prioritaria en la agenda tradicional de las organizaciones sindicales nacionales, también resulta difícil asumir que este tipo de instrumentos, pueden jugar un rol positivo, en términos de mejorar la calidad de la acción sindical en los escenarios de negociación. Claro está que uno de los argumentos utilizados es la escasa posibilidad de que los mismos tengan eficacia jurídica motivada, fundamentalmente, por el desacoplamiento de la dimensión global o regional de estos acuerdos y la naturaleza estatal de las normas jurídicas. Antonio Baylos lo explica con claridad meridiana al sostener que "este tipo de instrumentos son producto de la emergencia de espacios regulativos propios sin anclaje en el territorio de un país determinado y en su sistema jurídico". Efectivamente, es probable que, en las operaciones de determinada empresa multinacional en un país de escasa densidad legal laboral, de escasa o nula negociación colectiva y de bajo nivel de ratificación de convenios de la OIT, sea, laboralmente, la vigencia de un acuerdo marco global, el único instrumento de regulación mínima.

Las empresas multinacionales obligan a la organización sindical a tomar conciencia de la necesidad de diversificar su presencia a varios estratos de regulación aparte de los estados. De esta manera el sindicato se inmiscuye en ámbitos regionales y globales de formación de reglas de producción, circulación y distribución allí donde, hasta ahora, se florea sola la empresa multinacional. El tradicional reclamo por la eficacia jurídica de derechos reconocidos en un convenio colectivo, en el escenario nacional o local, acota los márgenes de profundización de la obtención de derechos de mayor calidad. Hay aspectos que los sindicatos deberán profundizar para obtener, no solo conquistas necesarias, aunque menores sobre condiciones de trabajo y salariales, sino cuestiones que deberían permitir la capacidad de impacto de la negociación en términos de aumentar la redistribución de los nichos de productividad y gestión de la empresa. Uno de estos aspectos es el proceso de negociación regional y/o global en donde es posible debatir con las matrices de las multinacionales y neutralizar las características de "inasibilidad" de estas empresas en el marco global.

De esto se desprende que, más allá de los siempre necesarios análisis jurídicos de estos instrumentos en cuanto a su eficacia, nuestra idea es trasmitir la alta prioridad de acción sindical que se requiere, no solo para conseguir la firma de estos acuerdos sino de estrategias sindicales de gestión y movilización inteligente, para que sean instrumentos eficaces que, efectivamente, eleven la calidad de vida de los trabajadores involucrados.

Para que el espacio económico de la globalización pueda ser definido también por el actor sindical será necesario, entonces, no quedar atrapado por reglas y sistemas jurídicos nacionales, los que, por otra parte, suelen estar sujetos a los vaivenes de las orientaciones políticas de época. Será necesario entonces, por un lado, hurgar en los campos de regulación global, todavía imperfectos, que se despliegan en la actual etapa (OIT, OCDE, Naciones Unidas, OEA, etcétera) pero también, descubrir los costados multifacéticos potencialmente positivos que presentan estos instrumentos y desplegar una acción sindical que permita que estos sean funcionales a las estrategias de sindicalización, desarrollo sindical, ampliación del espectro de la negociación colectiva local y/o nacional y presencia sindical en el lugar de trabajo de las organizaciones participantes en el proceso de negociación junto con el sindicato global.

La política sindical global de buscar la negociación en los ámbitos trasnacionales con las empresas y grupos que operan en ese nivel genera vías de acceso a la propia acción sindical, enriqueciéndola. Estas vías suelen impactar, no solo en la construcción de poder real del sindicato global, sino en ciertas realidades sindicales nacionales y/o locales.

Ya sea que se trate de la acción generada a partir de la firma de algún instrumento de diálogo social (acuerdo marco global, memorándum de entendimiento, declaración conjunta de derechos, protocolo bilateral) como la acción generada a partir de la búsqueda del consenso necesario para arribar a la firma. En el primer caso, estos instrumentos contienen en su articulado mecanismos de monitoreo y/o evaluación de la marcha del acuerdo que suelen consistir en una o dos reuniones bilaterales al año con el sindicato global que, generalmente, asiste con las representaciones sindicales de los países donde opera la multinacional de referencia. En este caso, el acuerdo dispara, en el seno del sindicato global, la constitución de la denominada Alianza Sindical o Red Sindical de la multinacional, que se convierten en cuasi paritarias supranacionales. En el segundo caso, la Alianza o Red se constituye, a instancias del sindicato global, precisamente, para organizar la acción tendiente a obtener un acuerdo. En cualquiera de los dos casos, estas instancias organizativas globales o regionales impactan hacia el Sindicato Global, aunque también lo hacen hacia las realidades sindicales nacionales y/o locales.

Algunos aspectos para tener en cuenta respecto a la multifuncionalidad de estas instancias organizativas derivadas de la intencionalidad de profundizar la negociación sindical y el diálogo social en el campo trasnacional son:

- Jurídicos: las organizaciones sindicales nacionales pueden incursionar en ámbitos jurídicos, otrora no utilizados, modificando, de esta manera, la cultura del reclamo jurídico. Ámbitos de regulación no utilizados, públicos y privados, empiezan a ser ocupados por los departamentos jurídicos sindicales. Las presentaciones ante la OIT, ante las Cortes de Justicia o de Derechos Humanos de los organismos internacionales, ante los Puntos Nacionales de Contacto de la OCDE, etcétera, se convierten en instrumentos jurídicos de cada vez mayor recurrencia en su utilización. La utilización de información global procesada y trasmitida por el sindicato global en las negociaciones colectivas locales también modifica la visión de los negociadores locales en la multinacional de la que se trate. El vocabulario de la economía global se adentra en la estructura del lenguaje negocial local.

- Organizativos: este aspecto es uno de los de mayor riqueza, conforme se observan algunos ejemplos. Lo primero que se observa es una fuerte dinámica de articulación entre los andariveles locales y los globales. No obstante, las profundas diferencias en los modelos sindicales a la hora de comparar realidades nacionales, la conformación de las Alianzas o Redes, en cualquiera de los dos casos descriptos precedentemente, producen un efecto igualador en el conjunto de la representación sindical frente a la empresa global. Para esta carece de importancia si enfrente tiene una federación nacional, un sindicato local, un sindicato de la empresa, una comisión gremial o un grupo de activistas de la empresa: la Alianza o Red unifica las representaciones sindicales coordinadas por el sindicato global en el espacio global de la empresa. Sin embargo, la convivencia al interior de la Alianza o Red permite irradiar las fortalezas de los modelos más unitarios y las solidaridades con las realidades más débiles de representación dentro de la empresa global. Estas vías de acceso a nuevas instancias organizativas generan la posibilidad de un mayor involucramiento de las representaciones sindicales locales y/o nacionales en las campañas al interior de la multinacional.

- De visibilidad: la existencia y funcionamiento regular de las redes y alianzas en las multinacionales le otorgan visibilidad al sindicato global. Efectivamente, las multinacionales pueden aumentar sus acciones de responsabilidad social empresaria con el sindicato global e irradiar ejemplos de buenas prácticas laborales al interior de la multinacional en los países donde operan. Los sindicatos locales, en la Alianza o en la Red, pueden trasmitir las prácticas locales e intentar establecer acuerdos sobre estas prácticas en el nivel global. Los sindicatos nacionales y/o locales o los activistas en las realidades donde la multinacional no se encuentra sindicalmente organizada, también, a partir de su presencia en la Alianza o en la Red, adquieren visibilidad en la multinacional a escala global, muchas veces más de la que se tiene nacional o localmente.

- Unitarias: esta característica resulta importante en realidades de alta proliferación sindical y de bajas tasas de sindicalización. Precisamente en América, salvo contadas excepciones, este perfil es recurrente. No en vano la Confederación Sindical de las Américas tiene entre sus campañas prioritarias la Autorreforma Sindical, con el objetivo de generar un debate al interior de los sindicalismos nacionales de las Américas acerca de la unidad sindical. La constitución de Alianzas o Redes sindicales en las empresas multinacionales y, mucho más, la obtención de un acuerdo negociado entre el sindicato global y la empresa, generan escenarios propicios como disparadores de procesos de unificación y fusión sindical, al menos, al interior de las organizaciones sindicales participantes de la Alianza o Red de la multinacional de la que se trate. Hay algunos ejemplos, aislados todavía, en Chile.

Estos son solo algunos elementos rescatables, en términos de fortalecimiento sindical y generación de derechos, que aporta la acción sindical global en materia de negociación colectiva. La firma de un acuerdo marco global dice poco si no va acompañado de organización y acción sindical, crecimiento de la tasa de sindicalización, unidad del colectivo frente a la multinacional y articulación de la visibilidad local y global.

Campañas y acciones sindicales. El caso de UNI-Sindicato Global

En los últimos siete años, aproximadamente, UNI-Sindicato Global, la organización sindical internacional del sector servicios, ha desplegado una acción tendiente a comprometerse en una más activa política de diálogo social y negociación colectiva en América Latina. No solo con algunas empresas multinacionales que operan en su territorio sino también, con las denominadas empresas multilatinas, esto es, empresas de capitales pertenecientes a países de la región que trasladan su giro comercial y sus inversiones también en la región. Esto se profundizó a partir del lanzamiento mundial de la estrategia denominada "Rompiendo barreras" que implica la puesta a punto de la estructura del Sindicato Global para profundizar en este diálogo tendiente a obtener la firma de algún instrumento de negociación colectiva global o regional, específicamente, acuerdos marco globales o regionales. Esta estrategia ha requerido, además, el compromiso directo de las organizaciones miembros de la UNI en la promoción y el activismo sindical necesario, habida cuenta la experiencia acumulada por estas organizaciones en materia de negociación colectiva en estas empresas. El primer Acuerdo Marco Global se firmó en una multilatina del sector finanzas: el Banco do Brasil.

El otro sector en el que se desarrollan prácticas de acción sindical es en el sector comercio, particularmente en la industria del *retail*, o supermercadista, y en las modernas tiendas por departamentos. En estas empresas, fundamentalmente en el Cono Sur de América Latina, hay importantes procesos de negociación colectiva y, en algunos casos, con representación sindical en el lugar de trabajo, ya sea porque hay sindicalismo de empresa (Chile) o porque existe sindicalismo de rama con cuerpos de representación de base en la empresa (Argentina); en cualquier caso, en las realidades de Brasil, Uruguay, Argentina y Chile se observa una interesante dinámica negocial, particularmente en estos últimos cinco a ocho años. Existen otros tres casos en la región, Paraguay, Perú y Colombia, en los que, a pesar de exhibir tradición en materia de presencia sindical, las respectivas realidades políticas y económicas han dificultado la representación y la negociación en estas empresas; solo recién ahora se encuentran en proceso de cambio, el que permitiría una mayor presencia y colaboración del sindicato global en ellos. Paraguay carece de multilatinas y de multinacionales en el sector supermercadista, aunque, más de diez importantes cadenas nacionales se reparten el mercado local. El espectacular crecimiento económico de Paraguay en el último año nos hace prever la posibilidad de que, al menos, un par de cadenas multinacionales podrían estar interesadas en adquirir o iniciar procesos de fusión con alguna de ellas. De allí, la estrategia de UNI de promover y fortalecer el despliegue de una Federación nacional en dicho país, en el sector, a partir de la presencia de algunos sindicatos en dos de las principales ciudades paraguayas.

Perú se encuentra en una nueva realidad de crisis política y el ya lento crecimiento sindical avizora situaciones de dificultad para el desarrollo de la negociación colectiva a pesar de una cada vez más fuerte presencia del sindicato global También Colombia, siempre solidariamente asistida desde el sindicalismo mundial por la conocida violación a los Derechos Humanos, está en condiciones de llevar adelante un salto cualitativo en materia de negociación colectiva en estas empresas merced a la acción del sindicalismo global de sector, aunque en condiciones más difíciles y lentas.

Conviene repasar sucintamente la situación de algunas de estas multinacionales y multilatinas en las que el sector comercio de UNI-Américas profundiza sus prácticas de diálogo y acción trasnacional en la región.

Walmart es la mayor multinacional del mundo, como se sabe, profundamente antisindical en su país de origen, Estados Unidos; tiene actividades en Canadá, México, algunos países en Centroamérica, Brasil, Argentina y Chile. Desde hace años, UNI mantiene una campaña global denominada "Campaña Anti-Walmart" consistente en desplegar una acción de reconocimiento sindical, particularmente en Estados Unidos, donde la principal organización sindical del sector, la UFCW, no puede organizarse dentro de la empresa por la política antisindical y paternalista que la empresa tiene con sus empleados. En 2010 UNI-Américas lanzó la Red Hemisférica UNI-Walmart con la participación de los sindicatos de Estados Unidos, Brasil, Argentina y Chile. Se estableció una página web, un boletín y se llevó adelante un plan de acción coordinado por UNI de envío de cartas de todos los sindicatos solicitando diálogo social. Hay una agenda de desarrollo sindical en Centroamérica, Brasil y Chile, en la multinacional.

Carrefour, otra de las multinacionales, se encuentra en Colombia, Brasil y Argentina. Su característica sobresaliente es que esta empresa firmó, en el 2001, el primer Acuerdo Marco Global con UNI. La estrategia "Rompiendo barreras" significó, en este caso, una profundización de la acción sindical, lanzándose la Red Global Uni-Carrefour e iniciándose una interesante campaña en Colombia que desembocó en la creación del Sindicato Unión de Trabajadores y Trabajadoras de Carrefour Colombia. Esta campaña fue producto de una intensa acción articulada entre la oficina central de UNI en Nyon y la casa matriz de la empresa en París, la Presidencia y la Gerencia de Recursos Humanos de la empresa en Colombia, UNI-Américas sector comercio y la Escuela Nacional Sindical de Colombia. El proceso consistió en el establecimiento de un acuerdo entre la empresa y UNI-Américas para llevar adelante una agenda de creación de la organización a partir de los representantes de salud laboral de los trabajadores y los representantes trabajadores del Fondo de Empleo de la empresa. La preparación consistió en una semana de reuniones con los trabajadores, por un lado, y con la empresa, por el otro. Sendos equipos de UNI-Américas y la ENS de Colombia guiaron la actividad, que culminó al cabo de cinco días, en la creación de la Unión y la elección de su directiva. El proceso continúa con la presentación del primer pliego de condiciones que dio lugar al primer convenio colectivo en Carrefour Colombia, suplantando al pacto colectivo existente. El sindicato, a esta altura, está considerado uno de los sindicatos más importantes de Colombia en el sector privado y ha firmado ya su segundo convenio colectivo.

Casino, otro grupo de extracción francesa con inversiones en Europa, Asia y América Latina se ha convertido también en objetivo de negociación por parte de UNI y sus afiliadas. Este grupo opera en Colombia, Brasil, Uruguay y Argentina. Salvo en Colombia, en el resto de los países se encuentra organizado y negocia colectivamente. UNI lanzó, también el año pasado, en Florianópolis (Brasil), la Red UNI-Casino. El grupo es el mayor operador supermercadista de Colombia y Brasil. Es menor en Uruguay y Argentina. Se le ha presentado un proyecto de memorándum de entendimiento y, al momento, a pesar de la existencia de diálogo a niveles nacionales, no se ha obtenido respuesta.

En cuanto a multilatinas, el caso más avanzado es el de la empresa chilena Ripley, de tiendas por departamentos. Ripley, además de tener su base de operaciones en Chile, se encuentra también en Perú y con intenciones de invertir en Colombia. Esta multilatina se encuentra sindicalmente muy organizada. Conforme las características del modelo sindical chileno, de sindicato de empresa, en Ripley conviven varios sindicatos. Las dos federaciones más importantes pertenecen a la UNI. En esta realidad aflora una de las características mencionadas precedentemente: existen conversaciones desde hace dos años con la empresa para la firma de un acuerdo, sin embargo, se ha estado trabajando apuntalando el reconocimiento y crecimiento del Sindicato Ripley de Perú, el que ya ha negociado sus primeros convenios colectivos en una realidad laboral plagada de incumplimientos y obstáculos por parte de la empresa y de problemas al interior del sindicato: una situación que el sindicato global no puede solucionar, a pesar de sus intentos.

Cencosud ha sido, y sigue siendo, una de las experiencias organizativas más importantes para UNI-Américas. Este grupo ya ha alcanzado una cifra cercana a los 130.000 trabajadores en América Latina con empresas de variadas características en Chile (país de origen), Perú, Colombia, Brasil y Argentina. Hace tres años, y merced al impulso de la Federación Argentina de Empleados de Comercio y Servicios y de los diversos sindicatos chilenos en el grupo, se decidió lanzar la Red UNI-Cencosud. La actividad consistió en reuniones preparatorias previas en Brasil, Argentina y Chile que generaron un gran entusiasmo en las representaciones sindicales. No así en el caso de Perú y Colombia, en donde la empresa no poseía, en aquel entonces, sindicatos organizados. Hoy, en ambos países la empresa está organizada por la acción del sindicato global y las organizaciones sindicales se encuentran integrando la Red. En la localidad de Uspallata, Provincia de Mendoza, Argentina tuvo lugar el lanzamiento con la presencia de ciento veinte dirigentes sindicales de las empresas del grupo en la región. Mientras tanto, ya se había establecido un diálogo con la empresa tanto en Argentina como en Chile y Brasil acerca de la presencia importante de sindicatos afiliados a la UNI en su seno y la invitación a firmar algún acuerdo de diálogo social entre UNI y el grupo. La Red constituyó un Consejo Gestor de quince miembros (cinco por Chile, cinco por Argentina, tres por Brasil y se dejaron dos lugares para ser, oportunamente, ocupados por Perú y Colombia). En este ejemplo es posible visualizar, también, algunos de los aspectos que se presentan cuando situaciones conflictivas en algunas de las empresas del grupo son pasibles de encaminarse vía diálogo, en este caso, con las versiones locales de las redes, como fue el caso de ciertos conflictos puntuales en Chile o Brasil. También, este ejemplo ha influido al interior del movimiento sindical del sector en Chile: nuevas organizaciones se han afiliado a UNI y otras han iniciado, a partir de la instalación de la Red, procesos de unidad de acción inexistentes antes.

En todos estos casos, UNI se ha hecho más visible, la temática del diálogo social y el acuerdo marco se ha hecho más conocida, los sindicatos involucrados en estos procesos han mejorado su presencia en el sindicato global y se vienen produciendo procesos interesantes de sindicalización al interior de los sindicatos nacionales, afiliados a UNI comprometidos con estos procesos. También se han realizado importantes investigaciones y estudios de cada una de estas multinacionales que han facilitado el diagnóstico y, consecuentemente, las estrategias para cada una de ellas. Hacer pie, sindicalmente, en estas empresas desde la lógica global y/o regional en materia de diálogo social y negociación colectiva trasnacional, implica interactuar en una economía de servicios en plena etapa de expansión y en un contexto de crecimiento económico ideal para el desarrollo sindical que, en el campo del sector comercio y la industria del *retail* abarca, en el conjunto de estas empresas, a cientos de miles de trabajadores en el hemisferio americano. Como se ve, en cada una de las cadenas las estrategias son disímiles y tienen que ver con las realidades particulares de cada una de ellas. En las multinacionales nos encontramos sujetos a realidades muy diferentes en cada país: los distintos modelos sindicales y sus estructuras, las realidades políticas, la cantidad y calidad de la presencia de los grupos en cada país, etcétera. En el caso de las multilatinas, es muy común que muchas de ellas se encuentren en etapas iniciales de acomodamiento en el espacio global. Muchas de ellas se expandieron a partir de fusiones y adquisiciones de grupos locales familiares, de baja escala y de escasa organización empresarial. Recién en estos últimos tiempos aparecen las Gerencias de Recursos Humanos para América Latina y los intentos de llevar los negocios al espacio y con los condicionantes de la economía global de escala.

Los ejemplos de UNI se multiplican en el resto de los sindicatos globales, con innovaciones y con, cada vez más abordabilidad temática. Cada vez más y más trabajadores están abarcados por estos acuerdos que posibilitan incidir en sus vidas laborales, aumentando la capacidad de sindicalización y negociación colectiva. Es probable que las multinacionales y sus Cadenas Globales de Valor ingresen en un nuevo sendero. Habrá que ver los nuevos signos de proteccionismo que, por una u otra razón, se perciben en el horizonte global: unos por unas razones (Estados Unidos) y otros por otras (China). Sin embargo, no hay visos de que las multinacionales dejen de ser actores claves en el sistema-mundo.

2. China en la construcción compleja de un nuevo multilateralismo camino al desarrollo sostenible

Razones

¿Cuál sería la razón por la cual dedicar una parte de este libro a China? ¿Tienen relevancia su tamaño, su historia, su geografía? Sí, la tienen. Pero, en realidad, la razón más importante es que su evolución desde hace algunos años ha impactado, y está llamada a impactar, mucho más en el mercado de trabajo global y en los nacionales. Además y relacionado con esto, existen, internacionalmente, en los ámbitos sindicales, debates respecto al desarrollo de sus mercados de trabajo y a la estructura y realidad de su movimiento sindical. Una digresión respecto a esto último. El movimiento sindical argentino no es muy amigo de entrometerse en análisis respecto al resto de los sindicalismos. Tal vez, por experiencia propia, cuando se lo ha analizado, conceptualizado y descrito, en general, se han cometido graves errores de análisis, algunos de los cuales se han desarrollado en otros capítulos de este libro. Salvo cierta auto sobrevaloración, producto de su propio poder, siempre se ha sido prudente a este respecto. Y es correcto que así sea y mucho más cuando se habla sobre el caso chino. No resulta saludable producir, sobre una realidad muy lejana y ajena a nuestra geografía y cultura, veredictos inequívocos. Pero vamos por parte.

Hablar hoy de China parece un lugar común. No existe análisis político, económico, geopolítico o de relaciones internacionales en los que no se mencione la omnipresencia del gigante asiático y su influencia en cada uno de estos campos. No nos referiremos únicamente a las ya conocidas características en cuanto a su imponente dimensión geográfica, a los números casi desopilantes de su economía, a la explosiva magnitud de su población ni siquiera a los casi cinco mil años de historia y cultura y, dentro de ellos, a los dos mil de historia de su constitución como país. Estos datos están siempre allí, pero nos referimos a las características de las mutaciones de los últimos años, a sus mercados de trabajo, a su movimiento sindical y a los desafíos de este guiando los destinos de sus millones de trabajadores.

Dedicaremos algunos párrafos a la central obrera china, la ACFTU (la Federación de Sindicatos de toda la China). Muchas son las cosas que se han dicho y se dicen, en la actualidad, sobre esta poderosa central obrera. Lo que no se dice es que esta organización viene realizando actividades internacionales en su sede con las más variadas delegaciones sindicales del mundo mostrándose tal cual es, con sus sombras y trasparencias, y ha realizado y realiza misiones internacionales a los más variados escenarios políticos sindicales. Con su Departamento Internacional como nave insignia y con su participación como miembro de la Federación Sindical Mundial (FSM), cerca de cuarenta miembros, entre dirigentes y asesores, la ACFTU se relaciona con las diversas organizaciones del movimiento sindical global, con las organizaciones del sistema de Naciones Unidas (ya tiene un representante en el Grupo de Trabajadores de la OIT) y con las Federaciones Sindicales Internacionales; realiza estudios e investigaciones y capacita dirigentes y militantes.

Hemos integrado, en el año 2012, una delegación internacional sindical de UNI-Sindicato Global, a China, en una visita consensuada entre el Sindicato Global y el Departamento Internacional de la ACFTU-UNI no visitaba a los sindicatos chinos desde 2004. Evidentemente, en un contexto económico y político distinto al actual, la visita de UNI en aquel entonces fue muy general y bajo un escenario dominado por un pensamiento sesgado respecto a la realidad china y su contexto histórico. Tal vez, se creyó que, mecánicamente, una sociedad inmersa en una compleja transición, caracterizada entonces y aún, por uno de los procesos de urbanización más profundos de los que se tenga memoria, podía fácilmente comprender y, a la vez, sentirse parte del proceso de construcción democrática de occidente, de sus instituciones, de sus sociedades de dos velocidades, de sus partidocracias y de sus economías, fuertemente desreguladas y asimétricas, en algunos casos, y débiles y excluyentes, en otros. Puede ser, también, que el sindicalismo chino entendiera que su experiencia única y sus características, difícilmente pudiesen convivir o compatibilizar con el resto del mundo sindical de occidente y que no les llegarían, a pesar de encontrarse, ya desde hace años, en un proceso de inserción en el mercado mundial y en transición interna hacia una economía de mercado, aspectos que para el movimiento sindical de occidente constituyen la agenda de "todos los días" (el conflicto laboral, la negociación colectiva, la huelga, etcétera). No es conveniente mirar y tratar de comprender el fenómeno chino con prejuicios, de los que he encontrado muchos, particularmente en algunos sectores del sindicalismo europeo.

Asia oriental es una gran región del pasado que estuvo a la vanguardia del desarrollo mundial durante más de dos mil años hasta el siglo XVIII. Recién en 1950, luego de las vicisitudes vividas con su participación en la segunda contienda mundial, se produce el resurgimiento de Japón; el ímpetu desplegado por el corredor sur (Taiwán, Hong Kong, Singapur, Malasia y Tailandia), hasta 1990 y a principios del nuevo milenio, el resurgimiento de China, ponen nuevamente en el tapete mundial a esta región del planeta.

Estamos hablando del tercer país en el mundo en extensión y el más poblado. Por su historia milenaria y por su extensión es un país de muchas realidades y de grandes desequilibrios, antes, entre el norte y el sur, y hoy, entre el este y el oeste. Para gran parte del mundo en desarrollo, China representa el anhelo y los intentos de ese mundo, mayormente pobre, de dejar de serlo y un referente que podría conseguirlo. China es un país en desarrollo. Lo es porque está plagada de problemas, reconocido por ellos mismos y porque los que la hemos visitado lo hemos notado y comprobado. ¡Un país con 1380 millones de habitantes, camino a los 1550 millones en 2043, no puede no tener problemas! ¡Y graves! Este país es difícil de comprender para quien observe el mundo desde la imagen dominante de occidente. En este contexto, China lidiará con desigualdad social y territorial por mucho tiempo.

Es conveniente tener en cuenta que China, en 1820, era la primera potencia económica del mundo, aunque acaba su guerra civil prácticamente como había terminado el siglo XVIII. Estos ciento cincuenta años de estancamiento económico finalizarían tras instaurarse la República Popular, con un resurgir mucho más pronunciado después de la reforma económica del año 1978.

China es hoy, según algunos especialistas, la segunda potencia económica del mundo. Otros estudiosos ya la ubican como la primera. Sin embargo, es todavía una economía pobre en términos de PIB per cápita, por debajo del puesto número 100. Desafíos inmediatos para el gigante asiático, identificados por la teoría económica, no conviene ignorar, aunque tampoco exagerar. China es todavía una nación en desarrollo, con un amplio margen para las reformas y el crecimiento económico.

Sin embargo, lo más interesante de China, según mi visión, es como hacerse cargo de sus problemáticas, las que, por otra parte, no se producen solo porque es un país extenso, superpoblado y pobre, sino porque está inserto en un sistema-mundo también con problemas y crisis. Existen, inexorablemente, una enorme cantidad de componentes culturales en el pueblo chino que determinan sus características esenciales de prudencia y gradualismo para encarar sus problemáticas. Algo excepcional hay en una nación que posee solo el 6% de tierra cultivable en su territorio y que, sin embargo, alimenta al 22% de la población mundial. Por de pronto, una incalculable capacidad para sobrevivir. Por eso, China debe, al menos, ser observada con respeto. Algo tendrá para aportar con miras a resolver la crisis global, resultado de una manifiesta quiebra occidental.

Resulta envidiable para nosotros que, en el centro de Shanghái, exista un pequeño edificio en el que, a escala, se exhibe la red de subterráneos actual a turistas y visitantes, y, para sorpresa de ellos, solo apretando un botón, se encienden las luces de las líneas en construcción en los próximos años, que son prácticamente el doble de las existentes. ¡Igual que en Buenos Aires!

Historia y visión

En China, la historia juega un rol preponderante. El marxismo puede haber influido en este hábito, por el permanente buceo histórico de esta filosofía. Lenin, al igual que Confucio, afirmó que "el derecho a gobernar descansaba en aquel grupo de personas que comprende los principios verdaderos de la historia". Siguiendo con esta idea, hay una visión china del mundo basada, según Jorge Malena, en cuatro temas centrales: 1) la centralidad de China en el orden mundial; 2) la necesidad de preservar la esencia cultural; 3) el siglo de la humillación nacional y 4) el orgullo nacional. Sin dudas, China constituyó una de las civilizaciones más brillantes de la historia universal. Y lo que es más preciso tener en cuenta es que pervive, con matices, hasta la actualidad. Otras, relativamente cercanas, no lo lograron. Conocemos algunos de los aportes chinos a la humanidad: la pólvora, el papel, la imprenta y la brújula. China se explica a sí misma por su virtud moral y no por su fuerza material. En el siglo III D.C., su cultura se esparció y abarcó los actuales Japón, Corea, Rusia oriental, naciones de lo que hoy es la Asociación de Naciones del Sudeste Asiático, ASEAN, por sus siglas en inglés, (Tailandia, Malasia, Singapur, Brunei, Indonesia, Filipinas, Laos, Camboya, Vietnam, Myanmar), nordeste de la India y este del Asia Central. A través de la Ruta de la Seda, luego, esta cultura china se extendió al Medio Oriente y, a posteriori, a la propia Europa, que debería tomar nota de este dato.

Se suele analizar respecto a China y su revolución comunista, liderada por Mao Tse Tung, desde una lectura occidental, que la llegada del socialismo ubicó a China definitivamente en el camino y la órbita de la construcción soviética. En una primera etapa era muy difícil distinguir diferencias, aunque las había. Sin embargo, China se inclinó, más tarde, por la construcción de su propio proyecto de sociedad socialista. Aquel que entroncaba con su historia, sus sufrimientos de dependencia y de invasiones y lo que era fundamental, sus características peculiares. Para los chinos, aspectos que para occidente podrían ser interpretados contradictoriamente no eran vistos como tales; muy por el contrario, ellos suman a Sun Yat Sen como el padre fundador de la nacionalidad china, a Mao Tse Tung como el gran timonel de la construcción social de la nación y a Deng Xiao Ping como quien supo interpretar los cambios en el mundo y ubicó a China en el sendero del crecimiento. Cada uno de ellos, para sus fines, tomó de su antecesor lo construido hasta el momento.

Si uno observa el presente chino se puede afirmar lo que verdaderamente se podría calificar como un milagro, difícil de entender: haber combinado y tejido una transición entre una fase comunista y otra capitalista que incluye situaciones muy complejas. La revolución, con sus más y sus menos, restauró la paz, edificó la unidad nacional e instauró el orden. Y además, al pueblo chino le fue mejor en consumo medio de alimentos, mortalidad y esperanza media de vida que al resto del denominado tercer mundo. Este milagro le posibilitó a China, entre otras cosas, ingresar a la ONU y a su Consejo de Seguridad.

Es interesante mencionar el último trabajo bibliográfico de Julio Godio, publicado en 2011, año de su desaparición física, *El futuro de una ilusión. Socialismo y Mercado*. Godio plantea su tesis de que estamos en presencia de una "metamorfosis de la idea comunista". China sería, en su visión, la fábrica y el laboratorio en la que dicha metamorfosis tiene lugar. En sus palabras: "cómo la idea comunista da lugar a otra idea sociopolítica ya despojada de la ilusión, tomando como caso, en primer lugar, el pasaje en Rusia del Nepismo (NEP, Nueva Política Económica) al estalinismo y, en segundo lugar, al comunismo chino actual".

La NEP (Nueva Economía Política) sería, según Godio, el resultado, en materia de política económica, de la ausencia en los estudios marxistas de la época del papel del mercado en las condiciones de la revolución socialista. No analizar este tema en la profundidad necesaria llevó a la izquierda a la falsa conclusión de que el mercado era estorbo para desarrollar el socialismo y enemigo de los trabajadores. La no utilización consiente de la institución y los mecanismos de mercado, a la larga debilitaron el proceso revolucionario ruso en su objetivo de construir el socialismo. Cuando en 1921 habían cambiado las condiciones políticas y sociales vigentes desde 1917, los jerarcas de la revolución se encontraron con que debían producir importantes cambios en la estructura económica del estado y de la economía rusa, orientados a la cuestión del modelo económico, social y laboral y, fundamentalmente, abandonar la idea de que Rusia debía esperar la concreción de revoluciones similares en el resto de Europa, lo que iba a beneficiar el relacionamiento de la Rusia revolucionaria naciente con el resto de sus relaciones internacionales, a riesgo de entrar en una etapa peligrosa de aislamiento internacional. La NEP operó entonces, sobre el reconocimiento de que esto no iba a pasar y de que Rusia debía adaptarse a las condiciones imperantes en el resto del mundo sin abandonar su apuesta a construir un país socialista, en las condiciones particulares de la economía rusa de entonces.

La NEP consistió, de este modo, en un reacomodamiento de la economía soviética a la utilización de ciertos mecanismos económicos de mercado al interior de la estructura económica socialista con el rol preponderante del estado. Un reconocimiento de que un cambio tan profundo de la economía rusa, que no había completado su revolución democrático-burguesa, no se podía hacer por decreto, a riesgo de un profundo estancamiento económico y a un desmanejo peligroso de las estructuras de las empresas. Rusia era un país grande y geopolíticamente importante pero periférico en términos económicos. Que la revolución se produjera allí y no en un país capitalista desarrollado y avanzado, exigía contar con una estrategia política, según Godio, para garantizar que la joven experiencia revolucionaria tuviese los recursos políticos y técnicos para organizar una economía de propiedad mixta y capacitarla para incorporarse con decisión en la economía mundial. Con claridad meridiana Godio explica que "en el desarrollo de la NEP se podían desenvolver los fundamentos concretos de un audaz experimento para fundar una 'nueva civilización' que se hiciera cargo de los mercados y pudiese establecer una relación dialéctica de tensión y asimilación con los componentes potencialmente revolucionarios que existen dentro de 'la civilización del capital', que han dado lugar en menos de doscientos años a tres grandes revoluciones tecnológicas y a la formación de la economía global". Lenin es claro cuando dice que solo existen condiciones políticas suficientes para la construcción del socialismo, pero todavía predominan condiciones económicamente insuficientes.

Para 1929, el estalinismo abandona la NEP y ejecuta a través del estado soviético una política de industrialización acelerada y una colectivización forzosa que le serviría para enfrentar la última etapa del período de entreguerras y, fundamentalmente, resurgir en la última etapa de la Segunda Guerra Mundial venciendo a los ejércitos nazis. Luego vendría la Guerra Fría, en la que la economía soviética se fue encerrando, en su competencia con Estados Unidos, en una carrera alocada en la que, a la larga, terminó implosionando. Muchas cosas acontecieron en este período. A partir de la muerte de Lenin en 1924, Stalin fue destejiendo lentamente la NEP.

Esta breve descripción de lo que fue la NEP en Rusia entre 1921 y 1929, sirve como un elemento más para analizar si la metamorfosis operada en los últimos cuarenta y cinco años en China tiene que ver con la construcción de una relación distinta entre socialismo y mercado (recordando el subtítulo del libro de Godio).

Esta vertiente de pensamiento, aunque desde un análisis de otra naturaleza, pero pariente cercano al estudiar la evolución China, se vincula con los estudios de Arrighi. Dice este autor que se va cumpliendo el vaticinio de Adam Smith que preconizaba el equilibrio final de poder entre el occidente conquistador y el resto del mundo conquistado. En base a este análisis, la tesis fundamental defendida por el autor es que Adam Smith nunca defendió ni teorizó sobre el desarrollo capitalista. Por el contrario, su teoría de los mercados puede ser especialmente relevante para una comprensión de las economías de mercado no capitalistas, por ejemplo, China.

Pero veamos que dice Godio al respecto. Los tres períodos en los que se divide la historia China dejan ciertas pistas que tienen relación con las condiciones objetivas de la estructura china. La característica imperial es una constante. Su historia imperial sigue desempeñando un papel central en la China actual, ahora abierta al mundo con su "economía socialista de mercado", aún revestida de autoritarismo estatal, comenta Godio.

Peleas al interior del Partido Comunista determinan etapas de atraso y estancamiento. China continuaba, en 1975, tan aislada del mundo como al comienzo en 1949. Esta situación crea las condiciones para las reformas de mercado de 1978. El supuesto arribo de la NEP a China dispara la creación de zonas especiales en la costa marítima para inversiones productivas de capital extranjero y fomento de las exportaciones-importaciones. Empresas con niveles más altos en la cadena de conocimientos y con mejores performances en las exportaciones, reciben apoyo político especial. De esta manera, China fue logrando ser competitiva en varias industrias y, también, ha logrado redistribuir ingresos provenientes del comercio exterior y reducir los niveles de pobreza y discriminación social, que son, en cambio, altos en la India. El sistema de planificación estatal subsiste, pero con rasgos más flexibles. La cuestión tecnológica, atada íntimamente a los logros de productividad de la economía, en el esquema de apertura, se convirtió en prioritaria. En este tema la inversión extranjera fue decisiva: la consigna era adoptar ideologías y técnicas extranjeras, pero no los valores extranjeros. Esta es una consigna elástica. Es muy difícil que la inversión extranjera venga separada de conductas, actitudes y compromisos. De allí han surgido ciertas denuncias sobre corrupción en el *establishment* político chino. Sin embargo, China ha logrado que en las empresas tecnológicas avanzadas se introduzca el uso intensivo de tecnología y se aumente en forma constante la productividad del trabajo. Obviamente, este fue el escenario en el que se desarrolló la explotación de la mano de obra barata que aceitó el engranaje global de las cadenas de valor global.

¿Con qué nos encontramos hoy en China? En primer término, los chinos comprendieron que, ya en la década del setenta, el comunismo (entendido en occidente como la contracara del capitalismo) había dejado de ser eficaz como lógica de modernización y, lejos de querer continuidad, optaron por el capitalismo, pero mantenido dentro de sus cánones, al igual que lo hicieron, en su momento, con su visión del comunismo; el mercado era la posibilidad de desplegar, en los prolegómenos de la globalización, una modernización del país. Ya han pasado cuarenta años desde que China produjo este giro copernicano en su concepción de la organización económica.

Claves del '78

En 1978 China inicio un proceso de liberalización económica alimentado por una fenomenal sobreoferta de trabajo, asentada en la masiva mano de obra migrante de la economía de agricultura a las grandes ciudades, que estableció, gradualmente, los mercados de trabajo. Esta apertura de mercado significó un cambio radical en la estrategia china de desarrollo, que ha dado lugar al mayor proceso de urbanización de la historia. Por ejemplo, entre 1989 y 2009, 200 millones de chinos han dejado de ser rurales para convertirse en urbanos. Y se prevé que, en el año 2020, entre 300 y 400 millones de chinos dejen de ser rurales para convertirse en urbanos.

La tierra siempre ha sido un gran problema para China. Como lo manifestamos, poca tierra cultivable y mucha gente que alimentar. Esto termina siendo un dilema de recursos básico. Ellos cultivan para comer, nosotros para comercializar. Para ellos la tierra no es instrumento de producción sino de supervivencia.

El proceso de urbanización en China está generando grandes problemas y los seguirá generando. Hay síntomas preocupantes respecto a esto. Pero en China es imposible ver procesos tradicionales de urbanización, de migraciones internas del campo a la ciudad: no hay ciudades que puedan albergar humanamente tantos millones de habitantes rurales sin que colapsen como sucede en América Latina, la India, Yakarta o Manila.

Lo cierto es que China, en una generación, tiene grandes posibilidades de reemplazar a Estados Unidos como el mercado más grande del mundo. Por de pronto, ya hoy, China crece al 6% anual mientras Estados Unidos al 2%. Hay en China una revolución del consumo. Hasta no hace mucho se hacía referencia normalmente a los productos hechos en China. Para las próximas décadas "vendido en China" será la referencia.

Lo real es que hay un dato esencial de la economía china y es que el salario mínimo aumentará en un 15% anual durante los próximos años, y esto cambia todo.

En el quinto puerto más grande del mundo, Tianjin, los barcos contenedores que solían exportar productos chinos al resto del mundo y volver vacíos, ahora regresan llenos de productos terminados y semiterminados, del resto del mundo. Solo para dar otro ejemplo de lo que está pasando en china, en la misma zona fabril de Tianjin existe la empresa (Master Kong) de fabricación de pastas (los famosos "noodles" o fideos chinos) de mayor producción en el mundo. La enorme línea de producción automatizada, con máquinas-herramientas importadas de Japón y Alemania, produce cinco billones de paquetes de pasta al año. La materia prima es china y el producto terminado se consume en China. Esta es solamente una de las veintitrés plantas Master Kong en el país. Otros más. En 2011, se vendieron en China 14.500.000 autos, dos millones más que en Estados Unidos. Nueve de cada diez se vendieron a gente que nunca había comprado un auto. La segunda aseguradora del país, Ping An, asegura actualmente 32 millones de autos. Ford se encuentra planificando la apertura de su décima fábrica en el país (desafiando la política proteccionista del presidente Trump se propone fabricar el Ford Focus en China para 2019) y Volkswagen, su séptima habiendo vendido para 2012 alrededor de 2 millones de autos en China. Expertos industriales aseguran que la venta de autos crecerá a 40 millones por año para el 2020.

El impacto en materia ambiental de este desarrollo es y será terrible. También lo será el impacto en el precio del petróleo. Además de estas consecuencias y de las que veremos respecto al mercado de trabajo, la revolución industrial china ha creado también cientos de miles de millonarios en dólares y, consecuentemente, uno de los lugares del planeta con la mayor desigualdad en la distribución de la renta.

Lo cierto es que la apertura de la economía ha conducido a un cambio masivo en las estructuras de empleo, reacomodando cerca de 30 millones de trabajadores que trabajaban para las empresas en manos del Estado.

China ha visualizado a la globalización como un fenómeno complejo y multifacético con impactos fuertes en los mercados de trabajo y con grises en relación con la incorporación e inclusión de personas al sistema económico. El crecimiento económico chino (las famosas tasas chinas), posibilitó la aceleración de los procesos de urbanización y consumo. Los millones de chinos que se trasladaron a los centros urbanos, irían de a poco generando la enorme clase media que hoy exhibe china. Otros sectores de la gran migración del campo a las ciudades se trasladaron a los enclaves marítimos costeros, aquellos en los que estaban instaladas las grandes empresas multinacionales que llegaron a la región, en el marco, precisamente, de aprovechar la mano de obra china, obviamente, de escasa formación y predispuestas a ganar un salario en las condiciones que fueran. Venían de trabajar en las zonas rurales, durante años cosechando arroz. Sin conocer sindicatos ni relaciones laborales industriales al estilo de occidente ni, mucho menos, convenios colectivos. China decidió aprovechar la globalización en sus aspectos más controversiales para el movimiento obrero mundial: su inserción en la economía global a través de dotar de mano de obra a las cadenas globales de valor. Godio *dixit*: "la economía socialista de mercado deberá competir por décadas dentro de los marcos del sistema-mundo del capitalismo global".

El proceso iniciado en el '78, con sus consecuencias de modernización en sus estructuras económicas, dando lugar a un proceso de migraciones internas descomunal, fue funcional a la explosión de la globalización con los capitales que hurgaban por nichos de bajo costo que posibilitaran mayor competitividad global de las empresas instaladas y de las locales engrampadas en las cadenas de suministro global.

El mercado laboral

Cualquier analista que mire la fotografía se encontrará con un mercado laboral chino diverso, que es, en gran parte, apéndice barato de las grandes multinacionales que descargan flexibilidad en las cadenas mencionadas. Bajos salarios, jornadas interminables, y hasta trabajadores viviendo en las empresas alejados de sus familias, con escasos derechos laborales, obviamente, sin sindicatos, o sindicatos débiles, ni negociación colectiva. La contracara de esto son los bajos precios de Walmart. El interesante trabajo bibliográfico de Nelson Lichtenstein, *La revolución del retail*, sobre la historia de Walmart, titula su introducción: "De Bentonville a Guangdong", adelantando de esta manera, el rol que jugó China en el despliegue del supermercado gigante. No resulta difícil comprender este verdadero ajedrez global comercial que posibilita que Walmart venda los productos más baratos. La permanente continuidad de la línea de navegación de grandes barcos contenedores que se mueven entre Shenzhen, Singapur y Shanghái y el complejo portuario Long Beach/Los Ángeles cargando billones de dólares en bienes que han sido ordenados y diseñados por y, en las más de las veces, específicamente, para Walmart, muestran cómo funcionan estas multinacionales que fabrican en tales cantidades productos en las cadenas de suministros, que terminan prácticamente adueñándose de los proveedores. Este "juego" requiere velocidad, predictibilidad y subordinación del productor/vendedor hacia el *retailer* que domina el corredor trans-Pacífico del sistema de distribución. Al mismo tiempo, Walmart, poniendo presión sobre la cadena, empuja las operaciones, desde la compra de la materia prima hasta la producción del producto y su envío, generando un enorme stress sobre las secciones de las empresas productoras con consecuencias sobre la mano de obra.

Pero ¿cómo se desarrolló esto? Los mercados de trabajo emergieron primero en las áreas rurales. Las autoridades locales invirtieron importantes sumas de dinero en las llamadas Empresas de Villas y Pueblos: en pocos años cien millones de campesinos abandonaron sus explotaciones y se transformaron en asalariados en estas empresas rurales.

El segundo mercado de trabajo se fue estableciendo vinculado al desarrollo de las zonas de producción para la exportación. Cuando la inversión privada en estas zonas y otras actividades económicas ganaron en presencia e importancia, millones de campesinos se transformaron en trabajadores migrantes en fábricas ubicadas a lo largo de la costa este: el caso de los proveedores de Walmart.

El tercer mercado de trabajo se desenvolvió a partir de las transformaciones en el sector estatal urbano. Esto se desarrolló en dos escenarios. En 1986 el Consejo del Estado inició los contratos laborales por tiempo determinado, promulgando la Ley de Regulaciones Temporarias en el uso de Contratos Laborales en Empresas Estatales. Esta iniciativa permitió el establecimiento del mercado mencionado al permitirse a las empresas del estado emplear nuevos trabajadores por períodos determinados. El otro escenario vino con la reforma del sector público entre 1995 y 2002. Más de 50.000 empresas del estado fueron privatizadas o se tornaron insolventes dejando sin trabajo a aproximadamente 50 millones de trabajadores. Algunos de estos trabajadores pudieron obtener empleo en el sector privado, mientras muchos otros fueron forzados a un retiro temprano o buscaron ingresos a través del autoempleo dando así nacimiento al sector urbano informal.

En esta gigantesca transformación, ¿qué rol le cupo a la central obrera, la Federación de Sindicatos de toda la China (ACFTU)? El origen de los sindicatos en China data de los primeros años del siglo XX, cuando Sun Yat-sen lideraba la lucha contra la dinastía Qing en aras de modernizar la economía y de procurar reformas políticas. Una de las primeras organizaciones sindicales de las que se tiene conocimiento es la Asociación de Mecánicos de Guangdong, fundada en 1906. El movimiento sindical de la época, a través de años de lucha antiimperialista, adquirió un fuerte carácter nacionalista actuando, de esta manera, bajo el ala del Kuomintang de Sun Yat-sen, como fuerza emblemática del movimiento nacionalista. Sus demandas estaban centradas en el reclamo salarial y en la mejora de las condiciones de trabajo.

En 1921 se produce un cambio radical: nace el Partido Comunista de China y gran parte de sus cuadros se destinan a reorganizar y realizar trabajo sindical. La interacción entre las organizaciones sindicales y el Partido Comunista se potencia y surge la necesidad de reorganizar el movimiento sindical chino bajo un solo paraguas organizativo. En 1925 nace la ACFTU.Entre 1922 y 1927 la organización del movimiento sindical chino floreció como, así también, el control del Partido Comunista sobre ella.

En 1927 el Partido Comunista organizó una insurrección armada con base en una huelga general en la que participaron 800.000 trabajadores. La idea de la insurrección era formar un gobierno de frente nacional. Chiang Kai-shek, que había sustituido a Sun Yat-sen en la dirección del Kuomintang, rompió el Frente, traicionando a los aliados y ordenando la ejecución de miles de militantes del Partido Comunista y de líderes sindicales. Los sindicatos comunistas fueron cancelados y reemplazados por sindicatos amarillos leales al Kuomintang. Solo en 1927, 13.000 dirigentes sindicales fueron ejecutados. Muchos otros dirigentes fueron forzados al exilio.

Habiendo sido expulsado el Partido Comunista al interior del país, fundamentalmente a las zonas rurales, el debilitado sindicalismo se encontró con que la prédica sindical al estilo organizativo urbano no condecía con lo que, a partir de entonces, sería prioritario en la política del Partido Comunista: el campesinado, que le permitiría organizar una economía política de base agraria.

La conquista militar del Partido Comunista de la Manchuria y el norte de China en 1948 fue, también, un punto neurálgico en la historia del movimiento sindical comunista. La ACFTU, que había estado ausente, prácticamente durante dos décadas, fue restablecida. Cuando el Partido Comunista tomó el poder de toda la China, la ACFTU se convirtió en la organización única del sindicalismo urbano estableciéndose como monopolio organizativo sindical hasta hoy.

Los sindicatos chinos tuvieron que adaptarse a un nuevo rol en el esquema político socialista. Entre 1949 y 1957 el movimiento sindical chino fue completamente reorganizado. La actividad se concentró totalmente en la ACFTU, integrándose a ella los sindicatos del Kuomintang. Aún sin mayores problemas, con el tiempo, surgieron fricciones internas con relación al modelo de organización (sindicatos industriales o sindicatos territoriales) y al grado de autonomía que los sindicatos debían observar en su trabajo. En dos ocasiones el Partido reorientó la política de la ACFTU con sendas purgas en su dirección.

Ya, a partir de 1955, al encontrarse la economía en pleno proceso de nacionalización, la relación entre el Partido Comunista y el movimiento sindical se orientó claramente hacia las nuevas tareas de la industrialización del país y la construcción de una economía socialista. Las relaciones laborales tuvieron, desde entonces, una clara orientación de cobertura social: se centraron en empleo universal de por vida y un paquete de bienestar para los trabajadores urbanos.

Claramente el sistema de relaciones laborales se focalizaba en la producción y redistribución de bienestar en lugar de la práctica de la negociación colectiva. Y todo en un sistema centralizado de carácter administrativo con, prácticamente, ningún margen de acción negocial por parte de los sindicatos y las empresas, todas ellas estatales. La recuperación económica y el aumento de la producción se transformaron en los temas y objetivos centrales del liderazgo partidario y, con ello, el definitivo alejamiento de los sindicatos del proceso de negociación colectiva.

¿Qué consecuencia trajo esto? Los sindicatos comenzaron a trabajar en forma cercana con la administración de las empresas solo reclamando beneficios de atención médica, compensaciones por incapacidad, licencias de enfermedad, licencias de maternidad, retiros y pensiones y otros beneficios. De manera limitada, estos beneficios eran específicos de cada empresa y creaban un interés común, por parte del *management*, los sindicatos y los empleados, para reclamar por más subsidios a las autoridades centrales.

Asimismo, las organizaciones sindicales se fueron acostumbrando a trabajar con el management como virtuales "socios", en una suerte de sistema dual. Con el tiempo, la relación entre *management*, sindicatos y trabajadores fue variando de intensidad y funcionamiento, hasta 1990, en que la reforma del sector público restauró la inversión de capital privado y la autonomía del *management*. Consecuentemente, la co-decisión en el nivel de empresa, que el sistema anterior facilitaba, fue limitada: quedaba abierta, entonces, la posibilidad, en crecimiento, de criticar, demandar y protestar. Esto tendría consecuencias en el futuro del movimiento sindical chino: la construcción de otro tipo de relacionamiento con las patronales y con las autoridades de las empresas, otro mecanismo de ligazón, ya no como socios reclamando a las autoridades políticas sino como interesados de que la empresa funcione en una nueva economía y que satisfaga desde distintas ópticas a las dos partes, aún en un arco conflictual de relaciones laborales.

Observando la estructura de la ACFTU en las últimas siete décadas, es muy poco lo que ha variado en términos de principios e, incluso, de elementos vitales relacionados a su esquema organizativo. Inclusive, durante, y a pesar de los cambios producidos en la estructura económica china a partir de 1978. En realidad, ya durante los años de la alta funcionalidad entre la central y el partido en la construcción de sus objetivos comunes, era difícil para los sindicatos encontrar un equilibrio y balance entre los intereses de los trabajadores y los intereses del partido y del estado. Se entenderá que estos desafíos crecieron exponencialmente cuando la inversión privada fue autorizada a entrar a China y los sindicatos se vieron forzados a organizar empresas privadas.

Como lo manifestamos antes, el año 1978 marca el inicio de una nueva era en China. La política económica de descentralización, privatización y marketización de la economía, dejó de lado el sistema de relaciones laborales chino surgido de la revolución socialista, quedando establecido un nuevo mercado laboral. Las políticas socialistas de empleo fueron sustituidas por empleo basado en el contrato de trabajo privado.

En este contexto, la ACFTU ignoró, durante los primeros quince años de reformas, lo que estaba aconteciendo en las zonas rurales y despertó a la nueva realidad solo cuando las reformas llegaron al sector público. Estas últimas empujaron al movimiento sindical chino a una crisis de identidad. La situación se tornó peligrosa. La ACFTU fue literalmente marginada. Sus efectivos bajaron de manera brusca, incluso dentro de los liderazgos. Se necesitaba una estrategia para abordar la nueva realidad. Los sindicatos fueron llamados a organizar a los trabajadores en la economía capitalista. Se evolucionó hacia un crecimiento exponencial de las estructuras sindicales, aunque, según algunos autores, con escasa implantación al interior de las empresas. Para fines de 2010, según algunos investigadores, la ACFTU tenía una membresía de alrededor de 150.000.000 de afiliados. Los datos y la realidad sindical en China varían según los autores que se han dedicado a investigar el fenómeno. No obstante, algunas conclusiones generales se pueden sacar.

El vuelco del aparato productivo centralizado y políticamente dependiente, también en forma centralizada, del partido, hacia una economía de mercado, con privatización de empresas públicas, inversión extranjera directa y reconexión del comercio chino a nivel internacional, sumado a los procesos de migración interna del campo a la ciudad generando esto un proceso de urbanización jamás visto, no debe haber sido un escenario sencillo para la ACFTU. Reconvertir la acción sindical, no solamente adaptándose a estos procesos, sino hacerlo sin tener experiencia en sistemas de relaciones laborales basados en el tratamiento del conflicto y la negociación colectiva, no debe haber sido sencillo para los sindicatos chinos, ¡ni para nadie! Y ni lo debe ser en la actualidad.

Quienes vivimos en occidente sabemos, por experiencia, que la práctica de la negociación colectiva, aceptada con naturalidad (con las dificultades para su ejercicio) por el movimiento sindical occidental hoy, es producto de una compleja operación político-cultural, esencialmente vinculada a la realidad política del entorno en el cual se desenvuelve el sindicato local, al apego al diálogo social por parte de los sectores empleadores, a la densidad sindical y, centralmente, a la situación económica general.

Suponemos que las transformaciones económicas operadas en China desde 1978, en adelante, no traían consigo demasiados elementos positivos en relación con los componentes de la operación mencionada. La realidad política del entorno no admite análisis facilistas: China hubo de encarar la transformación económica porque debía sacar a millones de chinos signados por una pobreza que aparecía como eterna. El modelo de economía centralizada de carácter socialista no ofrecía ya respuestas. Ni podía hacerlo en un contexto global que se anunciaba complejo. La transformación, irremediablemente, traería consigo situaciones de anomalía social: fuertes migraciones internas, urbanización y creación de múltiples mercados de trabajo, y todo al mismo tiempo. Ya sabemos las vicisitudes que atravesó el movimiento sindical chino como consecuencia de este proceso en sus etapas iniciales.

En cuanto al dialogo social y su práctica, implicaba una recomprensión de empleadores y sindicatos de las bondades que el mismo podía traer a un sistema de relaciones laborales también agotado, como la economía china hasta 1978.

El diálogo social, como lo concebimos en occidente, fue producto, entre otras cosas, de una nueva actitud del movimiento sindical a partir del reconocimiento de su presencia vital de un lado de las relaciones laborales. El reconocimiento de la organización sindical fue central para que esto aconteciera. Si la organización sindical no era (y hasta hoy, no lo es totalmente o, por lo menos, suficientemente) reconocida como interlocutora de los intereses de los trabajadores, no podía sentarse a ninguna mesa a discutir nada. El diálogo social, desde su acepción más general, más política, la que involucra la presencia del Estado, hasta la más instrumental y práctica, la negociación colectiva (en la que el también Estado, muchas veces, está muy involucrado), de la que tenemos la tradicional versión paritaria en el campo de las negociaciones laborales, es producto de una evolución histórica y cultural muy específica de occidente. Ya en 1919, con el nacimiento de la OIT en el Tratado de Versalles, que dio fin a la Primera Guerra Mundial, el movimiento sindical comenzaba lentamente a jugar un rol más complejo, pero, al mismo tiempo, más productivo en términos de reconocimiento, autovaloración y espíritu propositivo. La presencia del movimiento sindical en los orígenes de la OIT, tal vez, sea la segunda señal de identidad global del mismo. La filosofía del tripartismo institucionalizado al interior de esta organización internacional movió al sindicalismo a mayores responsabilidades. El escenario tripartito conllevó a un compromiso, que, aunque no dejó de lado las características básicas de la tarea sindical, agregó nuevas necesidades de capacitación y actitud negociadora, tanto a niveles nacionales como a niveles regionales y globales. El movimiento sindical se incorporaba, de esta manera, al sistema internacional, teniendo en cuenta que la OIT pasaría, años más tarde, al sistema de Naciones Unidas.

El segundo elemento, al analizar el rol del diálogo social en occidente, se relaciona con el paso de una política económica de características clásicas, con escaso rol del Estado y, como decíamos, con una visión sobre el sindicalismo de rechazo e intolerancia, a una economía de posguerra que planteó otro ritmo de conflictividad económica y social y que posibilitó un reacomodamiento del movimiento sindical, en términos generales, a un, si se quiere, nuevo rol de agente interlocutor en la relación capital trabajo, con un Estado intermediador en el conflicto laboral, generando cierta obligación del sindicalismo a comprender su nuevo status, de ser tolerado y reconocido y de verse compelido a dialogar en las mesas de negociaciones y, esta vez, codecidiendo sobre distribución de riqueza, esquemas de políticas activas y pasivas de empleo, y otras cuestiones, hasta entonces, ajenas a su misión "histórica".

Para entonces, China estaba en otra cosa. Terminada la Segunda Guerra Mundial, el movimiento revolucionario chino se encaminaba hacia la toma del poder en 1949 y la instauración a, partir de allí, del sistema de economía centralizada ya descrito. Ya vimos el comportamiento del sistema de empresas y de sus trabajadores alineados en el esquema político del partido único. No había espacio, ni lo iba a haber por mucho tiempo, y en condiciones sustancialmente distintas, desde el punto de vista global, para la práctica del diálogo social entendido en los términos de occidente, ni, mucho menos, de la negociación colectiva. Millones de campesinos y trabajadores rurales en esencia organizados bajo el esquema de economía familiar o doméstica no conocían un sindicalismo con las características del occidental, ni el principio de libertad sindical, ni los convenios de la OIT. China se incorporó, oficialmente, a la Organización Internacional del Trabajo recién en 1983. Tan solo cinco años antes, había comenzado su transformación hacia una economía de mercado, la que la iba a poner frente a nuevos dilemas en su organización económica y, por tanto, en la organización de sus mercados de trabajo, y que iba a estar signada por profundas mutaciones globales durante los próximos cuarenta años. Es obvio que hace falta una mirada omnicomprensiva de la totalidad del proceso económico-político de China y su mercado de trabajo multifacético para comprender los desafíos del movimiento sindical sin alejarse de las características de las estructuras políticas chinas y las relaciones su interior y la necesidad de adaptarse al "nuevo juego" de relaciones laborales con características funcionales a la presencia de empresas privadas, muchas de ellas, formando parte de las cadenas globales de valor, y a empresas públicas de características distintas al funcionamiento que estas tenían en la etapa económica anterior.

De allí, el aumento, en los últimos años, de la conflictividad laboral, de la negociación colectiva y de la huelga. En este esquema la ACFTU no abandonará su función de *lobista* hacia el partido y hacia los órganos del estado. Cuando la posibilidad de resolver conflictos, rápida y pacíficamente, comenzó a tornarse más difícil, la ACFTU fue la promotora, junto con sectores del partido, de dos importantes piezas legislativas de carácter laboral, en el año 2008: la Ley de Contratos Laborales y la Ley de Mediación y Arbitraje en Disputas Laborales. Ambas iniciativas, otorgaron importantes herramientas de protección frente a los abusos del sector empresario. Sin embargo, la ACFTU ha debido lidiar, en los últimos tiempos, con situaciones de conflictividad abierta. En algunos casos, por falta de cumplimiento de las leyes y, en otras, por la cuestión salarial.

La diversidad de mercados de trabajo, oportunamente descrita, obviamente, permite distinguir diversos grupos de sectores de trabajadores y su relación con los patrones de protesta laboral. Esto incluye a quienes vieron modificadas sus condiciones de trabajo, y hasta perdieron el empleo, generalmente trabajadores veteranos del sector público que demandaban, fundamentalmente, reinstalación y la vuelta a un mínimo de condiciones de vida digna. Importantes movilizaciones públicas se produjeron en este sector. Otro caso es el de los trabajadores migrantes, característico de condiciones laborales terribles: jornadas ilimitadas de trabajo, salarios por debajo del mínimo legal y hasta retención de papeles de identificación personal, lo que imposibilita salir de la relación para buscar otro trabajo o volver a sus hogares rurales. En este caso las demostraciones se tornan contra los gobiernos locales en demanda del cumplimiento de la ley: las empresas se han ido instalando en las regiones y ciudades que terminan compitiendo por menores costos laborales a través del incumplimiento de la ley. Como se puede observar la movilización de los trabajadores y los conflictos laborales, hasta cierta etapa de la última década, no han sido mayoritariamente conflictos salariales en términos de los que pudiesen plantearse a partir de la existencia de la negociación colectiva. Para el 2009 existían en China, aproximadamente, 685.000 conflictos laborales con cerca de 1.100.000 trabajadores involucrados. Esto refleja una, cada vez mayor, utilización de los instrumentos de protección laboral de naturaleza legal: antes del 2008, año en que se sancionaron las dos leyes mencionadas, los conflictos registrados alcanzaron solo la mitad que los de 2009.

Lo que ha venido sucediendo, desde entonces, es que los conflictos laborales en China se han venido acelerando y, lejos de analizar este hecho solo como monitoreo respecto al estado de la clase trabajadora en China, lo que, por otra parte, no escapa al estado de conflictividad existente hoy en cualquier otro lugar del mundo, o al resquebrajamiento y las fisuras en el patrón de mutaciones iniciadas en 1978, por el contrario, lo que va demostrando la realidad es, precisamente, el lento proceso del sindicalismo chino hacia una mayor autonomía respecto al tratamiento del conflicto, aunque esto no aparezca en la superficie. No significa que la ACFTU se desprenda mecánicamente de su relación con el Partido Comunista, ¡ni mucho menos! (al menos por ahora). Significa que la propia realidad va determinando la adaptación, en forma dinámica, de la central obrera y sus relaciones con las representaciones sindicales de los niveles inferiores y de los territorios.

El hecho de que, ya en 2009, se obtuvieran aumentos salariales en la planta de Honda de Foshan, a través de la negociación colectiva con la empresa, o con el gigante electrónico Foxconn, en Taiwán, muestra una nueva generación de trabajadores mucho menos dispuestos que sus antecesores a soportar la sobreexplotación laboral. Lo real es que la crisis económica de 2008 fue un catalizador para que procediera a un inicio de cambio modélico en China, a partir de la orientación hacia un modelo de crecimiento basado en un mayor consumo interno y no solo en las exportaciones. Las consecuencias de esta reorientación no podían dejar de impactar al interior del movimiento sindical chino.

Primero, por los mercados de trabajo chinos. Ya vimos que las transformaciones económicas desde el año 1978 habían generado pluralidad de mercados de trabajo. Las reformas a partir de la crisis de 2008 probablemente no podrían haberse implementado antes. Las propias características de la globalización económica habilitaron a que China produjera este viraje. El enorme crecimiento chino hasta el 2008 encastró perfectamente en las transformaciones en los mercados de trabajo y en sentar las bases para un escenario de cambio en la estrategia de crecimiento. Los trabajadores chinos son protagonistas centrales de estas trasformaciones como de las anteriores. La central obrera ha debido enfrentar estos cambios y reacomodar su existencia a la nueva realidad China, con sus características y especificidades. Lo real es que, según la propia OIT, los salarios entre 2000 y 2009 subieron en un 12,6% en comparación con el resto de los países de la zona. Este desarrollo y esta nueva realidad, obviamente, no dejan de empañar las situaciones de explotación de su mano de obra por parte del contexto económico global. Estas situaciones deben entenderse a la luz de un proceso y no de un momento. La conflictividad en aumento no es una mala señal en este escenario. Es producto de la toma de conciencia de vastos sectores de la clase trabajadora china, imposible de dejar de ser tenida en cuenta por la central obrera.

En mayo de 2010, un centenar de trabajadores se sentaba a las puertas de una de las fábricas Honda, en el sur del país, y continuaba con una huelga que había empezado diez días antes. Estos ejemplos se han reproducido y expresan la nueva realidad de China. Mucho se habla de estas nuevas expresiones de la conflictividad laboral china, particularmente en el movimiento sindical internacional. Hay quienes piensan que la nueva realidad del sindicalismo chino expresa algo nuevo para nada vinculado al pensamiento y la acción histórica y tradicional de la ACFTU. La nueva impronta, según ellos, viene directamente desde las bases, sin intervención de la central y, muy por el contrario, la ACFTU reniega de apoyar estos movimientos y hasta ignora la represión que cae sobre ellos.

Esta, y otras protestas, significaron un cimbronazo al interior de la ACFTU que le permitió readaptarse al nuevo contexto y empezar a ganar terreno, motivada por señales que provenían de sus propias bases y de realidades sindicales nuevas, funcionales a los nuevos mercados de trabajo emergentes, no sindicalizadas mediante los mecanismos tradicionales.

Sin caer en el otro extremo y siendo conscientes de la situación por la que atraviesan vastos sectores de trabajadores, parece un poco inocente creer que la ACFTU no ha tenido, ni tiene, injerencia con las manifestaciones conflictivas descritas. No sería extraño que una central histórica, que ha debido construir balances, complejos y difíciles de entender en estas latitudes, entre su cada vez mayor masividad y su vinculación con el partido de gobierno y el Estado, posea cierta sensibilidad y experiencia respecto a la posible irrupción de conflictos en sectores de la economía china, y que los mismos se produzcan con cierta actitud de "laissez faire" y, hasta cierto aval por parte de la central obrera, cuidando, al mismo tiempo, no comprometer la política económica que le permitió a China crecer como lo hizo y que su mercado de trabajo pudiese absorber la enorme cantidad de chinos que migraron del campo a la ciudad. Para 2009, información no verificada da cuenta de alrededor de 30.000 conflictos colectivos laborales. Parece difícil que la central obrera no haya tenido relación ninguna con este nivel de conflictividad. Esta es la sensación que me quedó en oportunidad de la visita de UNI a China, conversando con la cúpula de la ACFTU, cuando se les preguntó por el conflicto de Honda. ¿Por qué no pensar que la nueva conflictividad laboral en China implica para la ACFTU cierta válvula de escape de un mercado de trabajo probablemente de difícil penetración y con características etarias y sociales distintas a la mayoría de la membresía de la central obrera? Puede ser así o no. Lo real es que es muy probable que el futuro del sindicalismo chino sea producto, al fin y al cabo, como todo, de líneas de continuidad y líneas de cambio. Es muy grande China y es muy grande su central sindical como para pensar, miopemente, que las cosas se desarrollan en forma unívoca y sin dinámica en su interior y, fundamentalmente, en su exterior.

Resulta paradojal o, por lo menos, interesante observar que al tiempo que se producían este tipo de conflictos, con la gradualidad que caracterizan las transformaciones en china, los cambios en la orientación económica a partir de 2008 empezaron a mostrar sus consecuencias. Efectivamente, en 2010, las importaciones crecieron un 38%, por encima de las exportaciones que crecieron solo un 31,3%. El superávit comercial descendió, lo mismo que el saldo por cuenta corriente de la balanza de pagos. En diversos aspectos de la política económica se percibe una actuación de las autoridades que buscan empujar este cambio estructural: aumentos del salario mínimo, subvenciones al consumo de una serie de productos en las zonas rurales, progresiva extensión de los sistemas de Seguridad Social, etcétera.

Habiéndose incorporado China a la Organización Mundial de Comercio en 2001, solo quedaba su reconocimiento como economía de mercado, aspecto que tendría lugar quince años después de su incorporación. En diciembre de 2016, China fue reconocida como economía de mercado. La incorporación de China a la OMC tuvo, en la economía global, un impacto equivalente al de la caída del Muro de Berlín, en noviembre de 1989, en la geopolítica del planeta. En estos quince años, China se convirtió en la segunda potencia económica global, a punto de convertirse (si no se convirtió ya) en la primera. En los últimos cinco años, China consumió más cemento que Estados Unidos en el último siglo. La mitad de las grúas que operan en el mundo trabajan, actualmente, en China. Pero esa presencia internacional de China no se agota en términos de compra y venta de productos ni de exportación ni importación de capitales. En 2015, 127 millones de chinos, salieron del país para constituirse en la demanda más relevante del turismo internacional.

El reconocimiento de China como economía de mercado tiene singular importancia. Admitida esta condición, cambian las reglas en la OMC respecto de las controversias por prácticas comerciales desleales. Hasta ahora, ante una demanda, China tenía que demostrar su inocencia. Como economía de mercado, los demandantes tendrían que demostrar la culpabilidad china.

La Federación de Sindicatos de toda la China, hoy

La Federación de Sindicatos de toda la China (ACFTU) está organizada sobre la base de una estructura piramidal, desde los comités y sindicatos en las empresas, los niveles locales, distritales, prefectorales, provinciales y nacionales. A partir de esta estructura, la organización se enfoca en los diferentes sectores a través de Comités Nacionales. La ACFTU se organiza en diez estructuras sectoriales, conocidas como Comités Nacionales. Estos son: en trabajadores de la educación, de la ciencia, de la cultura, de la salud y de los deportes; trabajadores de la pesca y de la construcción; trabajadores de la energía y de la química; trabajadores metalmecánicos y de materiales de la construcción; trabajadores de la industria de la defensa, postales y telecomunicaciones; trabajadores de las finanzas, del comercio, de la industria liviana, textiles y tabaco; trabajadores de la agricultura, de la forestación y de la conservación del agua; trabajadores ferroviarios y trabajadores de la aeronavegación.

Los miembros aportan una cuota sindical del 0,5% de sus salarios mínimos. En China, también las empresas aportan un 2% del total de su respectiva nómina de trabajadores, independientemente de la cantidad de afiliados a las organizaciones. Se estima que, para 2012, la ACFTU poseía 400.000 integrantes de *staff*.

A partir de 2008, la prioridad fue la implementación de la nueva ley de contrato de trabajo. Esta ley es considerada un mojón en la historia de las relaciones laborales chinas porque otorga a los trabajadores chinos el derecho a un contrato de trabajo y a la negociación colectiva. Una de las tareas prioritarias de la central es, precisamente, la aplicación efectiva de la nueva legislación a partir de la realidad de aquel entonces: 37.000.000 de trabajadores sin contrato o con contratos de baja densidad. La ACFTU ha tenido que reestructurarse para poder organizar y negociar en el proceso de transformación económica, particularmente, a partir de la crisis económica de 2008. Los temas centrales que ha encarado ACFTU en estos últimos años son: la Campaña de Fortune 500, trabajo precario, negociación colectiva, creciente demanda interna y responsabilidad social empresaria, entre otros. En 2004, la ACFTU adoptó un plan para organizar a las 500 empresas top en China.

Para 2011, el progreso ha sido importante pero extremadamente duro, particularmente por la resistencia de las multinacionales. Para este trabajo, la ACFTU debió modificar su visión de la cuestión organizativa. Abandonar sus tesis y prácticas de codecisión tradicional con el *management* de las empresas. Esta forma de trabajo era funcional a otro tipo de economía y, fundamentalmente, a otro tipo de microeconomía. El peso de la nueva estrategia, invariablemente, recaería más y más en los propios trabajadores. Esta mutación ya venía produciéndose desde 1978 pero, en esta etapa, se profundizaría. La central se avocó cada vez más a planificar, informar, educar y organizar para la protesta.

La experiencia con Walmart fue ardorosa. Explicar las ventajas de la sindicalización, contratar organizadores locales, promover activistas y utilizar las estructuras locales. Líderes locales fueron electos democráticamente enfrentando candidatos ofrecidos por los empleadores. Después de la resistencia inicial de la empresa, el sindicalismo chino triunfó. La ACFTU observó que, después de su triunfo, la campaña de organización se desplegó como fuego en la pradera. En menos de dos meses, la campaña se desarrolló con mucha fuerza en Carrefour, Kentucky Fried Chicken, McDonald's, Kodak, Dell, Motorola, Nestlé y Foxcomm Technology Group. Debieron usar nuevas tácticas. Frente a las amenazas de las empresas de relocalizarse en las provincias del interior, debieron coordinar con los sindicatos locales y con la ACFTU nacional. Una amenaza como esta se enfrentó con una estrategia común de la central. La ACFTU construyó una base de datos que informa con precisión cuando, donde y quien está organizado o en proceso de organización y cuáles son los planes.

Para 2013, los casos más difíciles, las cuatro grandes compañías: KPMG, Deloitte, Ernst & Young y Pricewaterhouse, han establecido una alianza y se oponen fuertemente a los esfuerzos organizativos de la ACFTU.

Para esta época, los informes de la ACFTU dan cuenta de un enorme avance organizativo. Con relación al trabajo precario, en China existen 240 leyes laborales y alrededor de 600 regulaciones administrativas: todo un sistema legal con una ley de contrato laboral como base. Sin embargo, estas leyes han sido y son quebrantadas sistemáticamente. De esta realidad surgen las protestas obreras de los últimos tiempos en China.

La ACFTU ha iniciado una campaña para modificar estas normas y hacerlas más efectivas. En relación con la negociación colectiva, ha habido importantes avances en los últimos años en China. Se calcula que hay, aproximadamente, entre tres y cuatro millones de acuerdos colectivos vigentes en China hoy. La central tiene una guía de acción para la promoción de la negociación colectiva.

El movimiento sindical chino tiene delante de sí una enorme tarea: elevar la densidad de la negociación colectiva y la calidad de vida de los trabajadores chinos y acompañar, con su compromiso político, el proceso de instalación de la economía social de mercado para construir trabajo decente. El movimiento sindical internacional deberá profundizar su relación con el sindicalismo chino si quiere que el proceso unitario comenzado en 2006 resulte en un sindicalismo internacional capaz de aceptar el pluralismo en un mundo en transición que debe construir un modelo de justicia social, solidaridad, democracia económica y trabajo decente. Será necesario, para ello, respetar las velocidades y vías de fortalecimiento que cada sindicalismo se propone llevar adelante.

Resulta pertinente, finalmente, recurrir a un interesante párrafo del trabajo de Rafael Poch de Feliu sobre China. Dice textualmente:

> En materia de abusos laborales, en 2003, el Premio americano Livingston se concedió a un corresponsal del *Washington Post* en Pekín por su descripción de los abusos laborales en China. Este tipo de premios son crónicos y merecen todo respeto. El periodismo de los grandes medios escritos de Estados Unidos es, técnicamente, envidiable, como deplorable son las causas a las que suele contribuir; pero aquí lo curioso es recordar que en Occidente la denuncia del abuso laboral raramente es objeto de premio periodístico. Al *Washington Post* y al *Wall Street Journal*, les tiene bastante sin cuidado la suerte de los obreros y desocupados en su propio país, incluso en el mundo en general, un tema que nunca estará de moda en la industria mediática corporativa. En China, los obreros, su salud, seguridad social, sus sindicatos y hasta la presión arterial de sus

ancianas madres, como quien dice, les importa a todos ellos. En China todos los medios occidentales son "laboristas".

Sería, por lo menos, interesante que apareciera en algún medio de los mencionados, que el 17 de noviembre de 2016, en ocasión de la realización del Foro Mundial de la Seguridad Social en Panamá por parte de ISSA, la Asociación Internacional de la Seguridad Social, China obtuvo el Premio a los Logros Destacados:

- Entre 2008 y 2015 aumentó el 20% el gasto público en seguridad social.

- Entre 2010 y 2015 las pensiones pasaron de 360 millones a 858 millones.

- El seguro de salud se extendió de 317 millones, en 2005, a 1300 millones, en 2015.

En 2013, China puso en marcha un proyecto muy ambicioso inspirado en las antiguas rutas de la seda. El Presidente Xi Jinping fue el encargado de su lanzamiento durante una visita al vecino Kazajistán, y la mayor parte de los observadores, en aquel entonces, creyeron que solo se trataba de retórica. No obstante, China avanzó de manera imperturbable, lanzó una ofensiva diplomática y efectuó inversiones multimillonarias en proyectos relacionados con el "gran plan". Esta iniciativa comprende el desarrollo de una serie de corredores económicos mediante la construcción y ampliación de carreteras, vías férreas de alta velocidad, puertos, aeropuertos, plantas de energía, redes eléctricas, líneas de transmisión de datos y otras obras de infraestructura. Los corredores llegarían a formar parte de extensas redes logísticas, de transporte y de producción, cuya meta es profundizar los vínculos económicos entre China, Asia central, Mongolia, Rusia y Europa, y entre China, Asia Oriental, meridional y suroriental. Eurasia se convertiría en una zona interconectada y entrelazada. La magnitud del proyecto es enorme: unos sesenta y cinco países están directamente relacionados con el proyecto de las nuevas rutas de la seda y, en la esfera de influencia, hay muchos más. Estos países representan 4.000 millones de habitantes, representan un tercio de la producción mundial y el 35% del comercio mundial. El plan tiene dos objetivos visibles. Por un lado, el desarrollo económico hacia el oeste, teniendo en cuenta que el gran despliegue económico chino se sustentó en las zonas costeras del este pero, al mismo tiempo, también en la apertura de un corredor marítimo hacia el Pacífico. Ambos objetivos tienen un fuerte componente de seguridad.

China continúa imperturbable con un crecimiento, aunque aparentemente más lento, de una enorme potencia, acompañada de una mirada de la globalización distinta de la construida, hasta el momento, sin resignar su pertenencia a un mundo turbulento, que la ha puesto, y parece absolutamente consciente de ello, en un lugar estratégico que podría ser un punto de partida para disipar las incertidumbres de la época.

3. ¿Crisis en el sistema de Naciones Unidas? El Grupo de los 20 (G20)

Por qué nos interesa

Existe todavía un debate, entre otros tantos, en los movimientos sindicales nacionales, acerca de la importancia de practicar una política de relaciones internacionales por parte de los sindicatos, aunque, afortunadamente, se trata, cada vez más, de en qué escalón de la agenda prioritaria actual ubicar esa práctica y como redefinirla en los actuales tiempos globales. Argentina y la región no son ajenas a este debate. Esto tiene que ver con diversas cuestiones que escapan a este trabajo pero, aquí, identifico tres en las que sí me parece importante detenerse.

La primera es la fuerte atracción de las problemáticas nacionales y locales que deben enfrentar las organizaciones sindicales cotidianamente. Por cierto, no se trata de cuestiones menores. Las relaciones con las empresas, las negociaciones salariales, el establecimiento de convenios colectivos, el tratamiento del conflicto cuando este se manifiesta, el reclamo laboral administrativo y/o judicial, la administración de los servicios sindicales, las relaciones con los poderes fácticos, la administración de la organización sindical, el sostenimiento financiero y económico de las estructuras, la cuestión política doméstica, etcétera, no son cuestiones menores y las más de las veces ocupan, no sin razón, la mayor parte de las preocupaciones y agendas cotidianas de las conducciones sindicales. Los momentos de crisis económicas y políticas suelen aportar, también, a este ensimismamiento local en forma contundente.

La segunda se relaciona a cierto tipo de sentido de autosuficiencia de algunos movimientos sindicales, el nuestro entre ellos, y que se sustenta en una sensación de poder que se ostenta y basa en datos objetivos e históricos de la realidad aunque percibidos como determinantes para la obtención de éxitos en las temáticas mencionadas en el párrafo anterior, en detrimento de lo que, eventualmente, pudiera aportar, para ello, unas relaciones internacionales que se ubiquen en un mismo escalón respecto a las herramientas que se utilizan para la consecución de esos éxitos.

La tercera, finalmente, son los ámbitos de participación de los movimientos sindicales nacionales en su actividad internacional. Particularmente, me refiero a los hoy denominados Sindicatos Globales, la que agrupa a la mayor cantidad de centrales sindicales nacionales del mundo, la Confederación Sindical Internacional y los que agrupan a los sindicatos nacionales por sector, las Federaciones Sindicales Internacionales. Es común escuchar quejas por cierta lejanía de estas con relación a las problemáticas nacionales y hasta, en algunos casos, disidencias de tipo político respecto a su inserción en el escenario internacional y/o a sus metodologías de acción. En algunas oportunidades, la lejanía se produce, también, por la no comprensión exacta del papel y el rol que juegan las organizaciones sindicales internacionales por parte de los sindicalismos locales.

Estas tres cuestiones, aun estando basadas en elementos ciertamente fundados y que tienen explicación, no justifican, menos hoy, la no adopción de una estrategia internacional de los movimientos sindicales nacionales. Cuando hablamos de una estrategia internacional no nos referimos a la existencia de una determinada secretaría o área dedicada al tema o a la presencia de un dirigente específico que se dedica al mismo, aunque la consideremos imprescindible, sino a la asunción de una estrategia que cumpla con una diversidad de objetivos en un mundo interdependiente, cuyos componentes impactan fuertemente en los mercados de trabajo locales, nacionales y regionales y que requieren de una dedicación de la organización sindical nacional articulada y yuxtapuesta en sus actividades y su gestión sindical, con el campo internacional.

Es así como, la vinculación con la acción sindical internacional ha sido, en nuestro caso, hasta hace algunos años, irregular, fragmentada, esporádica y carente de brújula. Para colmo, el sindicalismo internacional fue iniciando un proceso de transformaciones en los últimos treinta años que lo ubican en un estadio de desarrollo cualitativamente superior al de décadas anteriores. Las mismas relaciones internacionales adquirieron otra vorágine, acompañadas de otros componentes y hojas de ruta. El internacionalista Juan Gabriel Tokatlian plantea que es menester "contemplar a los actores no estatales (verbigracia, los sindicatos) como unidades de análisis significativas, dada su ascendente relevancia en el escenario internacional".

Al mismo tiempo, Susan Strange, citada, en este caso, por el mismo Tokatlian, considera a las fuentes de poder como una estructura compleja de cuatro elementos: seguridad, conocimiento e información, finanzas y producción. Dice Strange que "tener control sobre estos elementos implica tener poder estructural". Dos de estos componentes tienen relación directa con las organizaciones sindicales en su proyección e inserción internacional: el conocimiento e información y la producción. Ambos están en el centro de preocupaciones del sindicalismo internacional y lo deberían estar en el centro de los sindicatos nacionales y locales. Además, la referencia a la producción como fuente de poder, cuestión históricamente vinculada al poder sindical, continúa siendo un componente nuclear de las relaciones del sindicalismo con el resto de la sociedad y de las potencialidades de este en términos de incidir en procesos sociolaborales y económico-políticos. Se completa esta aproximación con la existencia de una dinámica de poder generadora de una continua fluctuación entre tendencias locales y globales. Esto es, el poder se desdobla y juega un rol en el centro de esta dinámica y en sus extremos local y global. También, se vinculan estos dos elementos con el actual debate sobre el futuro del trabajo, un futuro que ya es presente y que se ha convertido en estos últimos tiempos en tema obligado en los seminarios, talleres y *workshops* de algunas Federaciones Sindicales Internacionales (por caso, la UNI), la CSI y los sindicatos europeos, incidiendo en el listado de las Iniciativas del Centenario de la Organización Internacional del Trabajo que se cumplirá en 2019.

Volviendo a las cuestiones mencionadas al inicio, algunas referencias pueden ayudar a comprender la importancia de un involucramiento cualitativo mayor en el campo internacional por parte de los sindicalismos nacionales en sus diversos niveles.

Es real que la complejidad de la gestión sindical en sindicalismos como el nuestro, o el brasilero, insume una enormidad de tiempo y dedicación. Sin embargo, repasando esa complejidad, casos como el de la atención de los servicios sindicales, como la salud y la formación sindical, tienen, hoy día, una fuerte implicancia en la realidad global: la salud, junto con la energía y los alimentos, forman parte de los insumos más caros en la economía global, y los cambios tecnológicos y de *management*, en los sistemas sanitarios y de cuidados de las personas son fuertemente influidos e impactados por los cambios culturales que resultan de la globalización. Lo mismo ocurre con la formación profesional. El debate sobre la misma discurre en forma paralela a la importancia de los cambios en el trabajo y sus formas, que mencionamos precedentemente, y es parte sustancial de la agenda sindical internacional. Los intentos en ámbitos de integración regional de lograr conformar, con países vecinos, protocolos regionales de formación profesional, como es el caso del Mercosur, es un ejemplo, entre otros, de la trascendencia global y/o regional de este tema. El tratamiento del conflicto en las empresas multinacionales y en las que integran, eventualmente, las cadenas de valor de la economía actual, también trasciende las fronteras nacionales. Un tratamiento de estas temáticas vinculado a la acción sindical internacional, que implican experiencias de buenas prácticas, conocimiento de normativas internacionales, aprovechamiento del rol de las instituciones internacionales, entre otras cosas, implicaría valor agregado a la acción local y nacional, al tiempo de posibilitar el aprovechamiento de las experiencias propias, que no son pocas, por parte del sindicalismo internacional.

En un mundo tan complejo y sujeto a mutaciones transicionales severas no hay autosuficiencias que valgan. La señal de identidad de esta etapa es la interdependencia. Y en materia sindical más aún. En el caso nuestro, pareciera escasear una visión geopolítica estratégica. América, muy a pesar de su rica historia sindical, muestra hoy tasas de sindicalización bajas, la mayoría de ellas de un dígito. De estos promedios solo se salvan Argentina, Brasil y Uruguay en nuestro hemisferio. Una lectura sesgada de esta afirmación pareciera indicar que los movimientos sindicales de Estados Unidos y Canadá, Centroamérica y el Caribe y la región andina están en una situación de debilidad alarmante. Y es cierto, lo están. Sin embargo, los ataques más profundos a los sistemas legales protectores del trabajo, a la práctica de la negociación colectiva, a la representación sindical en la empresa, a los niveles salariales, como es el caso de Argentina, y a las propias organizaciones sindicales, se producen, calculadamente, en el Cono Sur. La existencia de sindicalismos relativamente fuertes, como es el caso de Argentina y Brasil, se convierte en un obstáculo para la puesta en marcha de planes económicos que necesitan mercados de trabajo desregulados y con escaso o nulo poder de negociación de los trabajadores a través de sus sindicatos. La conclusión parece cantada: la solidaridad y la cooperación internacional para levantar las densidades sindicales y de negociación colectiva de las regiones mencionadas con anterioridad aparecen como vitales si se quiere proteger lo que se tiene. De allí que una política sindical internacional pasiva no es útil. Una política sindical encerrada en las fronteras nacionales lo es menos. Una mayor interrelación, cooperación y solidaridad internacional fortalece al sindicato nacional, lo hace visible al mundo, le permite ingresar en las corrientes del sistema sindical global y lo convierte en partícipe en la construcción de una gobernanza global más democrática. Lo eleva a la categoría de codecisor, y no solo de espectador de acontecimientos que impactan, irremediablemente, en los mercados de trabajo locales. Desde los aspectos relacionados con la investigación y el estudio hasta la resolución de conflictos laborales, encuentran en la participación internacional del movimiento sindical nacional una herramienta eficaz que complementa los instrumentos de la gestión sindical cotidiana.

En relación con las características de los sindicatos globales, en general, de nada sirven las críticas habituales que se les pueden hacer. Es necesario comprender su naturaleza y el rol que desempeñan. Los sindicatos globales no fueron creados para responder a las realidades nacionales y sus problemáticas específicas y cotidianas, en forma directa. Como lo vimos en capítulos anteriores, nacieron al calor de la necesidad primaria de hacer visible la situación de la clase trabajadora en estado paupérrimo en los albores del capitalismo industrial a nivel mundial, desarrollándose más tarde en la idea de coordinar la solidaridad y la cooperación internacionales y, finalmente, en la actualidad para interactuar y gestionar unas relaciones sindicales globales en varios niveles y con nuevas herramientas e instrumentos para operar en una realidad de cambio y degradación de la sociedad de trabajo. No se puede esperar de los sindicatos globales lo que ellos no están preparados para ofrecer. Sin embargo, lo que pueden ofrecer es pasible de ser complemento de la acción local y/o nacional.

Las relaciones que los sindicatos globales han establecido con las empresas multinacionales y las cadenas globales y regionales de valor, independientemente de las situaciones de conflicto o diálogo social y negociación que pudieran existir, pueden ser útiles a la hora de resolver un conflicto local. Lo serán menos en aquellos lugares donde la estructura sindical y la negociación colectiva han tenido la oportunidad de desarrollarse y resistir los embates del poder económico concentrado y viceversa, lo serán más en realidades más débiles. En estas últimas la presencia activa de un sindicato global puede significar un vaso de agua en medio del desierto.

Asimismo, ¿quién y cómo se defiende el valor del trabajo argentino o regional en el mercado mundial? ¿Cómo se interviene para mantener el precio de los productos argentinos y de nuestra subregión en el contexto del comercio internacional? ¿Cómo garantizar la vigencia de derechos fundamentales en el trabajo a escala mundial? He encontrado respuestas erróneas a estos y otros interrogantes en algunos movimientos sindicales de la región. Disminuir el valor de algunas agencias internacionales o sobrevalorar el papel de las constituciones y las leyes laborales no constituyen una estrategia eficaz. Los organismos internacionales, como la OIT, solo por dar el caso de la agencia internacional más vinculada al mundo del trabajo, no son órganos perfectos dedicados a la bondad humana. Han permitido hacer visible, con un movimiento sindical activo, situaciones de flagrante violación de derechos humanos, fundamentales en el trabajo, por parte de países que debieron corregir sus políticas ante la comunidad internacional, caso Colombia o Myanmar, entre otros. El proceso constitucional de América Latina de los últimos años ha sido, desde el punto de vista de su contenido social, en términos generales, satisfactorio. Las legislaciones laborales no le van en zaga, como el caso Uruguay, Chile, Brasil y Argentina (en estos últimos dos casos, particularmente el caso de Brasil, con retrocesos peligrosos últimamente y lo mismo en Argentina). No obstante, todos sabemos la distancia que existe entre la norma vigente y su cumplimiento y las situaciones generadas a partir de realidades de desempleo y subempleo que despliegan flexibilidades laborales de hecho, las más de las veces, unilaterales y con una legislación vigente positiva pero escasamente desplegada y utilizada. Paraguay tiene la constitución más avanzada en materia social, pero su mercado de trabajo ostenta una informalidad que asusta, trepando, según algunos analistas, al 80%.

Para contestar las tres preguntas del párrafo anterior es menester comprender el valor de la participación sindical internacional y, para ello, conocer cómo se juega el "ajedrez mundial" y en qué escenarios. Es vital conocer que existe un sistema internacional, que el mismo se encuentra en transición y que hay un rol, en el marco de la participación en las organizaciones sindicales internacionales, a jugar en él.

Naciones Unidas, ¿hacia dónde?

La primera referencia que cualquier persona tiene sobre la cuestión internacional es la existencia de un organismo o institución internacional denominado Naciones Unidas. Es la institución paradigmática del sistema internacional. Pero veamos cómo era el sistema internacional antes de la existencia de las Naciones Unidas, nacida en 1945, al finalizar la Segunda Guerra Mundial. En primer lugar, la consideración de las relaciones internacionales como ciencia que se ocupa de estudiar la realidad y los problemas internacionales constituye un fenómeno muy reciente, que se inicia en los países anglosajones en el período entre las dos guerras mundiales. Esto significa que, solo después de la Primera Guerra Mundial, surge una disciplina que se enfrenta a la realidad y a los problemas internacionales desde una óptica y con unos planteamientos que pretenden ser globales y no particulares o parciales. A partir de allí, entonces, se empieza a percibir que el tradicional sistema de estados que había venido funcionando desde el siglo XVI iba dejando paso a un nuevo sistema internacional con características y dinámicas diferentes, con la aparición de las "grandes potencias", luego superpotencias. El desarrollo de las ciencias sociales, en general, y la ciencia política y la sociología, en especial, también favorecen el desarrollo y replanteamiento de los estudios internacionales. Se podría decir que este nuevo escenario generaría expectativas de fuertes interdependencias mundiales por la crisis del modelo clásico de Estado-nación, por un lado, y un paso definido del conflicto traducido en violencia a la cooperación.

Todos sabemos, por lo acontecido a partir de la inestabilidad de los tiempos de entreguerras y de Guerra Fría, que esto último no fue así, por lo menos, en forma tajante. No obstante, al finalizar la Segunda

Guerra Mundial, aún en el marco de la instauración de la Guerra Fría, la idea de sociedad mundial se fue consolidando y se fue superando la tradicional reducción de las relaciones internacionales al estudio exclusivo del sistema de estados y del poder, de la guerra y de la paz.

Entonces, se podría resumir que, en la teoría de las relaciones internacionales, en los últimos trescientos años, un único paradigma ha dominado absolutamente el campo del estudio de las relaciones internacionales. Se trata del denominado paradigma tradicional, realista estado céntrico, que hacía del estado y del poder los referentes absolutos para el análisis de las relaciones internacionales. Desde finales de los años sesenta, han aparecido nuevos y remozados paradigmas, nuevas concepciones e imágenes del mundo que tratan de ser reflejo de los cambios experimentados por la sociedad internacional y tratan de ofrecer respuestas apropiadas a los nuevos problemas. Hay una enorme diversidad de concepciones alrededor del término "paradigma". Sigo la definición que lo establece como las "suposiciones fundamentales que hacen los especialistas sobre el mundo que están estudiando". Un paradigma solo cambia cuando cambian esas suposiciones fundamentales y solo aparece uno nuevo cuando aparecen nuevos postulados básicos sobre la realidad.

Es el paradigma denominado "realista", el que ha dominado las líneas maestras de la investigación y la interpretación de los fenómenos internacionales por más de trescientos años. Este paradigma ha girado alrededor de tres cuestiones claves: 1) las causas de la guerra y las condiciones de la paz-seguridad-orden; 2) los actores esenciales y/o las unidades de análisis; 3) las imágenes del mundo-sistema-sociedad de los estados. Sobre esta base se deduce que la toma de conciencia del cambio, que se ha producido en la sociedad internacional respecto de un pasado, que dio origen al paradigma tradicional ha conducido a la búsqueda de nuevos paradigmas capaces de dar adecuada cuenta de las nuevas realidades. Así, entonces, las teorías de las relaciones internacionales se multiplican por cuantos paradigmas intentan explicar el mundo y las relaciones internacionales que se derivan en las distintas etapas de su desarrollo.

Aún muy sintéticamente, resulta interesante tener una idea somera sobre las tres principales teorías, aunque siendo conscientes que no son las únicas y que, además, se encuentran, en distintos autores, interpretaciones distintas de cada una de ellas.

El paradigma tradicional, o realista, ofrece una visión de la sociedad internacional que determina su interpretación, caracterizada por tres postulados generales:

- Rígida separación entre la política interna y la política internacional. En esta última las motivaciones humanas no son relevantes.

- Los Estados y los estadistas son los actores fundamentales de las relaciones internacionales. Las relaciones internacionales son interestatales.

- Las relaciones internacionales son, por naturaleza, conflictivas.

El paradigma de la sociedad mundial o de la interdependencia pone énfasis en la importancia de la política trasnacional y en la dimensión económica y científico-técnica dejando de lado que las relaciones internacionales sean por naturaleza conflictivas y puedan interpretarse, exclusivamente, en términos de lucha por el poder. Los principales postulados de este paradigma son:

1. Creciente fenómeno de la interdependencia y de la cooperación. El modelo está basado más en factores culturales, tecnológicos y económicos que estrictamente políticos.

2. La aparición de nuevos actores, tanto intergubernamentales como no gubernamentales, de las relaciones internacionales.

3. Desaparición de la tradicional distinción y separación entre la esfera interna y la esfera internacional. El fenómeno de la interdependencia y la necesidad de atender a las demandas de desarrollo económico y social ha obligado al estado a abrirse cada vez más al exterior.

Los mayores exponentes de este paradigma son Nye y Keohane, norteamericanos ambos. En realidad, el paradigma es funcional a la política exterior de Estados Unidos que, en gran medida, responde a la necesidad de dar respuesta adecuada a los nuevos problemas de liderazgo económico que, en el nuevo contexto internacional, tiene que hacer frente ese país. Aunque se argumente que la existencia de las instituciones internacionales y los actores no estatales ha cambiado el panorama de las relaciones internacionales y se asegure que la seguridad nacional ha pasado a un segundo plano en la nueva realidad, es sabido que fueron los factores económicos, culturales y tecnológicos los utilizados para que Estados Unidos practique una política hegemónica en los años setenta, poniendo de manifiesto los intereses norteamericanos en las relaciones internacionales, que ahora, es cierto, no son escenario de guerras mundiales, ni las escaramuzas bélicas se desarrollarán en el marco de la distensión marcada por la Guerra Fría.

Finalmente, el paradigma de la dependencia es fruto, también, de la toma de conciencia de que la realidad internacional es mucho más compleja de lo que pretende el paradigma anterior, aunque su visión responde, a diferencia del anterior, a perspectivas ideológicas muy diferentes. Su centro de atención se plantea, principalmente, en términos de dependencia, es decir, en términos de desigualdad y dominación. Responde, especialmente, a una visión asimétrica de la interdependencia. Se lo puede calificar como neo-marxista. Su base es la teoría del imperialismo esgrimida en su momento por Lenin y los nuevos fenómenos que aparecen en las relaciones internacionales a raíz del proceso de descolonización y de la afirmación a nivel mundial del sistema capitalista. Su definición como neo-marxista lo diferencia del marxismo clásico porque, como teoría de las relaciones internacionales, ya vimos el origen occidental de las mismas. Solo empieza a cobrar forma teórica a partir del período de la distensión en el que comienzan a tener más influencia las problemáticas de las relaciones norte-sur por sobre las del este-oeste.

Las características más relevantes de este paradigma son:

1. La consideración del mundo como un único sistema económico dominado por el capitalismo trasnacional, generador de desigualdad global y de intercambio desigual entre el centro y la periferia.

2. La unidad de análisis principal es, en consecuencia, el propio sistema capitalista mundial.

Finalmente, la dinámica y los procesos del sistema se caracterizan en términos de conflicto y de explotación y dominación.

Los cimientos del sistema internacional contemporáneo

En los últimos tiempos, las diferentes teorías parecen haber iniciado un sólido camino en pos de su confluencia con algunos aspectos de cada una de ellas. Parece ser que los estudiosos de las relaciones internacionales comienzan a analizar la conflictividad del mundo contemporáneo desde un espacio teórico común, donde confluyen elementos y postulados de los extremos teóricos. Fulvio Attiná se refiere a esta situación indicando que, desde los años noventa, la Teoría de las Relaciones Internacionales se asemejó a un gran *melting pot* (crisol), en el cual las bases y los ingredientes principales se cedieron unos a otros sus componentes. Con diferentes nombres, la idea de un espacio teórico común que recoge elementos de las distintas visiones fue trabajado por numerosos autores, siendo usual la referencia a una "neo-neo síntesis" para hacer referencia a ese esfuerzo. Un ejemplo de una neo-neo síntesis es la que propone David Baldwin en torno a seis cuestiones: la anarquía internacional; la cooperación internacional; las ganancias absolutas versus las ganancias relativas; los objetivos del Estado; las intenciones versus las capacidades de los Estados; y las instituciones y regímenes internacionales.

En el planteo de Baldwin, la existencia de un estado de anarquía está fuera de discusión, aunque realistas y liberales difieren en torno a la importancia de la interdependencia y la institucionalización como atenuantes de esa situación; tampoco se debate sobre la posibilidad de cooperar internacionalmente, aunque sí sobre su probabilidad de ocurrencia y su vigencia en el tiempo; la búsqueda de "ganancias" por parte de los Estados, en sus interacciones con el exterior, están fuera de duda, aunque los liberales enfatizan en ganancias absolutas, mientras los realistas lo hacen en ganancias relativas; realistas y liberales coinciden en la importancia de la seguridad nacional y el bienestar económico, con los realistas privilegiando lo primero y los liberales lo segundo; ambas escuelas valoran las intenciones y capacidades de los conductores del Estado, pero los realistas critican el énfasis liberal en las intenciones, optando por priorizar las capacidades; finalmente, realistas y liberales valoran las instituciones y los regímenes, aunque los realistas les otorgan menor incidencia que los liberales en la mitigación de la anarquía.

Tanto las relaciones internacionales como el derecho internacional han ampliado sus esquemas teóricos gracias al fenómeno de la globalización y, con esto, han dado paso al estudio de nuevas unidades de análisis, esto es, nuevos actores internacionales y nuevos sujetos de derecho internacional que intervienen en el sistema internacional. El fenómeno de la globalización ha influido en el surgimiento, y posterior estudio, de nuevos actores internacionales, tanto desde el punto de vista del derecho internacional como desde la teoría de las relaciones internacionales. Se concluirá que la teoría actual de las relaciones internacionales no puede limitar el ejercicio del poder político a las entidades estatales que tradicionalmente lo han detentado, pues gracias a la gran influencia del mercado, los flujos de capitales y los medios de comunicación, nuevos entes internacionales, van a ser también detentores del poder político internacional e influenciarán decididamente en la estructura del sistema internacional. Como es sabido, la globalización es un proceso de ambiente económico, cultural, social y tecnológico que coadyuva en la creciente comunicación y relaciones entre los distintos países del mundo, unificando sus mercados, costumbres y toda la sociedad a través de una serie de políticas que les dan un sentido global. El término de globalización, por impreciso y ostentoso que resulte, ha hecho fortuna y ha desplazado a sus competidores, como internacionalización o mundialización, además, solo empieza a emplearse a principios de los años noventa, como sustituto del concepto "interdependencia", vigente desde los años setenta en las relaciones internacionales. Ahora bien, teniendo en cuenta el concepto de Relaciones Internacionales como una disciplina que trata asuntos en materia jurídica, diplomática y económica de un país, se debe manejar un enfoque del mundo globalizado, analizar los vínculos entre las naciones como unidad, además considerar la compenetración local con lo global, las guerras, las alianzas militares, las relaciones diplomáticas, la cooperación estatal al desarrollo, la coordinación internacional de las políticas económicas, son solo alguno de los ejemplos. En gran medida, la globalización responde, precisamente, al tránsito desde unas relaciones internacionales tradicionales, básicamente inter-estatales, y basadas en la consecución de objetivos nacionales, a otras en las que la sociedad civil invade en la escena y los Estados atienden también a la necesidad de proveer bienes públicos globales.

Sin entrar en demasiados detalles sobre la globalización, porque ya lo hemos hecho en diferentes partes de este trabajo, conviene señalar que esta breve síntesis sobre las diferentes teorías esbozada en los párrafos precedentes permite conocer, aunque más no sea sintéticamente, como los teóricos han construido una mirada sobre la organización del mundo y como ese mundo se interrelaciona, establece sus hegemonías, desarrolla prioridades de geopolítica de acuerdo a cada época y diversifica sus miradas paradigmáticas sobre las cuestiones de la política internacional, la economía y, fundamentalmente, las problemáticas que se le presentan al hombre y a las sociedades, más allá del marco de las propias naciones y del poder de las mismas en relación al resto.

Volviendo a las Naciones Unidas, entonces, es necesario reconocer la apertura de nuevos horizontes a partir de 1945. Está claro que su nacimiento obedeció a un intento, como lo manifiesta su propio "Preámbulo", de

> Preservar a las generaciones venideras del flagelo de la guerra que dos veces durante nuestra vida ha infligido a la Humanidad sufrimientos indecibles y de comprometerse a:
>
> • reafirmar la fe en los derechos fundamentales del hombre, en la dignidad y el valor de la persona humana, en la igualdad de derechos de hombres y mujeres y de las naciones grandes y pequeñas,
>
> • crear condiciones bajo las cuales puedan mantenerse la justicia y el respeto a las obligaciones emanadas de los tratados y de otras fuentes del derecho internacional,
>
> • promover el progreso social y a elevar el nivel de vida dentro de un concepto más amplio de la libertad,
>
> • practicar la tolerancia y a convivir en paz como buenos vecinos,
>
> • unir nuestras fuerzas para el mantenimiento de la paz y la seguridad internacionales,
>
> • asegurar, mediante la aceptación de principios y la adopción de métodos, que no se usará la fuerza armada sino en servicio del interés común, y
>
> • emplear un mecanismo internacional para promover el progreso económico y social de todos los pueblos,
>
> Hemos decidido unir nuestros esfuerzos para realizar estos designios.
>
> Por lo tanto, nuestros respectivos Gobiernos, por medio de representantes reunidos en la ciudad de San Francisco, que han exhibido sus plenos poderes, encontrados en buena y debida forma, han convenido en la presente Carta de las Naciones Unidas y, por este acto, establecen una organización internacional que se denominará las Naciones Unidas.

Los pasos tomados, desde entonces, han sido pequeños, dubitativos y limitados, aunque es necesario observar ciertos aciertos en su funcionamiento: procesos de descolonización, lucha contra el apartheid, misiones de mantenimiento de la paz, desarrollo y extensión del imperio de la ley, promoción de los derechos humanos, empoderamiento de género, asistencia a refugiados, acciones colectivas frente a problemas comunes como la depredación de recursos y la degradación medioambiental. Desde 1945, Naciones Unidas ha establecido un cuerpo de normas para estigmatizar la agresión, como la guerra, que antes era entendida como normal en la relación entre los estados. Se podría argumentar que el mundo es un mejor lugar y menos sangriento con la existencia de las Naciones Unidas que sin ella. Naciones Unidas ha establecido, en los años de la globalización, primero los Objetivos de Desarrollo del Milenio. Algo respecto a esto hemos comentado en la "Introducción". Y, últimamente, Naciones Unidas ha adoptado la Agenda 2030 de Desarrollo Sostenible en la que se observan diecisiete objetivos a ser alcanzados para el año 2030; estos objetivos tienen dos particularidades. La primera es que cada objetivo trae sus metas, que totalizan 169. Y, la segunda, es que aparece, como uno de ellos, el Trabajo Decente, ausente en los Objetivos del Milenio.

No obstante, Naciones Unidas ha estado lejos de las promesas, demandas y expectativas generadas. Los fundadores la crearon con una Asamblea General como el foro de elección de las discusiones sobre los problemas del mundo, resolviendo disputas y articulando normas globales. Asimismo, un Consejo de Seguridad se encarga del mantenimiento de la paz y las Agencias Especializadas se dedican al tratamiento de los problemas técnicos trasnacionales y, por último, la oficina de la Secretaría General que dirige la vasta maquinaria suave y eficientemente.

Las respuestas a la diversidad de problemáticas planteadas, antes y desde su creación, no han sido rápidas, efectivas ni uniformes como se esperaba que fueran y, sin lugar a duda, los paradigmas y el poder que les ha dado sustento económico y político han influido en las características de su accionar. Solo observar el desvío de los objetivos iniciales de algunas de sus instituciones especializadas como, por ejemplo, el Fondo Monetario Internacional. Existen, además, elementos que no pronostican un aumento de la confianza, que una organización de esta naturaleza y propósitos debería generar. Autores autorizados hablan de una distancia considerable entre legalidad y legitimidad en sus procedimientos respecto a sanciones, el uso de la fuerza, la no proliferación nuclear y el desarme y la elección del Secretario General, entre otros mecanismos de funcionamiento de la propia Naciones Unidas en el esquema del Consejo de Seguridad y el derecho a veto de sus integrantes permanentes. Estos elementos alcanzan para comprender que estas organizaciones no son neutras, ni mucho menos perfectas. Al mismo tiempo, como me lo comentara en alguna conversación el ex Embajador argentino ante Naciones Unidas, el Doctor Jorge Argüello, en alguna charla informal, la mitad de los niños del mundo se vacunan gracias, precisamente, a Naciones Unidas.

La ONU ha intentado, en diversas ocasiones, aprobar una reforma profunda en su seno para corregir los problemas que genera una estructura diseñada durante la Segunda Guerra Mundial, pero los desacuerdos entre Estados miembro han impedido, hasta la fecha, alcanzar un consenso. Aunque varios países de la ONU han instado a los sucesivos Secretarios Generales, para que aceleren el lento proceso de transformación, su éxito depende de la voluntad política de los Estados miembro.

El proceso de reforma estructural de las Naciones Unidas comenzó en 1992 con, el entonces secretario general, el egipcio Butros Ghali, quien intentó simplificar las actividades de la organización definiendo las funciones de cada órgano. Esa propuesta se centraba en el fortalecimiento de la gestión, la simplificación burocrática y el reforzamiento de la Secretaría mediante modificaciones en los reglamentos, los sistemas y la cultura de la organización. Sin embargo, fue su sucesor, el ghanés Kofi Annan, quien concretó, en 1997, todas las iniciativas anteriores en "Renovación de las Naciones Unidas: un Programa de Reforma". Con el objetivo de mejorar el desempeño de la ONU, el documento demandaba la simplificación administrativa, una mayor transparencia en los gastos, la rendición de cuentas y el refuerzo en la capacidad del secretario general. En respuesta a la solicitud de demandas que los Estados miembro formularon, por primera vez, en el documento final de la Cumbre de 2005, el mismo Kofi Annan presentó, un año más tarde, una iniciativa destinada a fortalecer la gestión y la rendición de cuentas de la organización. Aunque no se aprovechó la oportunidad histórica de aprobar modificaciones concretas, se sentaron las bases para seguir profundizando en un proceso reformista que busca la preservación del equilibrio entre los diversos órganos que componen la entidad. El objetivo de la reorganización pendiente se centra en la armonización de los procedimientos y métodos de trabajo del

Consejo de Seguridad, de la Asamblea General, del Consejo Económico y Social y de otros comités. La cuestión de la revisión de la composición del Consejo de Seguridad, máximo órgano de decisión de la ONU, fue formulada en 1979, pero hasta finales de diciembre de 1993 no se estableció un grupo de trabajo para examinar esta posibilidad

Fue el propio Annan quien lanzó un programa de reformas oficiales, poco después de empezar su primer término, el 1 de enero 1997. El 21 de marzo 2005, presentó un informe sobre el proceso nombrado "En mayor libertad".

Un cambio frecuentemente discutido en la estructura de la ONU es cambiar la membrecía permanente del Consejo de Seguridad, la que refleja la estructura de poder del mundo de 1945. Existen varias propuestas, principalmente de los países del G4, el grupo Uniting for Consensus (Unidos para el Consenso) y el ex-secretario general, el mismo Kofi Annan.

En otro nivel, existen llamadas para reformar la administración de la ONU (típicamente llamado el Secretariado de las Naciones Unidas) para que sea más transparente, más responsable y más eficiente, incluyendo la elección directa del Secretario General por la gente común. Reformas al Secretariado y la administración raramente reciben atención en los medios, aunque entre la organización existe debate sobre estos temas. El Secretariado tiene, aproximadamente, 30.000 personas en el mundo, 35% en las sedes. Ellos deben responder a las decisiones por los Estados miembro en el Consejo de Seguridad y en la Asamblea General de las Naciones Unidas.

Entre los esfuerzos más notables del Secretariado, desde 2005, se encuentra el informe del ex Secretario General Invirtiendo en las Naciones Unidas, de marzo de 2006, y de la Revisión comprensiva de gobernanza y supervisión entre la ONU, de junio de 2006. Del lado de los Estados miembro existe la Iniciativa de Cuatro Países, un proyecto cooperativo por parte de Chile, Sudáfrica, Suecia y Tailandia para promocionar reformas de gobernanza y administración, buscando mayor transparencia y contabilidad.

Otra demanda frecuente es que la ONU se vuelva "más democrática", que sea la institución central de una democracia mundial. Esto levanta preguntas fundamentales sobre la naturaleza y papel de la organización. Pero la ONU no es un gobierno mundial, sino un foro para los estados soberanos que permite debatir temas y determinar acciones colectivas. Una democracia directa consistiría en una elección directa del Secretario General, por los ciudadanos de los países democráticos, tanto como de los representantes a la Asamblea General. La implementación de votaciones basadas en la población también acarrea problemas de diversos de intereses para gobiernos de varios países. Ya que, entre las naciones que participan en ella, se incluyen democracias representativas tanto como dictaduras y otros tipos de gobiernos. Una Asamblea Parlamentaria de las Naciones Unidas es un anexo propuesto al Sistema de las Naciones Unidas que, eventualmente, permitiría una elección directa de miembros del Parlamento por ciudadanos de todas partes del mundo.

En el tema de financiación, Paul Hawken ha propuesta un impuesto sobre misiles, aviones, tanques y armas, dando a la ONU su presupuesto total, igual que pagar por sus esfuerzos de mantenimiento de paz alrededor del mundo, incluyendo la reubicación de refugiados y reparaciones a las víctimas de guerra.

El problema principal en la implementación de un impuesto sería encontrar aceptación. Aunque un sistema así podría encontrar aceptación entre algunos países, particularmente aquellos que han sido neutrales, sin un ejército activo como Costa Rica o con bajos gastos militares, sería impopular entre consumidores de armas. Esto va desde los Estados Unidos, que gasta 4% de su PIB en defensa, hasta países como Israel y Taiwán.

La Comisión sobre los Derechos Humanos de las Naciones Unidas fue criticada por las posiciones de alto perfil que dio a países miembros que no garantizaban los derechos humanos de sus propios ciudadanos. Parcialmente, por estos problemas, Kofi Annan en el informe "En mayor liberad" sugirió el establecimiento de un Consejo sobre los Derechos Humanos como un cuerpo subsidiario de la ONU.

Algunas provisiones de la Carta de las Naciones Unidas ya no son vigentes. "En mayor libertad" propuso eliminar estas provisiones:

- Dado que ya no existen territorios en administración fiduciaria, dicho Consejo ya no sirve a un propósito, y no se ha reunido desde 1994. Por ende, el Capítulo XIII de la Carta ya no es vigente, y puede ser eliminada.

- Dado desacuerdos de la Guerra Fría, el Comité de Personal Militar nunca logró su objetivo. Aunque, formalmente, sigue reuniéndose cada dos noches, ha sido efectivamente inactivo desde 1948. Por ende, el artículo 47, y la referencia a él en los artículos 26, 45 y 46 pueden ser eliminados.

- Las "clausulas enemigas" en artículos 53 y 107 contienen provisiones especiales relacionadas a miembros del Eje de la Segunda Guerra Mundial. Estos ya no son vigentes.

También existen otras provisiones de la Carta que tratan de arreglos transicionales y, por ende, ya están desactualizados. Por ejemplo, el artículo 61(3) y el artículo 109(3). Sin embargo, el documento no contiene propuestas con respecto a estas provisiones.

Dada la dificultad en enmendar la Carta, es improbable que estas provisiones desactualizadas serán enmendadas, a menos que sean parte de un paquete con enmiendas sustanciales, tales como la reforma del Consejo de Seguridad. Más allá, "En mayor libertad" propone que ciertas provisiones sean eliminadas, pero no hay un consenso total. Una escuela de pensamiento en particular sugiere que el Comité de Personal Militar podría tomar forma con Estados miembro reuniendo sus compromisos del artículo 45 para formular una fuerza para el mantenimiento de la paz debajo de la bandera de las Naciones Unidas.

El primero de enero de 2017, el portugués Antonio Guterres fue elegido Secretario General de Naciones Unidas por cinco años, renovables por otros cinco. En variadas oportunidades, los nuevos Secretarios Generales han declarado la necesidad de reformar el sistema de Naciones Unidas. Ahora bien, si los últimos Secretarios Generales declaran la necesidad de reformar el sistema de Naciones Unidas, han pasado más de setenta años desde su creación y un mundo nuevo ha emergido; si un número importante de países, básicamente en desarrollo, aún sin desligarse del sistema, no terminan de confiar en él, si otro número de países lo aborrecen y hasta oposiciones políticas ganan elecciones denostando a algunas de sus agencias, como el FMI o el Banco Mundial, si no ha podido o no ha sido capaz de preanunciar y equilibrar las tensiones generadas a partir de las crisis económicas, ni siquiera preverlas, si no ha sido capaz de frenar la escalada de guerras de nuevo tipo de esta época, resulta evidente que el sistema está en crisis. Parece muy generalizante afirmar la crisis del sistema porque el mismo está integrado por un número de agencias que, indudablemente, cumplen una tarea importante y no es conveniente subestimarlas.

Pero la reestructuración de lo que pretende ser un intento por vertebrar algún tipo de gobernabilidad en un sistema que ha pasado de ser mundial a ser global, lo que, como veremos, no es lo mismo, ha de ser un proceso, aunque gradual, profundo. Lo real es que las agencias del sistema viven en proceso de cambios y adaptaciones permanentes. Por tomar dos casos, conviene hacer una breve referencia a una de ellas, que, por razones lógicas tiene relación con nuestra actividad: la OIT. El restante caso tiene que ver con la cuestión económico-financiera.

La Organización Internacional del Trabajo

Guy Ryder fue elegido Director General de la Organización Internacional del Trabajo (OIT) por el Consejo de Administración de dicha Organización en mayo de 2012, y asumió el cargo el 1 de octubre de 2012. Al hacerlo, se comprometió a que la OIT fomentara activamente la adopción de medidas prácticas basadas en sus principios y a garantizar su capacidad para mejorar la situación laboral de la población en todos los continentes. A tal efecto, puso en marcha un decisivo proceso de reformas encaminadas a velar por la autoridad de la Organización en todas las cuestiones relativas a su mandato.

Ryder proviene del ámbito sindical, lo que a nosotros nos enorgullece. Ha sido miembro del TUC inglés (central obrera inglesa), de la FIET (precedente de UNI), Secretario General de la Confederación Internacional de Organizaciones Sindicales Libres (CIOSL) y Secretario General de la Confederación Sindical Internacional (CSI).

En la primera Memoria que presenta el nuevo director general de la OIT a la Conferencia Internacional del Trabajo se examinan las fuerzas que están transformando las realidades del mundo del trabajo, así como la acción innovadora que estas exigen de ella para renovar su capacidad de cumplir el mandato de justicia social que se le ha encomendado.

Está absolutamente claro, para Ryder y el movimiento sindical del que proviene, que las condiciones de la realidad del mundo del trabajo han cambiado. Subsisten las injusticias que denotan un fuerte aumento de la desigualdad y el mundo del trabajo continúa exhibiendo cifras y guarismos en algunos casos alarmantes. Ryder viene conduciendo, en condiciones complejas la OIT debido, entre otras cosas, a su carácter tripartito, lo que refleja las tensiones del sistema económico imperante caracterizado por un intento de retorno a políticas económicas ortodoxas y neoliberales, en el marco de una profunda transformación tecnológica en el mundo del trabajo y, consecuentemente, en las relaciones laborales, todo esto acompañado por un ataque sin parangón a las instituciones sindicales.

En 2019, el organismo especializado de las Naciones Unidas más antiguo conmemorará su centésimo aniversario. Precediendo a esta celebración, se están implementando las siete Iniciativas del Centenario, enmarcadas en un conjunto de actividades destinadas a preparar a la Organización para asumir con éxito los retos de su mandato en materia de justicia social en el futuro.

En 2013, en su memoria *Ante el centenario de la OIT: Realidades, renovación y compromiso tripartito*, el Director General expuso los desafíos que enfrenta la Organización y presentó las siete iniciativas del centenario siguientes:

1. La iniciativa relativa al futuro del trabajo. Para establecer un grupo consultivo sobre el futuro del trabajo cuyo informe será discutido en la reunión del centenario de la Conferencia Internacional del Trabajo en 2019.

2. La iniciativa para poner fin a la pobreza. Promover una respuesta multidimensional a través del mundo del trabajo, los mercados laborales y la protección social y del empleo a fin de erradicar la pobreza en el mundo.

3. La iniciativa relativa a las mujeres en el trabajo. Examinar el lugar que ocupa la mujer en el mundo del trabajo y sus condiciones de trabajo e involucrar a los trabajadores, los empleadores y los gobiernos en acciones concretas para hacer realidad la igualdad de oportunidades y de trato.

4. La iniciativa verde. La Iniciativa verde aspira a reforzar los conocimientos en toda la OIT, mejorar el asesoramiento en materia de políticas y desarrollar herramientas a fin de gestionar la tran-

sición justa hacia un futuro sostenible, con bajas emisiones de carbono.

5. La iniciativa relativa a las normas. El objetivo de la iniciativa relativa a las normas es consolidar el consenso tripartito en torno a un sistema de control reconocido y mejorar la pertinencia de las normas internacionales del trabajo a través del mecanismo de examen de las normas.

6. La iniciativa relativa a las empresas. Establecer una plataforma de colaboración entre la OIT y las empresas que contribuyan a su sostenibilidad y a la consecución de los objetivos de la OIT.

7. La iniciativa sobre la gobernanza. La iniciativa sobre la gobernanza tiene por objetivo completar la reforma de las estructuras de gobernanza de la OIT, llevar a cabo una evaluación del impacto de la Declaración de 2008 sobre la Justicia Social y adoptar medidas en función de las conclusiones y los resultados de esta evaluación.

Estas iniciativas pueden no parecer novedosas, pero su instalación como tales, al cumplirse los cien años de la OIT, obliga a renovar el debate sobre temas que estarán presentes en nuestras futuras discusiones en nuestros países, subregiones y regiones en los próximos años y obligarán a la OIT a rever su organización para operar en un mundo sustancialmente diferente al de los años de su creación y posterior evolución.

¿Y el sistema financiero global?

Sin embargo, donde tal vez más se visualice la realidad del sistema internacional, centralmente de sus instituciones, particularmente las necesidades de cambio, es a partir de la crisis financiera de 2008, que estalló en Estados Unidos, pero se desplegó globalmente, aunque con diferentes modalidades, velocidades y consecuencias. Reformar el sistema financiero y comercial internacional, opera al mismo tiempo, sobre la totalidad del sistema internacional o, si se quiere, sobre el propio funcionamiento del sistema actual de Naciones Unidas.

Tal vez, un poco de historia nos permita visualizar que pasó con un sistema que debía estabilizar el mundo, regular el funcionamiento monetario y de ayuda al desarrollo y tantos otros objetivos que se planteó el mundo de posguerra, para precisamente, consolidar la paz y el bienestar de la humanidad. Habitualmente, se dice que 1945 es el año de nacimiento del sistema de Naciones Unidas. No obstante, ya en 1944 nacen las Instituciones de Bretton Woods, en una reunión en la que participaron cuarenta y cuatro países. Estas son el Fondo Monetario Internacional y el Banco Mundial. La gobernanza interna de estas instituciones está basada, principalmente, en los pesos accionariales lo que posibilitó que se fueran transformando en el instrumento de política económica de la potencia emergente de la Segunda Guerra Mundial. Poco después, en 1945 nacía Naciones Unidas basada en el respeto total a la soberanía de los Estados miembro y con un sistema de gobernanza interno en la Asamblea General de un estado un voto. Aún con el antidemocrático funcionamiento del Consejo de Seguridad, la Carta de las Naciones Unidas, la Declaración Universal de los Derechos Humanos, con todos sus posteriores desarrollos y, en definitiva, el nacimiento del derecho internacional propiamente dicho, son activos aún no valorados suficientemente.

Casi en forma automática un acuerdo especial se instituyó mediante el cual, en la práctica, las instituciones de Bretton Woods quedaron como agencias especiales e independientes del sistema, dejando al Consejo Económico-Social de Naciones Unidas (ECOSOC) prácticamente sin competencias en los temas financieros y económicos.

Según la Carta de la ONU, de 1945, el ECOSOC debería haber concertado con el Banco Mundial y el Fondo Monetario Internacional acuerdos por medio de los cuales se establecieran las condiciones en que dichos organismos habrían de vincularse con la ONU. En este caso, estas dos instituciones financieras debían hacerlo como "organismos especializados".

Según Josep Xercavins i Valls, de la Universidad Politécnica de Catalunya, "el acuerdo que fue adoptado por el ECOSOC (13 votos a favor, 3 en contra y 2 abstenciones), para luego ser ratificado por el Consejo de Gobernadores del Banco (con una abstención) y aprobado por la Asamblea General de la ONU, en noviembre de 1947, afirma su carácter de organismos especializados de la ONU, pero, a petición de las Instituciones de Bretton Woods, les fue permitido funcionar como 'organización internacional independiente'. De la misma manera, son ellas las que deciden cuáles informaciones son útiles para comunicarlas al ECOSOC, lo que supone una derogación del artículo 17, párrafo tercero, y del artículo 64 de la Carta de la ONU (el artículo 64 autoriza al ECOSOC a pedir y obtener de los organismos especializados informes regulares). Existe, igualmente, una derogación del artículo 70, que prevé una representación recíproca en cada deliberación: el Banco y el Fondo se reservaron el derecho de invitar a los representantes de las Naciones Unidas solo a la reunión del Consejo de Gobernadores. Esta independencia no solo ha disminuido con el tiempo, sino que claramente ha aumentado de manera radical y definitiva hasta ahora".

Una segunda reflexión de I Valls, en una dirección complementaria a la anterior, la recoge la Campaña Mundial para una profunda Reforma del Sistema de Instituciones Internacionales. El grave problema político del abismo, entre lo acordado y lo implementado, de los planes de acción de las Cumbres de los noventa de Naciones Unidas no radica, ni mucho menos, en una "incapacidad manifiesta" de las Naciones Unidas para su implementación. Sino que esta falta de implementación se debe, sobre todo, a la perseverancia de los países más ricos y poderosos del mundo en la aplicación del paradigma neoliberal del ajuste estructural, a través de las instituciones de Bretton Woods (en las cuales, recordemos, tienen un poder de decisión casi absoluto). Paradigma que, ya lo ha visto todo el mundo, no solo no ha facilitado, sino que, en muchos casos, ha impedido realmente la implementación de aquellos planes de acción cuya esencia básica se hallaba en la concepción pública de las responsabilidades sobre el desarrollo.

A fin de promover la recuperación mundial es imprescindible, decía la Comisión, que se adoptaran de inmediato las diez medidas indicadas a continuación:

1. Todos los países desarrollados deben aprobar planes firmes, coordinados y efectivos para estimular sus economías.

2. Debe conseguirse financiación adicional para los países en desarrollo.

3. Los países en desarrollo deben poder obtener fondos adicionales, incluso, mediante nuevas líneas de crédito y nuevos métodos de desembolso.

4. Los países en desarrollo deben tener un mayor margen de actuación.

5. Debe corregirse la falta de coherencia entre las políticas que rigen el comercio y las finanzas.

6. Las respuestas a la crisis deben evitar el proteccionismo.

7. Los mercados de los países adelantados deben abrirse a las exportaciones de los países menos adelantados.

8. Hay que aprender de las políticas eficaces para aplicar reformas reglamentarias.

9. Hay que coordinar los efectos nacionales y mundiales del apoyo prestado por los gobiernos al sector financiero.

10. Hay que coordinar mejor las políticas económicas mundiales.

La Red del Tercer Mundo comentó, ya en el 2012, pasados tres años del Informe de la Comisión Stiglitz, que muy pocas de las recomendaciones contenidas en el mismo se han puesto en práctica y que no se ha vuelto a oír hablar de él. De hecho, la situación económica, financiera y comercial global continúa inestable y las consecuencias de la crisis del 2008 se siguen sintiendo y han socavado las economías, básicamente de Estados Unidos y Europa, de forma virtualmente irreversible: Europa atraviesa su décimo año de recesión económica.

El G20 fue, al inicio, uno de los tantos grupos que se crearon paralelamente a la existencia del tradicional sistema internacional. Fue producto de una iniciativa lanzada conjuntamente por el Ministro de Finanzas de Canadá, Paul Martin y el Secretario del Tesoro de los Estados Unidos, Lawrence Summers, en 1999, frente a las secuelas de la crisis financiera asiática.

Para el año 2004 en el Foro Económico de Davos, el Ministro de Finanzas canadiense reconoce que las dinámicas globales estaban cambiando y que era necesario incorporar al diálogo a nuevos poderes emergentes como China, India y Brasil. Cuando Martin deja el poder en Canadá, junto con su partido, su idea pierde fuerza en el propio Canadá y en el resto de los países del G8.

El G20

Con la crisis sistémica rodando por el mundo, el G20 de Finanzas fue dramáticamente elevado a la categoría de Cumbre de Líderes en noviembre de 2008. Ninguna de las instituciones políticas y económicas probó ser adecuadas para la tarea de coordinar una respuesta a la crisis global. El primero, y más dramático objetivo sobre la crisis bancaria y financiera que ponía en peligro la gobernanza mundial, existente hasta entonces, era juntar en una misma mesa el mundo de la política con el mundo bancario y del dinero. Había que reacomodar el mundo de las finanzas hacia un nuevo modelo, al tiempo que tomar medidas de emergencia en el corto plazo. La realidad es que las corporaciones, los mercados y los flujos financieros son globales pero los sistemas regulatorios y de vigilancia son nacionales o, en el mejor de los casos, regionales, como Europa.

El impacto más dramático en el sistema de gobernanza internacional fue que las apuestas globales generaban riesgos que eran socializados globalmente y los beneficios se mantenían privatizados y lejos de lo global. De esta realidad debía hacerse cargo el G20, pero desde el punto de vista de su poder de influencia y de crear agenda, y no de su poder decisional. Las economías de los países representados en este foro constituyen el 85% del producto bruto mundial. Para enfrentar la crisis financiera del 2008, los miembros del G20 fueron llamados a intensificar la cooperación internacional. A partir de entonces, este grupo ha adquirido gran protagonismo como foro de construcción de gobernanza de la economía global. Sus integrantes son Argentina, Australia, Brasil, Canadá, China, Francia, Alemania, India, Indonesia, Italia, Japón, México, Corea, Rusia, Arabia Saudita, Sudáfrica, Turquía, Reino Unido, Estados Unidos y la Unión Europea.

Los elementos institucionales que fueron definidos en su primera etapa y que hacen al carácter del G20 son la dirección del grupo y la estructura institucional. Respecto al primero, se optó por una fórmula similar a la empleada en la UE, es decir está presidida por una "troika", representantes de tres Estados, el presidente actual, su predecesor y su sucesor, con lo cual se pretende otorgar mayor continuismo a sus acciones. En cuanto a la estructura, se destaca que el G20 fue diseñado con el único propósito de servir de foro, puesto que carece de cualquier elemento estable (salvo por las reuniones anuales) y sus decisiones no son vinculantes. Lucas Van Der Velde manifiesta, en su estudio para el Grupo de Estudios Internacionales Contemporáneos, *G20. Una Historia*, (2010):

> Un párrafo aparte merece el sistema de toma de decisiones dentro del G20. La regla general es la búsqueda del consenso, con sus consabidos resultados: a) aumenta la dificultad en alcanzar un acuerdo, puesto que todos los participantes tienen derecho a veto; b) facilita la aplicación de los acuerdos alcanzados, dado que ya cuenta con el visto bueno de los actores involucrados. Trasladado al caso particular del G20, la regla del consenso tiene otro corolario más importante: el número de Estados detrás de una norma no es tan importante como su capacidad de ejercer influencia. De esta forma, la ventaja numérica de los representantes de los Estados en desarrollo queda anulada. La influencia que pueden ejercer Argentina, Arabia Saudita o Sudáfrica es claramente menor a la estadounidense, alemana o japonesa. Más allá de lo individual, la capacidad conjunta de influencia del G7 es mayor que la del resto de los miembros por tres razones principales. Por un lado, celebran reuniones de manera regular, hasta seis en el transcurso de cada año, lo cual facilita la coordinación de posiciones. Por el otro, presentan valores convergentes en relación con la normativa del sistema financiero y económico internacional. Por último, son los estados con mayor influencia dentro de las organizaciones conexas al G20, las IBW y el FSF, que, hasta 2008 cuando fue transformado en Comité, no contaba con la participación de miembros en desarrollo del G20.

Como es la institución global más nueva, exagerados temores y esperanzas se montan sobre sus espaldas. Algunas críticas lo ubican como una amenaza al espíritu universalista de las Naciones Unidas. Otros, fundamentan sus temores en que se convierta en un instrumento de nuevas formas de disciplinamiento y castigo a los no miembros. Hoy en día hasta los más fanáticos del G20 expresan ansiedad respecto a si será posible que este foro se mantenga en su curso de mutar de un comité de crisis de los grandes y los ricos a un comité directivo para el mundo. Mientras la recesión continúa y las situaciones políticas en las regiones no logran sacar al mundo de la inestabilidad generada a partir del 2008 (crisis del euro, *brexit* en Europa, cambios de signo político en América Latina, el triunfo de Trump en Estados Unidos, etcétera) se hace cada vez más difícil mantener coordinación hacia adentro del foro, donde, a pesar de existir aparente coincidencia política y económica entre algunos de sus integrantes, las diferencias afloran cada vez más en torno al comercio internacional y al mercado financiero.

Sin pretender hacer futurología y antes de entrar al tratamiento del tema laboral y sindical en el G20, es conveniente convenir que existe un acuerdo generalizado de que el orden mundial se encuentra en un estado fluctuante; también existe acuerdo en que el momento unipolar ha pasado y que la emergencia de un multilateralismo se mantiene borrosa. La predominancia de los Estados Unidos ha sufrido una erosión importante pero su supremacía continúa, aunque no en las mismas proporciones. ¿Será el nuevo orden un sistema robusto multilateral de normas e instituciones? ¿Iremos hacia un sistema de balance de poder con los mayores poderes formando y reformando alianzas de seguridad y coaliciones económicas? ¿O será uno en el que, excepcionalmente en la historia humana, no habrá centro de gravedad? No se pueden predecir estas respuestas. Sin embargo, a lo largo de su vida como un foro de ministros y luego como cumbre de líderes, el G20 se ha mostrado diferente en sus habilidades frente a la crisis y/o las crisis. Para gran parte de la sociedad civil, y hasta política, no se ha podido convertir en el eje de un gran consenso para avanzar en temas cruciales, aunque haya establecido ciertas reglas de funcionamiento interesantes. Por ejemplo, las tres primeras cumbres se caracterizaron por su unidad de propósito. Sim embargo, esta unidad para el 2010 había desaparecido.

Los países del G20 difieren en sus análisis en cuanto a la naturaleza de la crisis, las razones de su persistencia y, por lo tanto, en los remedios apropiados para salir de ella. Para dar un ejemplo, agudas diferencias existen en las perspectivas sobre los desbalances en el comercio internacional entre China y los Estados Unidos. Las derivaciones de tales diferencias determinan los variados grados de severidad y persistencia de la crisis en los países, la diversidad de su recuperación y las alternativas respecto a los modelos económicos y doctrinas en términos de los roles relativos del estado y el mercado, por ejemplo, en materia de políticas industriales y sociales.

Cooper y Thakur manifiestan que la luna de miel del G20 se ha descolorido al enfrentarse a mayores dificultades para recrear un modelo que pase de una respuesta a la crisis a uno de recuperación sistémica de más largo plazo. En las cumbres de 2010 a 2012 se notan las dificultades para coordinar temas de gran importancia para la recuperación y el crecimiento y traerán cierta caída en la credibilidad y reputación del G20 como un foro de primer nivel para el manejo de los asuntos económicos internacionales.

En el capítulo dedicado a la Confederación Sindical Internacional veremos las reacciones del sindicalismo internacional frente a la performance del G20.

4. Un aliado en el Vaticano, una luz de certidumbre para los pobres y excluidos

Cuando uno mira televisión en Argentina, independientemente del canal de su preferencia, el *zapping* nos lleva a hacer una pasada por el canal de las noticias urgentes: Crónica. El "urgente" o el "último momento" de Crónica suele helar la sangre. Puede ser la muerte de algún famoso, un desastre natural, un choque cualunque o hasta el resultado de un clásico de fútbol que presumíamos distinto. La tarde del 13 de marzo de 2013, Canal Crónica, con su característica placa roja, anunciaba, secamente: ¡BERGOGLIO, PAPA!

Es probable que, en ese momento, comentarios políticos, filosóficos y hasta los más sencillos de la calle, comenzaran a fluir con las típicas características con que lo suelen hacer los argentinos: apasionadamente, con sorpresa, con análisis, sin análisis, desembozadamente o prudentemente.

El momento político en Argentina atravesaba una coyuntura en la que el más común de los mortales ubicaba a Jorge Bergoglio y a la Iglesia argentina en las antípodas del Gobierno Nacional de entonces, encabezado por Cristina Fernández de Kirchner. El devenir iba a demostrar que la cosa no se presentaba en blanco y negro entre el poder eclesiástico y el poder político. Solo la oposición política, y ciertas segundas líneas del gobierno, expresaban visiones extremas respecto de esta relación compleja y, en ambos lados, por expresarlo de alguna manera, se comieron amagues respecto a la misma. La presidenta, mucho más ubicada que algunas de sus segundas líneas, y el Papa, con mucha más amplitud que la propia oposición política al gobierno, que lo veían a él y a la iglesia que comandaba como aliados, rompieron el molde de los esquemas políticos domésticos e iniciaron un diálogo desde niveles superiores de comprensión de los tiempos políticos que vivía el mundo y la región. La mirada sobre la pobreza de Bergoglio durante los gobiernos de los Kirchner se sustentaba, no tanto en una denuncia de tipo partidaria coyuntural, sino en una lectura que partía de la base de la ruptura estructural engendrada por la crisis de 2001. No obstante, el aumento de los índices de empleo, del combate al trabajo informal y del tratamiento otorgado a los nuevos sectores movilizados desde las entrañas de la sociedad herida, a través de una andanada de planes sociales que posibilitaron que la crisis no se desbordara, la política y la economía habían dejado nichos de gravedad y de ruptura social de difícil reparación inmediata. Las realidades económicas negativas se suelen superar, aunque más no sea parcialmente, en forma mucho más acelerada que las consecuencias sociales que producen. Más allá de la recuperación visible, era claro que iba a tener que pasar mucho tiempo para terminar con la gravísima situación de exclusión. Sumado a esta cuestión estructural, la crisis global que estalló en el 2008 comenzó a desembarcar por estas orillas en 2011 y aunque el gobierno se las ingenió para que el impacto fuese menor, era imposible ignorar la situación endeble, fundamentalmente, para aquellos que todavía esperaban en los márgenes del consumo vital.

Bergoglio y la Iglesia argentina expresaban esa endeblez social no curada. Visto lo que ocurrió a posteriori, aquel comprendía perfectamente bien lo que acontecía. Para el movimiento obrero siempre resulta insuficiente; para la iglesia también parecía mucho lo que había por recuperar y muchas heridas sociales, y sus consecuencias, todavía estaban a la vista.

Desechadas y en un segundo plano, por no decir tercer plano, las denuncias sobre supuestas complicidades de Bergoglio en las etapas de la dictadura militar, negadas hasta por quienes supuestamente habrían sido perjudicados por tales eventuales complicidades, el camino, por lo menos desde la óptica argentina y hasta regional, demostraría que el Papa Francisco iniciaba su papado con un enorme y entusiasta apoyo de la iglesia latinoamericana. Desde los curas villeros de la Capital Federal, a los que apoyó y acompañó silenciosamente, hasta la iglesia brasilera, con su importante sector volcado a la teología de la liberación y su concepto de compromiso hacia la izquierda del espectro político, vieron con buenos ojos y esperanza a la nueva autoridad papal. Resulta interesante adentrarse en un reportaje al teólogo de la liberación brasilero, el sacerdote Leonardo Boff, referente mundial de la opción por los pobres entre los 1970 y 1980. En épocas en que Ratzinger fue responsable de la Congregación de la Fe, Boff fue condenado por el Vaticano a no hablar ni escribir en nombre de la Iglesia debido a los contenidos de su libro *Iglesia, carisma y poder*, en el que requería más derechos a mujeres y laicos que estaban invisibilizados en la iglesia. Más tarde, fue invitado a misionar en Asia o a volver a hacer silencio en su país. Decidió abandonar los hábitos. En este reportaje Boff señala, entre otras cosas, que "la Iglesia estaba desmoralizada"; para rescatarla "llamaron a la persona justa". Según Boff, Francisco tiene en sus manos la llave para rediseñar una iglesia eminentemente occidental en una iglesia global. Con Francisco, "La Iglesia volvió a ser una casa espiritual", manifestó Boff.

A mí, particularmente, la elección de Bergoglio me impactó. Y supongo que hoy, luego de algunos años, lo sigue haciendo por lo que significó y significa para la Argentina y para América Latina. A nosotros, todo lo que le sucede a Argentina, y que tiene impacto internacional, nos toca; nos puede enorgullecer apasionadamente (si es para bien más, obviamente) o sumirnos en amarguras que hacen pensar, livianamente, en qué país vivimos, a veces sin saber que la mayoría de los países del mundo tienen sus problemáticas, algunas parecidas a las nuestras y/u otras distintas, aunque peores. Que ahora pudiésemos decir: "hasta el Papa es argentino", no era poca cosa.

¿Qué significa que el Cardenal Bergoglio de Argentina, haya sido elegido Papa de la Iglesia Católica? Significa mucho. Para empezar para los 1.285 millones de católicos que representan el 17,7% de la población total en el mundo y que, salvo excepciones, veían a la iglesia como una institución poco comprometida con sus vidas cotidianas. Para el resto de los habitantes del planeta que se consideran religiosos, aunque no católicos, por el peso de la religión católica, y por la impronta que emana, sea quien sea el Papa, desde el Vaticano. Para América pero, particularmente, para América Latina, mucho, si se tiene en cuenta que Bergoglio es el primer Pontífice oriundo de un país latinoamericano. Este primer Papa latinoamericano era una señal inequívoca del rol que el sur de nuestro planeta está llamado a jugar para los próximos años. América Latina tiene el 49% de los 1.285 millones de católicos del mundo y, la mayoría de ellos, son pobres, siendo Brasil el de mayor densidad católica.

¿Para donde enfilaría Francisco? Algunas señales se vieron desde el primer día. La elección del nombre, el abandono de ciertas formalidades en la vestimenta, la elección de Santa Marta como lugar para su residencia. El resto vendría con el correr de los días y meses.

¿Por qué para los trabajadores del mundo, la elección de un Papa como Francisco resulta importante? ¿Qué es lo que hace trascender al más alto representante de la Iglesia Católica, al mundo de los trabajadores y sus organizaciones sindicales? La pregunta se vincula con las relaciones tradicionales entre los movimientos sindicales nacionales e internacionales y la iglesia. Pero, aún más, se vincula con el mensaje de la iglesia católica para con los pobres, los excluidos; al decir de Francisco, "los descartables".

Siempre hubo un sector del sindicalismo internacional ligado al Vaticano, en términos de vinculación política y en términos de ubicación ideológica, con movimientos sindicales sustentados en la doctrina social de la iglesia. Como lo vimos oportunamente, en 1919 se crea la Confederación Internacional de Sindicatos Cristianos que, en 1968, pasaría a denominarse Confederación Mundial del Trabajo (CMT) para, luego, disolverse en 2006 y dar nacimiento, junto con la CIOSL, a la Confederación Sindical Internacional. No es casual que, en un territorio de amplio espectro católico, como Latinoamérica, la CMT haya tenido su regional más importante, la CLAT.

Pero, más allá de este tipo de adscripciones, nos referimos a qué podían esperar los trabajadores, de una iglesia que debía ser reconstituida y un Papa latinoamericano y jesuita al mando de semejante tarea. ¿Había algo que esperar? ¿Sería factible que la iglesia universal hablara el lenguaje de los trabajadores y pobres del mundo? ¿Que alguien, desde un lugar con eco en la sociedad global, pusiera en discusión las penurias sociales de la era que nos toca vivir e irradiara un mensaje y una gestión, no solo desde lo espiritual sino desde la propia realidad del hombre común y sus problemáticas existenciales, comenzando ingeniosamente a dialogar sobre estos temas?

Efectivamente había algo que esperar. Siempre el movimiento sindical espera, lucha y espera, se coloca siempre cerca de quien levanta la voz, se hace oír por interpósita persona cuando se le dificulta hacerlo a través de su propia voz, busca su redención por sí solo pero cerca de quienes pueden amplificar su presencia. Busca aliados, que no abundan. Francisco se iba a convertir precisamente en eso, en un aliado.

Jorge Bergoglio fue ordenado sacerdote en 1969 y se desempeñó, entre 1973 y 1979 como superior provincial de los jesuitas en Argentina. Entre 1980 y 1986, fue rector del Colegio Máximo y de la

Facultad de Filosofía y Teología de San Miguel. En 1992, Juan Pablo II lo designó Obispo y fue uno de los cuatro designados como auxiliares de la Arquidiócesis de Buenos Aires. En el año 1997, fue designado Arzobispo coadjutor de Buenos Aires. En 2001, Juan Pablo II creó a Bergoglio Cardenal.

En 2005, en el conclave que eligió a Ratzinger como Papa, Bergoglio obtuvo cuarenta votos, segundo, detrás del Papa electo. Bergoglio fue Presidente de la Conferencia Episcopal Argentina hasta el 2011. A las 19:06, del 13 de marzo de 2013, en la quinta ronda de votaciones del segundo día del cónclave, el Cardenal Bergoglio fue elegido sucesor de Benedicto XVI.

Hay dos aspectos que deben ser tenidos en cuenta para comprender la impronta Bergoglio en, y desde, el Vaticano en su acción pastoral. Uno, es el desarrollo de una nueva Iglesia Católica a partir del Concilio Vaticano II y los movimientos pos conciliares en América Latina; el segundo aspecto tiene relación con la realidad política de América Latina, al tiempo que se desarrollaban los acontecimientos mencionados. No se pueden analizar separadamente; ambos aspectos se entrecruzan y retroalimentan en forma permanente.

El gran acontecimiento de nuestra Era Moderna, en el ámbito de la Iglesia, fue el Concilio Vaticano II, convocado por el Papa Juan XXIII, y seguido y clausurado por el Papa Pablo VI. Se pretendió que fuera una especie de "aggiornamento", es decir, una puesta al día de la Iglesia, renovando, en sí misma, los elementos que necesitaren de ello y revisando el fondo y la forma de todas sus actividades. Proporcionó una apertura dialogante con el mundo moderno, incluso con nuevo lenguaje conciliatorio frente a problemáticas actuales y antiguas. Ha sido el concilio más representativo de todos. Constó de cuatro etapas, con una media de asistencia de unos dos mil Padres Conciliares procedentes de todas las partes del mundo y de una gran diversidad de lenguas y de razas.

Como dijimos, fue convocado por el Papa Juan XXIII, en 1962, y clausurado por el Papa Paulo VI, en 1965, y se propuso actualizar la vida de la Iglesia sin definir ningún dogma. Trató acerca de la Iglesia, la Revelación, la Liturgia, la libertad religiosa, etcétera, y recordó la llamada universal a la santidad. El Concilio Vaticano II es el hecho más decisivo de la historia de la Iglesia en el siglo XX.

Y se convocó con el fin principal de:

- Promover el desarrollo de la fe católica.

- Lograr una renovación moral de la vida cristiana de los fieles.

- Adaptar la disciplina eclesiástica a las necesidades y métodos de nuestro tiempo.

Tras un largo trabajo concluyó en dieciséis documentos, cuyo conjunto constituye una toma de conciencia de la situación de la Iglesia de aquel entonces y define las orientaciones que se imponían.

Para tener una aproximación acerca del Concilio resulta interesante hacer algunos comentarios de la "Exposición Preliminar" sobre la Situación del Hombre en el Mundo de Hoy de la Constitución Pastoral Gaudium et Spes (La Alegría y la Esperanza) emanada, precisamente, del Concilio Vaticano. En esta exposición, la Iglesia de aquel entonces llama a conocer y comprender el mundo en que se vivía, sus esperanzas, sus aspiraciones y "el sesgo dramático que con frecuencia la caracteriza". "El género humano se halla en un período nuevo de su historia, caracterizado por cambios profundos y acelerados que, progresivamente, se extienden a todo el universo. Se puede hablar ya de una verdadera metamorfosis social y cultural, que redunda también en la vida religiosa".

Uno de los párrafos que permite aseverar que la iglesia se sentía cada vez más tensionada merced a los cambios de la época discurre: "Jamás el género humano tuvo a su disposición tantas riquezas, tantas posibilidades, tanto poder económico. Y, sin embargo, una gran parte de la humanidad sufre hambre y miseria y son muchedumbre los que no saben leer ni escribir. Nunca ha tenido el hombre un sentido tan agudo de su libertad, y entretanto surgen nuevas formas de esclavitud social y psicológica". Año 1962: párrafo perfectamente trasladable a nuestro presente.

El apartado "La Igualdad Esencial entre los Hombres y la Justicia Social" es el que expresa la preocupación creciente de la iglesia frente a las situaciones de injusticia. "La igual dignidad de la persona exige que se llegue a una situación social más humana y más justa. Resulta escandaloso el hecho de las excesivas desigualdades económicas y sociales que se dan entre los miembros y los pueblos de una misma familia humana. Estas son contrarias a la justicia social, a la equidad, a la dignidad de la persona humana y a la paz social e internacional". El apartado demanda, asimismo, que las instituciones humanas, privadas o públicas, se esfuercen por ponerse al servicio de la dignidad y del fin del hombre y luchen con energía contra cualquier esclavitud social o política y respeten, bajo cualquier régimen político, los derechos fundamentales del hombre.

A pocos días de clausurarse el Concilio, hacia el otoño de 1965, Paulo VI reunió a los obispos de la directiva y equipos del Consejo Episcopal Latinoamericano (CELAM) que participaban en el Concilio con motivo del décimo aniversario de la creación de dicho organismo episcopal. En esa reunión, el Papa exhortó a los allí presentes a sensibilizarse y a asumir una visión crítica frente a los problemas que agitaban a América Latina, como un requerimiento indispensable para la acción pastoral de la Iglesia en esa región. Manuel Larraín, Obispo de Talca (Chile), concebiría, entonces, la idea de una reunión regional para que el Concilio Vaticano II "no pasara al lado de la iglesia latinoamericana". En mayo de 1967 se solicitó a Roma que convocara la Conferencia en la ciudad de Medellín. El tema aprobado para la misma fue "La Presencia de la Iglesia en la actual transformación de América Latina a la luz del Vaticano II".

Clodovis Boff, hermano de Leonardo y también uno de los teólogos de la liberación más importantes de Brasil, hoy distanciado de dicha teología, aunque no de sus fundamentos, describe, en un documento de 2003, "La originalidad histórica de Medellín". No tiene sentido abarcar aquí la temática de su distanciamiento de la Teología de la Liberación y de las posiciones de su hermano Leonardo. Pero sí, puede ser ilustrativo el documento mencionado respecto a lo que significó la Conferencia de Medellín para la Iglesia latinoamericana.

Según Clodovis Boff el mayor fruto de la asamblea de la CELAM, de 1968, fue haber dado a luz a la iglesia latinoamericana en cuanto latinoamericana. Hasta Medellín la Iglesia en el continente era la reproducción del modelo de la iglesia europea, en su modo de organización, en su problemática teológica y en sus propuestas pastorales. Describe Clodovis Boff que "la Iglesia latinoamericana, en lugar de ser la Iglesia de América Latina, era más propiamente la Iglesia europea en América Latina. Era, de hecho, una iglesia en estado de minoría de edad, tutelada, privada de su legítima autonomía institucional". Y agrega, "en un primer momento la Iglesia en América Latina fue una iglesia ibérica. Era, en el sentido cultural del término, una iglesia colonial". Más adelante, América Latina cobijó una Iglesia "romanizada".

Con el Vaticano II se dieron las condiciones para la emergencia de una Iglesia continental en su originalidad y en su diferencia con relación al modelo de la Iglesia europea. El teólogo brasilero afirma que sin el Vaticano II no hubiera habido Medellín ni, por ello, tampoco Iglesia latinoamericana, con sus rasgos propios.

La definición de su identidad tuvo como fuente, también, junto con el Concilio Vaticano II, las circunstancias concretas en que vivía entonces el Continente. La clave de Medellín fue, enfáticamente social y constituyó una verdadera divisoria de aguas en la historia de la Iglesia del continente, de tal modo que se puede hablar de antes de Medellín y después de Medellín. En la "Introducción a las Conclusiones" los obispos proclaman explícitamente una "nueva época de la historia": "Estamos en el umbral de una nueva época histórica de nuestro continente, llena de un anhelo de emancipación total, de liberación de toda servidumbre… Percibimos aquí los preanuncios en la dolorosa gestación de una nueva civilización…".

De Medellín surgen, centralmente, dos cometidos, a saber: ajustar la vida de las iglesias a los cambios conciliares y esbozar el rostro concreto que debería asumir la iglesia en América Latina para ser, efectivamente, un instrumento inserto en los procesos de cambio social que experimentaba en esa época el continente. Es en este contexto en que Medellín contextualiza los orígenes de la teología de la liberación. Puebla (1979) significará la clarificación de Medellín. Claramente Puebla expresará la opción por lo pobres y la teología de la liberación. Santo Domingo (1992) pondría en la agenda de la iglesia la cuestión precisa de su identidad cultural. A partir de entonces, se habla de modo creciente, de la necesidad de una iglesia "inculturada" dentro del pluralismo cultural del continente.

En definitiva, dice Clodovis Boff, parecía ser que, a la iglesia de América Latina, le tocaba la tarea de desarrollar, en favor de toda la catolicidad, lo que el Vaticano II había presentido. El Documento XIV, "Pobreza de la Iglesia" habla de "una iglesia libre de ataduras temporales, de connivencias y de prestigio ambiguo" y "que este cercana a los pobres". Medellín propone "la pobreza como compromiso" y "la inserción en los medios populares" definiendo a estos como "las pequeñas comunidades, encarnadas realmente en los ambientes pobres".

El Documento 2 sobre la Paz, con contundencia expresa que "el subdesarrollo latinoamericano…es una injusta situación promotora de tensiones que conspiran contra la paz". Doctrinalmente, el documento se centra en el concepto de "donde existen injustas desigualdades, se atenta contra la paz".

Desde aquella época, mucha agua ha corrido bajo el puente, en la propia iglesia latinoamericana y en su entorno político-cultural. Es absolutamente posible, en este breve recorrido, pero particularmente en lo más reciente, encontrar las particulares características de un cura latinoamericano y, especialmente, argentino.

En 2007, tuvo lugar la Quinta Conferencia General del Episcopado Latinoamericano y del Caribe junto al santuario de Aparecida en Brasil. Allí, se reafirma el concepto de la promoción de la dignidad humana y se confirma la opción preferencial por los pobres y excluidos, reconociendo en ellos a los desempleados, los migrantes, los abandonados, los enfermos y otros. Al mismo tiempo, se promueve la justicia y la solidaridad internacional. En el último capítulo del documento final, al tratar el compromiso político de los laicos, se habla de "una ciudadanía plena en la sociedad democrática y la solidaridad con los pueblos indígenas y afrodescendientes…". En el Capítulo 10 se pronuncia sobre la necesidad de formar una comunidad regional de naciones de América Latina y el Caribe.

En una entrevista a la Directora Ejecutiva del Departamento de Comunicación de la CELAM, Susana Nuín, se le preguntaba sobre el rol del, entonces, Cardenal Bergoglio en la redacción final del documento redactado en Aparecida. Ella explica que "el Cardenal Bergoglio fue elegido por los demás obispos como presidente de la comisión que dirigió la constitución del documento". Su rol fue fundamental en el proceso de diálogo para lograr un documento armónico. Tiempo después, el Papa Francisco les entregaba a presidentes y jefes de gobierno que lo visitan, ese mismo documento. El Papa entiende la misión evangelizadora para operar cambios sustanciales en la sociedad y no quedarse en un espiritualismo intimista. "El documento de Aparecida –dice la funcionaria del CELAM– es expresión de la realidad latinoamericana, pero se reconoce en la ligazón entre las Conferencias previas y los contenidos y objetivos del Concilio Vaticano II. Es –continúa– un aporte para toda la Iglesia. El documento confirma la opción preferencial por los pobres y excluidos que se remonta a Medellín".

A esta altura, es conveniente repasar aspectos del pensamiento de Jorge Bergoglio en relación con las visiones y la ubicación teológica de esta iglesia latinoamericana que pareció, a partir de Medellín, iniciar un camino de profundo debate sobre la cuestión de la pobreza, que ha sido, y es, una señal identitaria de nuestra América Latina, particularmente, en lo referente a los niveles de desigualdad y exclusión, que históricamente afectaron a nuestras sociedades. Al mismo tiempo que se produce este debate es menester reconocer, también, que los mismos se han producido en entornos políticos concretos en los que, claramente se han visualizado sectores de la iglesia con posiciones y actitudes conservadoras que, en algunos casos, se han manifestado en apoyos expresos y/o tácitos a gobiernos dictatoriales que han desplegado una recurrente y sistemática política económica de contenidos neoliberales y de violación de los derechos humanos descarnada.

La referencia para analizar el pensamiento teológico de Bergoglio, aunque no la única, es Juan Carlos Scannone, jesuita argentino que fue profesor de Bergoglio en Buenos Aires, y que luego convivió con él diez años, durante los cuales estudió en el Colegio Máximo de San Miguel, Provincia de Buenos Aires. En la actualidad, Scannone es Profesor Emérito de la Facultad de Filosofía del Colegio Máximo. Es uno de los principales referentes de la escuela argentina de la Teología del Pueblo, rama autónoma de la Teología de la Liberación. A comienzos de los setenta, fundó, junto con otros filósofos y sociólogos argentinos, el movimiento llamado Filosofía de la Liberación. Scannone, en su escrito *La filosofía de la liberación: historia, características, vigencia actual*, explica que, en 1971, nace en Argentina la filosofía de la liberación latinoamericana, a partir de la injusticia estructural que entonces oprimía a las mayorías populares de nuestro continente. Hasta 1965 la preocupación principal en América Latina había sido el desarrollo. En Medellín, en 1968, se comienza a hablar de "liberación" aunque ya se encontraban manifestaciones respecto a este concepto antes de ese momento. En el campo teológico, el surgimiento de la Teología de la Liberación estaba fuertemente influido por la teoría de la dependencia que se propagaba en las ciencias sociales latinoamericanas.

El cura villero Pepe Di Paola, en el año 2013 se refirió a la pastoral del Papa Francisco como Arzobispo, en las villas miseria de Buenos Aires, reconociéndose a sí mismo y a sus compañeros como "hijos de la Teología del Pueblo", comenta Scannone, en su trabajo *El Papa Francisco y la Teología del Pueblo*. En este mismo trabajo menciona que la Teología del Pueblo fue difundida por los padres Lucio Gera y Rafael Tello. El Padre Tello fue quien convocó a la primera Peregrinación de los Jóvenes a Luján en 1975. Lucio Gera fue experto en Medellín y Puebla y miembro del Equipo Teológico de la Pastoral del CELAM. Bergoglio, siendo Cardenal hizo enterrar a Gera en la Catedral de Buenos Aires, en el año 2012. El Papa Francisco tenía muy buenas relaciones con estos dos pensadores de la Teología del Pueblo.

En 1966, finalizado el Concilio Vaticano II, el Episcopado argentino crea la Comisión Episcopal de Pastoral a los efectos de crear un plan nacional de pastoral. En esta Comisión participan, Gera y Tello, además de O´Farrell, Gerardo Farrell, Fernando Boasso, entre otros. Fue en ese ámbito en el que nace la Teología del Pueblo. Scannone considera a la Teología del Pueblo como una corriente de características propias dentro de la Teología de la Liberación. Su característica central es la opción preferencial por los pobres. Dentro de esa opción por los pobres, algunos teólogos de la liberación hacían uso del método marxista de análisis de la realidad. La teología argentina prefería hacer uso de un análisis histórico-cultural de la situación latinoamericana pero no con categorías del materialismo dialéctico. La Teología del Pueblo prefería utilizar las categorías "Pueblo", "Religiosidad Popular", "Cultura Popular", "los pueblos opuestos a los imperios", "la mística popular", "la piedad popular". La Teología del Pueblo subsumía una práctica pastoral movilizadora y movilizante desde lo teológico, pero con una fuerte impronta política, imbuida de las tradiciones populares latinoamericanas y, fundamentalmente, argentinas. El trabajo pastoral en las villas miserias de Argentina o las mismas Peregrinaciones a Luján poniendo la movilización de la gente, en comunidad, como herramienta evangelizadora y, al mismo tiempo concientizadora, son algunas manifestaciones de la Teología del Pueblo. Esta utiliza el método de análisis histórico-cultural, la historia, la cultura y la religión. Según Emilce Cuda, "mientras las modalidades de la Teología de la Liberación en el resto de la región privilegian el análisis socio-estructural y conciben al pueblo como clase, la

Teología del Pueblo, por el contrario, privilegia el análisis histórico-cultural y considera pueblo solo a una parte de él: los trabajadores pobres". La teóloga argentina utiliza la clasificación de Scannone para ubicar la Teología del Pueblo como parte de la Teología de la Liberación, no sin antes remitirse a los orígenes de la irrupción de un sector de la iglesia en la política. Ubica esta irrupción en el siglo XX, en el catolicismo americanista y en la Nouvelle Theologie en Francia. El Concilio Vaticano II, de 1965, la Encíclica Populorum Progressio y el Manifiesto de los Obispos del Tercer Mundo, de 1967, implican un aterrizaje importante de la Iglesia en el terreno de la política. La acción pastoral comienza a visualizarse como acción política por importantes sectores de la Iglesia.

Scannone denomina Teología de la Liberación desde la praxis cultural a la Teología del Pueblo, también llamada Teología de la Cultura. Sus representantes directos, como ya se dijo, son los argentinos Lucio Gera y Rafael Tello. Cuda explica que el fin de esta corriente es la inculturación de la teología como praxis cultural, y utiliza como medios, la filosofía, el análisis socio-estructural, el análisis histórico-cultural y el conocimiento sapiencial, en tanto sabiduría popular expresada en símbolos y su correspondiente hermenéutica. Sus defensores consideran a la teología como una práctica cultural liberadora, desde la religiosidad popular, que tiene por objeto, mediante criterios históricos, y no solo abstractamente éticos, influir sobre lo político, trazando socialmente la línea de la justicia entre pueblo y anti pueblo. El sujeto es el pueblo, pero no como clase sino como pobre, y la historia es considerada como una historia determinada, la historia de un pueblo particular. La cultura es entendida como una cultura concreta, con un núcleo de sentido último de vida expresado en símbolos y costumbres —como aporte principal— y condensada en los pobres sin las deformaciones del saber ilustrado. La cultura es definida como un proyecto histórico común, no necesariamente explicitado, manifestado en un estilo de vida, de estructuras e instituciones políticas y económicas que lo configuran o —según Scannone— lo desfiguran. El agente es el mismo pueblo como comunidad organizada.

Estos conceptos entroncan con lo más puro e intrínseco de la cultura popular de los pobres en nuestro país. Las barriadas del conurbano, las villas miseria de la Capital Federal y de las periferias de las grandes ciudades, y hasta sectores medios y bajos de las clases medias, han estructurado una cultura y práctica de vida sustancialmente distinta a la que viven los sectores sociales semi-excluidos y excluidos, desocupados y subocupados, en otras partes del mundo. Se pueden encontrar similitudes en América Latina y en Centroamérica, pero también se expresan singularidades. En Argentina está claro que es el peronismo quien cultural y políticamente recorre caminos paralelos a la Teología del Pueblo. Quienes han recorrido el camino de la Teología del Pueblo han expresado la necesidad de otra Iglesia, comprometida con ese pueblo y con esa cultura para realizar la tarea pastoral.

La fuerte vinculación de la praxis de la Teología del Pueblo con la cuestión cultural de los pueblos se visualiza claramente también en la "Exhortación Apostólica Evangelii Gaudium" del Papa Francisco cuando él plantea que "… es necesario que reconozcamos que, si parte de nuestro pueblo bautizado no experimenta su pertenencia a la iglesia se debe, también, a la existencia de unas estructuras y a un clima poco acogedores en algunas de nuestras parroquias y comunidades, o a una actitud burocrática para dar respuesta a los problemas, simples o complejos, de la vida de nuestros pueblos". Y agrega: "Es necesario llegar allí donde se gestan los nuevos relatos y paradigmas… La iglesia está llamada a ser servidora de un difícil diálogo… son muchísimos los no ciudadanos, los ciudadanos a medias o los sobrantes urbanos". Y también, "En muchos lugares del mundo, las ciudades son escenarios de protestas masivas donde miles de habitantes reclaman libertad, participación, justicia y diversas reivindicaciones que, si no son adecuadamente interpretadas, no podrán acallarse por la fuerza".

"Evangelii Gaudium" es una Exhortación teológica con un profundo espíritu político, en el sentido más profundo del término. Su ubicación temporal no podía haber sido más ajustada. Francisco manifiesta su preocupación respecto a la precariedad con que el hombre y la mujer de nuestro tiempo viven el día a día, a lo patente de la inequidad. Llama a decir "No" a una economía de la exclusión y la inequidad. La economía que ubica todo en el juego de la competitividad y de la ley del más fuerte, genera grandes masas de la población excluidas y marginadas: sin trabajo, sin horizontes, sin salida. Y define: "se ha dado inicio a la cultura del 'descarte'. Los excluidos no son explotados sino deshechos, sobrantes. Cuando se sumerge en el concepto de "la globalización de la indiferencia", ataca las teorías del "derrame" por una "confianza burda e ingenua en la bondad de quienes detentan el poder económico y en los mecanismos sacralizados del sistema económico imperante".

En el punto 55, ataca la "nueva idolatría del dinero" al plantear que "la crisis financiera que atravesamos nos hace olvidar que en su origen hay una profunda crisis antropológica: la negación de la primacía del ser humano…". "La deuda y sus intereses alejan a los países de las posibilidades viables de su economía y a los ciudadanos de su poder adquisitivo real". "En este sistema, que tiende a fagocitarlo todo en orden a acrecentar beneficios, cualquier cosa que sea frágil, como el medio ambiente, queda indefensa ante los intereses del mercado divinizado, convertidos en regla absoluta". Más tarde, Francisco dará a conocer "Laudato Si", la Encíclica ecológica y defensora del medio ambiente.

"Hasta que no se reviertan la exclusión y la inequidad dentro de una sociedad y entre los distintos pueblos, será imposible erradicar la violencia". Y agrega: "…las armas y la represión violenta, más que aportar soluciones, crean nuevos y peores conflictos".

La mayor parte de las vicisitudes mencionadas en esta conmovedora y, a la vez, dramática descripción de las realidades económicas y sociales de nuestros pueblos, expresadas en la Exhortación Apostólica, no parecen haber sido estudiadas desde lo académico por Bergoglio. Él lo ha experimentado desde su *praxis* pastoral. Su paso silencioso por las "periferias existenciales", sus viajes en tren, ni un paso adelante ni uno atrás que el común de los trabajadores, sus misas en la Estación Constitución, su presencia en las villas miseria, su apoyo y sensibilidad con los curas villeros, su solidaridad con los perseguidos.

Los mismos curas villeros lo atestiguan. El equipo de curas villeros existe desde hace más de cuarenta años. Sin embargo, fue Bergoglio quien decidió destinar más curas a los asentamientos, más cursos y levantar más parroquias. Este grupo de sacerdotes se consideran herederos espirituales del Padre Carlos Mujica, asesinado el 11 de mayo de 1974. Bergoglio es un enamorado de la religiosidad popular, comentan los curas villeros. Precisamente, la Teología del Pueblo se basa en la sabiduría popular, no en categorías y diagnósticos que se imponen desde arriba. Se la puede pensar, dicen los sacerdotes, como una hermenéutica del pueblo pobre, escaso de riqueza, pero no de saber, en sus palabras.

Sería poco realista pensar que Bergoglio no ha tenido siempre una mirada política sobre la sociedad y el hombre. De hecho, quien se ha preparado para, y ha debido, también, enfrentar las vicisitudes de la vida política de nuestro continente, y de nuestro país, desde los diversos ámbitos religiosos de actuación, no puede haber estado al margen de ellos sin tener, al menos una mirada política. Su formación jesuita, por otra parte, lo ubica en un andarivel de preocupación por los humildes y por los pobres, actores sin igual en los escenarios socioeconómicos y políticos de nuestra América Latina

Muchas voces en nuestro país lo encasillan en el peronismo. Tiene su sentido. Ha convivido con los mojones históricos y culturales del peronismo, temporalmente hablando, y se conoce de su amistad con dirigentes políticos y sindicales de esa extracción. Su actividad como sacerdote lo ha llevado a convivir con jóvenes, y no tanto, cuyos abuelos y padres que, si no han sido socialistas y peronistas tempranos los primeros, los segundos seguramente han sido peronistas, con empleo, seguridad social pública, sindicato, obra social y movilidad social ascendente. Desde esa vinculación, desde esa perspectiva fue, sin quererlo, construyendo su misión evangélica, en la opción por los pobres y excluidos, que se multiplicaron a partir de la crisis del 2001. Como corresponde nunca ha admitido su presunta simpatía con el peronismo, públicamente. Su sensibilidad hacia los sectores más vulnerables de la sociedad lo caracteriza como un exponente apartidario, aunque portador de una filosofía de reivindicación de la igualdad y la solidaridad expresadas desde su misión pastoral. La silenciosa y trasparente simbiosis entre la cultura del peronismo y la particular interpretación de la teología de la liberación "a la argentina" tal vez explique cómo, una cosa y otra se retroalimentan invitando a comprender la presencia de Bergoglio en el Vaticano y las características, políticas y sociales de su acción evangélica, en esta particular etapa por la que atraviesa el planeta y la humanidad.

Francisco ha constituido una sorpresa para muchos, algo que, inevitablemente, sucedería para otros y, fundamentalmente, una esperanza para millones. Está claro que la iglesia no puede combatir la pobreza sola. La política debe hacerlo, pero necesita, hoy más que nunca empuje, mirar el mediano y largo plazo, concebirse éticamente. La iglesia latinoamericana no es ajena a las contradicciones de la historia política de la región. Como lo manifestamos, sectores conservadores están presentes en el seno de una iglesia que se resiste a entender los cambios en su entorno y hacia su interior. También es posible encontrar una fuerte vinculación y funcionalidad entre la iglesia y la política desde la perspectiva de los sectores populares. Las Comunidades Eclesiales de Base en Brasil, jugando un importante rol en el nacimiento del PT; la presencia del Partido Demócrata Cristiano en la conformación del Frente Amplio en Uruguay; la Doctrina Social de la Iglesia en la cultura política del peronismo, a pesar de las desavenencias históricas puntuales y la cercanía del sector de los curas en opción por los pobres, más o menos identificados con la doctrina de Perón; la existencia de la Vicaría de la Solidaridad en Chile durante la dictadura de Pinochet junto con los partidos políticos que luchaban por el retorno de la democracia, constituyen algunos ejemplos.

En el mes de noviembre del año pasado, el Dicasterio para el Desarrollo Humano Integral del Vaticano, dirigido por el Cardenal ghanés Peter Turkson, invitó a unos doscientos dirigentes sindicales, de alrededor de cincuenta países, a debatir, durante dos días, el futuro del trabajo. El encuentro se realizó aprovechando el 50 aniversario de la Encíclica Populorum Progressio, y tuvo como epicentro los contenidos de la Encíclica Laudato Si del Papa Francisco. Antes de entrar en detalles sobre el encuentro y la valoración política sobre el mismo, es conveniente tener en cuenta dos cuestiones a saber: el papa Francisco, obviamente, promovió el encuentro y el Vaticano, consecuentemente, abrió sus puertas para la realización de la actividad y, a través del Dicasterio, puso todo al alcance del movimiento sindical internacional para realizar la Conferencia. En segundo lugar, es la primera vez que se realiza una actividad de esta naturaleza en la historia, tanto de la iglesia como del movimiento sindical internacional. El programa se trabajó durante, aproximadamente, diez meses y en él tuvieron una activa participación la CGT de Argentina, UNI Sindicato Global y la Confederación Sindical Internacional. Jugó también un rol importante y destacado el Presidente de la Pastoral Social de la Ciudad de Buenos Aires, el Padre Carlos Accaputo. Durante los dos días, representantes del movimiento sindical internacional, de la academia y de la iglesia debatieron con gran profundidad y preparación los temas de la agenda, produciéndose también una interesante sinergia entre los participantes.

El final del encuentro se produjo a través de una carta enviada por el Papa Francisco al Dicasterio y a los asistentes en la que instó a continuar el trabajo conjunto y dejando en claro que el sindicato es esencial al desarrollo de la justicia social. Los presentes acordaron un documento cuyos conceptos más trascendentes son:

> El encuentro de organizaciones sindicales convocado por el Dicasterio para el Servicio del Desarrollo Humano Integral abre una perspectiva novedosa y esperanzadora para la reflexión y el trabajo compartido del movimiento de los trabajadores en las sociedades contemporáneas.
>
> (…) Ha permitido identificar que el modelo actual de globalización ha perjudicado a los trabajadores y ha tenido como resultado niveles históricos de desigualdad, que cuando son combinados con la digitalización y el cambio climático, presentan una serie de cuestiones preocupantes. Estas incluyen el debilitamiento de la legislación laboral y de las regulaciones gubernamentales, el comercio injusto, la financiarización de la economía, la confianza ciega en la tecnología como solución para los problemas de la organización social. El aumento de la automatización, de la individualización, la desigualdad, la precarización, el desempleo masivo, la pobreza y los fenómenos de exclusión y "descarte" ponen en peligro la "casa común". Estas tendencias presentan serios desafíos para todos los actores sociales e institucionales y, en especial, para el mundo del trabajo.
>
> (…) Las organizaciones sindicales siempre han tenido un papel crucial en la defensa de la dignidad humana. La negociación colectiva, la acción colectiva y la libertad de asociación y el derecho a organizarse son derechos humanos fundamentales y, al mismo tiempo, un requisito previo de otros derechos humanos. Los sindicatos tienen un rol predominante en la construcción de nuevos modelos de desarrollo ambiental, económico, social e integral y en la promoción de nuevas modalidades de trabajo. Es necesario eliminar el trabajo precario. Aprovechar las oportunidades de la cuarta revolución industrial requiere una transición justa que incluya a la educación de calidad y la formación continua. Y una profundización de la democracia en el lugar de trabajo. Los gobiernos deben asegurar la existencia de las condiciones necesarias para el pleno empleo y el trabajo digno, lo que incluye lugares de trabajo seguros, basados en el derecho a la seguridad y a la salud laboral y el respeto por los derechos humanos y del trabajo y deben luchar contra toda forma de discriminación.
>
> (…) Resulta fundamental avanzar hacia otro paradigma ético, superador del modelo tecnocrático dominante (económico, financiero y tecnológico), que permita el desarrollo integral, solidario y sostenible basado en los derechos, que coloque en el centro al trabajo y a las organizaciones de los trabajadores como fundamento para una sociedad justa e igualitaria, de acuerdo con el contexto de cada región y país. Esto supone respeto incondicional por el trabajo digno, estructurador de la identidad personal y colectiva en un modelo de desarrollo que combine crecimiento sostenible y justicia social. Todos los empleadores, incluidos los gerentes de las empresas multinacionales, deben participar plenamente en la creación de una verdadera economía social de mercado, con el imperativo de reorientar los fines morales, respetando los derechos humanos y de los trabajadores, la implementación total de la reglamentación de la OIT y asimismo coadyuvar al desarrollo de una mayor cohesión en las comunidades. Ello implica atender, preferencialmente, la problemática de los migrantes, los

> refugiados, las mujeres, los jóvenes y los discapacitados que son quienes sufren más discriminación en el acceso al trabajo digno. Supone confrontar cualquier discriminación en el mundo laboral, sea de origen social, por pertenencia a grupos indígenas, geográfica, física, étnica, sexual o generacional, y subrayar el rechazo al trabajo infantil, el trabajo forzado en todas sus formas; afrontar el impacto de formas de esclavitud modernas y tradicionales y el racismo, incluido el racismo sistémico, para garantizar igual dignidad y respeto para todos los seres humanos.

Para todo ello, la Laudato Si' debe constituirse en un referente y una inspiración concreta para la acción al sostener una perspectiva de cuidado de la "casa común" y promover ese tipo de desarrollo mediante la negociación colectiva, el diálogo social, la negociación de una transición justa con justicia social para todos.

> (…) Los acuerdos firmados por los gobiernos según la Agenda 2030, los Objetivos de Desarrollo Social y el acuerdo de París sobre el Cambio Climático se vinculan con los objetivos de Laudato Si'. La comisión de OIT para el futuro del trabajo debe mirar más allá de la tecnología y reconocer la amplia gama de trabajos; doméstico, rural, industrial, de servicios, etcétera, para poder satisfacer las expectativas de estos documentos. Las recomendaciones deben ser visionarias e incluir propuestas de nuevos estándares necesarios para enfrentar los desafíos emergentes en el mundo del trabajo.

> (…) En el marco de una escena internacional convulsionada, el compromiso de las organizaciones de los trabajadores con la paz en un mundo libre de armas nucleares, y la adopción del paradigma de acción política no violento propuesto por el Papa Francisco en la Jornada Mundial de la Paz, del año 2017, es especialmente importante. El conflicto y la división destruyen cada vez más la confianza en la democracia y en las instituciones. Las políticas extremistas que comprenden la xenofobia, el racismo y diversas formas de exclusión deben ser rechazadas si deseamos alcanzar el bien común.

La presencia de organizaciones de todo el mundo, de todas las regiones y de un gran número de naciones hace impostergable la acción coordinada regional y global y la acción articulada del movimiento de los trabajadores. Para ello, resulta una condición básica la defensa y promoción de las libertades y derechos sindicales que constituyen los pilares básicos de la convivencia democrática y de la construcción de una agenda social inclusiva y propositiva.

Resulta importante la realización de encuentros locales y regionales, similares a este, que favorezcan el diálogo entre las organizaciones sindicales, los organismos de la Iglesia y otros actores que sean convocados. Asimismo, consideramos la necesidad de continuar con estos foros convocados en este ámbito.

Hacemos un llamamiento a intelectuales, dirigentes empresariales, organizaciones de la sociedad civil, organismos internacionales y, en especial, a los gobiernos de las naciones para que hagan propios los desafíos y oportunidades y actúen de manera solidaria a favor de un desarrollo integral, solidario y sostenible.

Con "trabajo, tierra y techo para todos".

Ha quedado, de esta manera, la puerta abierta para continuar, no solo la relación protocolar entre ambas instituciones sino, también, la posibilidad de avanzar en estrategias que, sin confundir los ámbitos, fines y objetivos de cada una, posibiliten ampliar la postura de quienes apostamos por un mundo con erradicación de la pobreza, inclusión social, trabajo decente y justicia social.

El movimiento sindical internacional debe tomar nota de la presencia de Francisco en el Vaticano. He encontrado en determinados sectores sindicales cierta displicencia respecto a la nueva impronta de la Iglesia, fundamentalmente, en aquellos que continúan pensando la realidad mundial en clave de Guerra Fría. No me refiero, por supuesto, a los distintos niveles en los que cada uno debe operar. Me refiero a una estrategia que permita al movimiento sindical global adquirir más peso específico y masa crítica para lograr sus objetivos. Es imprescindible sumar a esta iglesia al debate sobre el futuro del trabajo y del capital. Tejer estrategias conjuntas de sensibilización y debates para amplificar aún más las actuales posiciones del Vaticano. Como lo manifestamos al comienzo, Francisco es, objetivamente, un aliado de los trabajadores. En un mundo en transición, complejo, con la democracia en el tapete de discusiones, con cada vez más refugiados, más excluidos y desigualdad y, fundamentalmente, tanta incertidumbre respecto al futuro, democratizar la globalización, objetivo primordial de la Confederación Sindical Internacional, implica contrastar la globalización de la indiferencia, como la define el Papa jesuita y misionero, el Papa del fin del mundo.

5. El futuro del trabajo

A lo largo del libro, el futuro del trabajo aparece desplegado en cada capítulo. No es un error, ni este capítulo un resumen. La idea de desarrollar un apartado sobre el futuro del trabajo no es para analizar las características particulares de las innovaciones tecnológicas en ciernes ni las que, se supone, vendrán. Algunas cosas ya se han comentado en otros capítulos. No es este un acápite "técnico" o "tecnológico". Se trata de comprender el fenómeno de los cambios tecnológicos desde una perspectiva política y, más apropiadamente, política sindical.

La dicotomía elaborada por Julio Godio sobre las consecuencias sociales de la globalización parangonándolas con las dos caras de una moneda, esto es, mutación-degradación, resulta útil para comprender la cuestión de las innovaciones tecnológicas y sus impactos en el mundo del trabajo. Se trata de observar y comprender que cada cambio de época trae consigo cambios tecnológicos que, volcados al mundo laboral, básicamente al ámbito de la empresa, generan nichos de degradación de las condiciones y relaciones del trabajo. Lo común, en los ámbitos laborales, ya sea académicos, políticos y sindicales es el concepto de que "las innovaciones y el cambio tecnológico generan desempleo". Una mirada global a este problema nos permitiría entenderlo desde otra óptica. Uno podría decir, sin temor a equivocarse, que las innovaciones tecnológicas destruyen y crean empleo; también uno podría decir que en algunas regiones del planeta el impacto tecnológico generará importantes bolsones de empleo mientras, en otros puntos del planeta se producirá una baja en las tasas de empleo. Otro elemento que se podría argüir es que algunos campos y sectores de la economía serán afectados por el cambio tecnológico más severamente que otros. Y, lo que es más importante es que la innovación tecnológica aplica a modelos económicos disímiles, en los que ya de por sí, sus orientaciones y medidas, contienen un valor en sí mismas a la hora de incidir sobre el empleo y sobre las relaciones laborales, más allá de la cantidad y calidad de tecnología presente en sus estructuras económicas.

La tecnología nos invade. Con solo comprobar el ritmo de cambio de nuestros celulares y su tasa de uso medida en tiempo, nos damos cuenta de que estamos en una era de profunda mutación tecnológica. Siempre las revoluciones tecnológicas le han cambiado la vida a la gente y, particularmente, a los trabajadores. La instalación de la organización científica del trabajo (taylorismo) y la producción en masa (fordismo) generaron nuevos modelos de vida de las sociedades, más allá de los límites de la empresa, desde el modelo educativo, hasta la organización urbanística y las culturas y costumbres.

Sin embargo, la mayoría de la gente no ve, a simple vista, la relación directa entre estas transformaciones y sus consecuencias vinculadas con el presente y el futuro del trabajo. El movimiento sindical, en general, percibe que hay cosas que están cambiando en los lugares de trabajo, en el hecho del trabajo humano; se nota más en algunos sectores que en otros, con consecuencias, como dijimos, disímiles. El sindicato que tomó nota de las profundas implicancias que estas innovaciones tecnológicas traerían consigo fue, precisamente, el Sindicato Global del sector económico que está siendo y va a ser más impactado por ellas, y que cuando fue creado, tal vez premonitoriamente, hace dieciocho años, se autodefinió como el sindicato del sector servicios y de las capacidades innovadoras: UNI, la Red Sindical Internacional.

Fue, precisamente, en un Comité Ejecutivo Mundial de UNI en el que, a iniciativa de la Secretaría General, el "Futuro del trabajo" comenzaría a integrar la agenda prioritaria de sus actividades. Sobre la base de importantes estudios de investigación científica provenientes, fundamentalmente, de instituciones como el MIT (Massachussets Institute of Tecnology) y de la promoción del tema en ámbitos económicos y comerciales de carácter global, como el Foro Económico de Davos, la problemática se disparó al resto de los espacios de debate económico como academias, institutos de innovación tecnológica y universidades. Como era de prever, la intensidad del debate varió, y varía, según la región sobre la que se discute, las características del grado de avance tecnológico del país del que se trate, de las características de sus mercados de trabajo, de sus modelos económicos y de las urgencias particulares de los países y regiones.

Lo cierto es que hoy se multiplican los congresos, seminarios, talleres y comisiones dedicadas al tema y, también, se debate sobre sus implicancias en la actualidad y en el mediano y largo plazo. Por otra parte, no se trata ya de un asunto solamente vinculado a cuestiones de productividad; se trata de algo más complejo que lo generado otrora, en épocas de cambio tecnológico. Y aunque, como lo dijimos, la innovación tecnológica siempre generó consecuencias en la organización social y laboral, especialistas explican las implicancias en los modos de vida de nuestras sociedades, en aspectos vinculados al manejo de datos, en la utilización de la denominada inteligencia artificial y en los nuevos formatos empresariales, como el de las plataformas digitales.

Los sindicatos comienzan a preguntarse y a preocuparse por los alcances de la digitalización. Se visualizan, a modo de síntesis, tres áreas que interactúan. La tecnología de la información y el software (inteligencia artificial), la robótica y los sensores (obtención de datos) y las nuevas técnicas de producción (fabricación aditiva). La interconexión está dada por la integración en objetos, dispositivos y partes de máquinas que pueden comunicarse entre sí por internet. Este complejo dispositivo aplicado al trabajo genera una serie de consecuencias en los que el sindicalismo, por el carácter inherente al rol que le cabe, no puede permanecer ajeno a la agenda presente y futura de sus organizaciones. De no ocurrir esto, el debate queda en manos de quienes ostentan el poder suficiente para imponerlo a nivel de los procesos productivos y conglomerados empresariales y, con ellos, en el circuito económico y comercial global.

En la construcción de una plataforma desde el movimiento sindical cabe tomar nota de la visión que ha adoptado la OIT para encuadrar el debate y, de alguna manera, para contener las visiones deterministas al respecto que, lógicamente, vienen desde las usinas del poder económico concentrado y ultra rentístico. El futuro del trabajo que queremos, como consigna de la OIT, rompe el molde determinista y convoca a debatir sobre los temas adyacentes a la innovación tecnológica y a priorizar las cuestiones de las nuevas etapas de la globalización y sus diversos niveles de desarrollo, hacia dónde va la empresa moderna y su gobernanza, el diálogo social, la negociación colectiva y las temáticas que tienen incidencia en las nuevas pautas de capacitación profesional y educación formal. Por tanto, no es correcto vincular automáticamente la innovación y el desarrollo tecnológico con el futuro del trabajo. Esta vinculación no necesariamente deja entrever una relación de causa y efecto. Como lo manifestamos, la tecnología aplicada al trabajo no es novedad alguna.

"El desarrollo de la producción de bienes y servicios se sustentó en la creciente aplicación de la ciencia y la tecnología en equipos y en organización del trabajo merced a una red de relaciones que se tejió entre las fábricas y los laboratorios desde mediados del siglo XIX. Los efectos de esas transformaciones siempre fueron rápidamente asimilados y direccionados normativamente en clave de protección de la persona que trabaja", comenta el uruguayo Hugo Barreto Ghione.

Para ello, fue necesario un compromiso del conjunto de la sociedad civil pero, particularmente, de las organizaciones sindicales nacionales e internacionales a los efectos de reconocer, en primer lugar, que el avance tecnológico era susceptible de mejorar la vida de las personas, en tanto y en cuanto la incorporación de tecnología se produjera a la medida del hombre; esto es, que los efectos de la innovación pudieran ser apoderados por las grandes mayorías para el disfrute de las consecuencias de su aplicación. En segundo lugar, y vinculado a lo antedicho, la necesidad de monitorear de la forma más eficaz posible las transiciones que se operaban entre los cambios de modelos tecnológicos para que, producida la incorporación de tecnología a los diversos campos de la vida humana, la degradación (en los términos de Godio) fuera la menor posible.

Hoy, ese compromiso esta todavía ausente. Estamos atrasados. Hace algunos años tímidamente empezaron a aparecer señales de innovación tecnológica en algunos sectores económicos. Comercio fue uno de ellos. En el año 2006 la OIT, a través de su Departamento de Sectores, organizó una reunión tripartita sobre las Consecuencias Sociales y Laborales de una Mayor Utilización de las Tecnologías destinadas a minoristas, refiriéndose a la industria del *retail*, o sea, al supermercadismo. La reunión hacía hincapié en las IDRF, esto es, a la Identificación por Radio Frecuencia. Esta tecnología iba a permitir la recepción, marcado y monitoreo de depósito de mercaderías para la venta en salón. En esa reunión se conversó, también, con el sector empresario sobre las pruebas que, para entonces, comenzaban a implementarse con las cajas automáticas. Independientemente de los debates habidos con relación a los efectos sobre el empleo y el rol a jugar por la negociación colectiva, el movimiento sindical, en nuestra región, no priorizó preventivamente esta cuestión. Han pasado doce años y me atrevería a decir que la modalidad IDRF resulta al menos, frente a los profundos cambios generados estos últimos años, en camino de superación. Ni hablar de las cajas automáticas: han pasado la etapa de prueba y se encuentran en pleno desarrollo. Al mismo tiempo, el comercio electrónico irá enviando paulatinamente estos avances a la historia porque dejarán de ser necesarios.

Los problemas laborales que genera la nueva economía en nuestros mercados de trabajo están lejos de haberse solucionado. Al contrario, las nuevas tecnologías han creado nuevos mercados de trabajo y transformado los viejos. Y con estos, los viejos desafíos y políticas laborales no han desaparecido, solo han tomado nuevas formas y contornos.

Aunque la explotación en el trabajo no es nueva, se visualizan modos innovadores que son puestos en práctica con el agregado de las tecnologías digitales. La denominada "gig economy" o la "economía de los pequeños encargos" o de los bolos, es la estrella que pretende modificar los sistemas de relaciones laborales protectores. Se la define como esa situación laboral en la que seremos contratados puntualmente para trabajos esporádicos en los que aportaremos todo lo necesario para la actividad. Te llaman para realizar un servicio, pones tu conocimiento, tu mano de obra y los medios precisos, cobras, das un porcentaje a la empresa mediadora y te vas a esperar el siguiente "bolo". Esta "gig economy" ofrece trabajo y salario a muchos necesitados y también representa un sistema con la capacidad de explotar y alienar trabajadores a través de nuevas e innovadoras formas. Uber es un buen ejemplo de esto. Y lo que es peor: son trabajos no sometidos a ninguna regulación.

De lo que se trata es de comprender que esto no debe ser así. Nuestro compromiso, nuestra actitud, nuestra capacidad de comprender los fenómenos tecnológicos desde la óptica del monitoreo laboral y social y, fundamentalmente, desde la regulación y la acción y gestión sindical, deberían permitir disipar la incertidumbre y avanzar hacia más trabajo decente. Redescubrir cómo va a ser el trabajo en las relaciones que generan las plataformas digitales empujadas por las nuevas multinacionales (Google, Amazon, Microsoft, etcétera) se torna un imperativo para el movimiento sindical de hoy. No dejarse atrapar por quienes piensan que la economía digital, al ser flexible, habilita a los trabajadores a un sueldo cuando ellos quieran. La economía digital esconde en sus entrañas el camino a una mayor individualización del trabajo. Aduciendo que los trabajadores son auto empleados, la economía de las plataformas abusa de los derechos humanos.

UNI Sindicato Global ha demandado a las empresas de plataformas digitales la necesidad de observar una serie de compromisos laborales. En primer lugar, la organización internacional de los trabajadores del sector servicios demanda "que todos los trabajadores, trabajen en las diversas formas de empleo en las que trabajen, tengan los mismos derechos sociales y laborales. Esto significa que, independientemente del tipo de relación laboral que se establezca, se tenga derecho al retiro, a las pensiones, a las vacaciones, a la cobertura por enfermedad, etcétera. Asimismo, el respeto al derecho de libertad sindical y de negociación colectiva, como así también el respeto a los derechos humanos, a la vigencia de los estándares laborales de la OIT y a los derechos por los que ha luchado el movimiento sindical a lo largo de la su historia". Manifiesta la UNI que estos derechos hoy parecen ausentes o muy lejos de su observancia en estas nuevas formas de empresa. Es necesario un cambio en la cultura de estas plataformas.

Demanda, también, la UNI el pago, por parte de estas plataformas de las contribuciones sociales e impuestos. Volar por debajo de los radares, evadiendo impuestos o transfiriendo dinero a los paraísos fiscales es inaceptable.

El reentrenamiento y la capacitación profesional también son requeridas en la economía digital, expresa la UNI, en tercer lugar. Al tiempo que los robots y la inteligencia digital reemplazan y desplazan trabajadores y trabajo, cada trabajador debería tener el derecho de acceso al entrenamiento profesional. El costo de este entrenamiento debería ser sufragado por las empresas hacia un fondo nacional administrado por el Estado, los empresarios y las organizaciones sindicales.

Como cuarto punto, UNI reclama a las compañías la puesta en práctica de esquemas de aprendizaje para todo tipo de trabajador bajo responsabilidad de las empresas.

En quinto lugar, UNI reclama responsabilidad por el *outsourcing*. Las compañías de mayor valor en el mercado emplean hoy a pocos trabajadores. Por ejemplo, manifiesta UNI que Apple, la compañía de mayor valor hoy en el mercado norteamericano emplea 57.000 empleados mundialmente. En comparación, en 1962, AT&T, empleaba 564.000. Esta declinación es debida, en parte, a la incorporación de tecnología y a la digitalización, pero también debido a que, precisamente, estas tecnologías han posibilitado la creación de largas y complejas cadenas de valor compuestas por subcontratistas, incluyendo plataformas digitales. Se requiere, en este sentido, que estas empresas, a la cabeza de estas cadenas, al utilizar la tercerización no se deshagan de sus responsabilidades.

El respeto a los derechos humanos en los negocios y en el comercio es un llamamiento que el mundo hace cada vez con mayor fuerza. Es necesario introducir procesos de diligencia rápida en el respeto de estos derechos para evitar las consecuencias adversas de estos comportamientos. Es tiempo de una carta o licencia de "comercio justo" en las plataformas de la "gig economy".

UNI y sus afiliadas, por otra parte, manifiestan que están preparadas para establecer un diálogo social fructífero y constructivo con las empresas de plataformas digitales. Estamos en condiciones, manifiesta UNI, de aprovechar una oportunidad para moldear un futuro sustentable. "Necesitamos hablar y demandar acción y un cambio de dirección".

Estamos, entonces, en un nuevo ámbito de relaciones sindicales internacionales. Este nuevo ataque a las regulaciones económicas y laborales nos pone en un dilema viejo y conocido: neutralizar el costado degradante del avance tecnológico a partir de no entenderlo como parte de un futuro ya predeterminado sino pasible de ser monitoreado y regulado. Para esto, saber cómo va a ser el trabajo del futuro, qué relaciones laborales contractuales puede generar y quién controlará los datos, que se han convertido en el nuevo petróleo de la era y que pueden, en el campo laboral, ser instrumentos de vigilancia de nuestros comportamientos y conductas personales, se torna esencial. Es tarea ineludible del sindicalismo nacional e internacional conocer y comprender estos temas que ya invaden nuestro entorno laboral y sobre los cuales el sindicato deberá debatir y gestionar para dar respuesta a sus representados, a quienes trabajan en los límites de la formalidad, a quienes se incorporan a los nuevos trabajos y a los trabajadores informales que, de otra manera, tendrán cerrada su incorporación al trabajo formal por mucho tiempo.

CAPÍTULO 3
La Confederación Sindical Internacional

*Acción y gestión por un sistema global democrático
y social en un nuevo mundo del trabajo. Un futuro
del trabajo con tensiones, debate y lucha inteligente.
Finalizar el círculo unitario*

Una década y un poco más, aciertos y acechanzas

Habiendo realizado una recorrida desde distintos ángulos respecto del sindicalismo internacional, es conveniente preguntarnos si los trabajadores y las trabajadoras del mundo pueden confiar en la organización que vio la luz en octubre de 2006, la Confederación Sindical Internacional (CSI) y sus socias, las Federaciones Sindicales Internacionales y la Confederación Europea de Sindicatos, esto es, lo que comúnmente se denomina hoy día los Sindicatos Globales, para enfrentar los enormes retos y desafíos que tiene el mundo del trabajo por delante y, fundamentalmente, los derechos de sus representados en él.

Todo indica que sí. La respuesta es susceptible de ser desglosada, por varias razones. En primer lugar, porque la responsabilidad por las líneas de acción de la CSI y sus resultados está, en última instancia, en manos de las organizaciones que la integran, aunque, como es lógico, no conviene desentenderse en este análisis de la burocracia (en el mejor sentido del término) que la conduce circunstancialmente. Asimismo, las velocidades de los cambios operados globalmente ponen a la organización en una situación de multiplicidad de urgencias, demandas y necesidad de respuestas, que, por otra parte, difieren en relación con las regiones y países. No obstante que en la globalización la lógica de superación del tiempo y del espacio y la consiguiente afirmación de la instantaneidad en las interacciones y la ubicuidad virtual de los actores expresaría su esencia última, lo real es que no resulta lo mismo ser excluido en un país de América Latina que en Europa, ni tampoco son las mismas la historia sindical y de la sociedad de trabajo en América que en China, ni sus urgencias.

Además, no se debe olvidar que la estructura institucional estatutaria de la CSI refleja, como toda estructura, una relación de fuerza y poder en función de tamaños, desarrollos, representatividades y recursos. Pero no siempre estos componentes necesariamente expresan la realidad nacional y regional de las centrales sindicales componentes de la central internacional, ni cada uno de ellos se despliega en idéntica dinámica. A esto cabe agregar el compromiso asumido por cada central y por cada sindicato nacional, para con el movimiento sindical internacional. Hemos manifestado la idea de la necesaria interactuación entre lo internacional y lo nacional en el accionar sindical: parece difícil que el sindicalismo internacional fructifique en su accionar si no hay un sindicalismo nacional comprometido internacionalmente y viceversa.

De lo que no cabe duda es que, desde los últimos tiempos de la Confederación Internacional de Organizaciones Sindicales Libres (CIOSL), el movimiento sindical internacional fue enriqueciendo su accionar frente a los acontecimientos que le fue planteando la realidad global. Particularmente desde la asunción de Guy Ryder al frente de la ex central mundial, en el 2001, la CIOSL comenzó un proceso de reubicación que, a decir verdad, hasta su nombramiento como Secretario General, para muchas organizaciones, particularmente de América Latina, era necesario, teniendo en cuenta su relativamente escasa presencia en la década del noventa, década que para la mayoría de los países en desarrollo fue nefasta desde el punto de vista económico y de desarrollo humano. Ryder significó un giro importante en la estrategia de la organización en relación con las consecuencias devastadoras de la década neoliberal a escala planetaria. Ya no se trataba de producir documentos sobre los temas acuciantes históricos y actuales del mercado de trabajo sino de un cambio de actitud. En el caso de las centrales sindicales de América Latina, particularmente, la CUT de Brasil y la CGT de Argentina, aun siendo miembros, mantenían una relación pasiva y hasta, en algunos casos, conflictiva, aunque las más de las veces por razones diversas. El agravamiento de la crisis de los noventa en América Latina arrojaba resultados preocupantes desde el punto de vista social y las organizaciones sindicales internacionales, más allá, de las clásicas declaraciones, no parecían estar a la altura de las circunstancias. Al margen de disidencias puntuales o miradas disímiles, el período iniciado por Ryder en la CIOSL cambió la dinámica de la representación sindical internacional. Hasta allí, comenta Josep María Antenas Collderram de la Universidad Autónoma de Barcelona, "durante el siglo XX se fue consolidando un tipo de práctica sindical internacional que puede definirse, siguiendo a Hyman (2005), como un 'modelo diplomático de internacionalismo sindical' caracterizado por una lógica ligada a la realización de funciones y tareas rutinarias, y a la política del mínimo común denominador, al realizar actividades e iniciativas internacionales. La actividad sindical internacional quedó confinada a una reducida élite sindical, y desligada de la práctica sindical cotidiana y del conocimiento y participación de los afiliados y cuadros intermedios de las organizaciones nacionales. Las estructuras sindicales internacionales tuvieron, desde el comienzo, una capacidad operativa real limitada y un alto grado de invisibilidad frente a los propios trabajadores y afiliados sindicales, que a menudo, incluso, desconocen su existencia".

Lo primero para rescatar en el inicio del milenio es la gestión sindical, tanto de la última etapa de la CIOSL como de la CSI. El movimiento sindical internacional, al margen de su ya clásico papel de representante de los trabajadores, debía ampliar su perfil de sujeto global, que no es lo mismo. Ser sujeto global implica asumir un nuevo rol en un nuevo escenario, cambiante, dinámico, en transformación permanente. Implica reorientarse hacia su conversión como parte de un movimiento social ciudadano de mayor amplitud. Mirar el mundo desde una perspectiva diferente y abandonar conclusiones inefables e infalibles respecto a realidades que ya no son las mismas, aunque produzcan y reproduzcan inequidades e injusticias inocultables, incluso, algunas de ellas, multiplicadas y de más compleja resolución. El sindicalismo internacional integra, aunque algunos de sus componentes no lo perciban en su totalidad, un movimiento ciudadano global en gestación que no tiene ni tendrá un carácter ni único ni unidimensional; tampoco será un movimiento de movimientos. De la misma manera que la ciudadanía global será multidimensional, también lo serán los movimientos y organizaciones que esa ciudadanía vaya estructurando.

Por tanto, la CSI iba mucho más allá de un nuevo experimento unitario de centrales sindicales nacionales que se debatían sobre como abrirse camino nacionalmente frente al modelo de exclusión económica que estaba causando tanto daño a la sociedad de trabajo mundial. Se trataba de reconstruir un nuevo internacionalismo sindical que, sin dejar de valorar su peso específico cuantitativo, se revolucionara a sí mismo para elevar su impacto como agente de representación con influencia y capacidad de codecisión en los niveles intermedios de poder de decisión de políticas. Esta impronta necesariamente implicaba dejar de lado esquemas de pensamiento dogmáticos, útiles en otras etapas del movimiento sindical en las cuales afloraban necesidades de otro tipo: hacerse visible como movimiento, mostrar las consecuencias humanas del trabajo sin derechos, denunciar violaciones a los Derechos Humanos más elementales en el mundo del trabajo. Ninguna de estas necesidades ha desaparecido y hasta es común encontrar situaciones de mayor o peor envergadura; sin embargo, los escenarios laborales han cambiado y su entorno está en mutación permanente. La lucha y el empoderamiento del movimiento sindical en sus distintos niveles, la evolución del sistema internacional, aún con sus imperfecciones e incertidumbres y el cambio tecnológico, al tiempo que generan nuevas condiciones en el marco de un sistema económico que no tiene al hombre en su centro también ponen sobre la mesa herramientas, instrumentos y aptitudes sindicales cualitativamente superiores para elevar la calidad de vida de los trabajadores.

Los finales del siglo XX, más precisamente los últimos años de la década de 1990 y los primeros años del nuevo siglo, desde el punto de vista económico, tuvieron un gran significado en la evolución del sindicalismo internacional. Como vimos, el freno a las políticas de la Organización Mundial de Comercio en Seattle y la crisis de Argentina, en 2001, produjeron un cimbronazo no solo en los sindicalismos nacionales, incluidos aquellos con historia de lucha, y consecuencias nefastas de la misma, como el caso de las desapariciones en todo el Cono Sur de América Latina, los asesinatos de dirigentes y militantes sindicales en Colombia, sino, también, en el debilitado sindicalismo norteamericano y el inicio de un pronunciado descenso en las tasas de sindicalización en el sindicalismo europeo. Algo debía reflejar el sindicalismo internacional que fuera caja de resonancia de estas situaciones que denotaban fuertes procesos de debilitamiento y retroceso, en general.

Para comenzar a delinear los contornos de un nuevo sindicalismo para la nueva etapa, una estrategia unitaria era prioritaria. Adoptar una estrategia unitaria no significaría dejar para más adelante las cuestiones programáticas y/o tácticas. Pero para avanzar hacia una nueva política sindical internacional, unificar se tornaba un imperativo porque la construcción de un nuevo sujeto global requería la mayor inclusión posible del poder sindical disperso y, por tanto, de escaso impacto. Se trataba de vertebrar un sujeto que incursionara con mayor fluidez en los "nuevos" espacios globales y regionales de decisión con capacidad de influencia numérica y científica, al tiempo que construir alianzas que ensancharan y dotaran de mayor masa crítica sus propias bases de sustentación.

Las propias consecuencias de la globalización neoliberal en el campo del trabajo achicaban las diferencias y distancias entre los distintos sectores sindicales, por un lado; y, por el otro, la existencia de la Confederación Europea de Sindicatos (CES), nacida en 1973, por las características de su composición, en la que conviven organizaciones sindicales que, a su vez, integraban las dos mayoritarias CIOSL y CMT, podía constituir un buen ejemplo de factible convivencia sindical en una misma organización, en este caso, de característica regional.

Así, lentamente, la conducción de la CIOSL comenzó las conversaciones con la CMT y centrales independientes no afiliadas a ninguna confederación mundial. Lo relacionado con la constitución de la CSI ya fue tratado en otra parte de este trabajo. Sí, importa resaltar cuestiones elementales que comportan un conjunto de bondades objetivas que derivan de la unidad: ahorro de recursos, no superposición de delegaciones, unidad de criterios, etcétera.

La Confederación Sindical Internacional y la Organización Internacional del Trabajo

No es nueva la relación de la OIT con el sindicalismo. Ya sea por su composición tripartita que la obliga a recibir, en el seno de sus espacios de decisión, a los sindicatos a través de las delegaciones nacionales o, también, por el rol jugado por las centrales sindicales mundiales en la organización: la mayoritaria CSI y la FSM. La OIT es el ámbito por excelencia de participación y reconocimiento del movimiento sindical en el sistema internacional.

La OIT mantiene una relación de colaboración estrecha con las organizaciones sindicales. En la Conferencia Internacional del Trabajo los intereses de los trabajadores los promueven los propios delegados de los trabajadores de todos los países miembros que participan en ella. El Grupo de los Trabajadores del Consejo de Administración, que cuenta con catorce miembros titulares y diecinueve miembros suplentes, es otra instancia en que se promueven sus intereses. Además, la CSI y las Federaciones Sindicales Internacionales y la FSM participan de manera permanente, en calidad de órganos consultivos, en las actividades de la OIT. En esta, la Oficina de Actividades para los Trabajadores (ACTRAV) es la unidad encargada, específicamente, de servir de enlace entre la OIT y los sindicatos, entre ellos, las principales confederaciones sindicales internacionales, las principales federaciones sindicales sectoriales y los sindicatos nacionales. La Oficina de Actividades para los Trabajadores se encarga específicamente de:

- asesorar al Grupo de los Trabajadores durante la Conferencia Internacional del Trabajo, en las reuniones del Consejo de Administración, en las conferencias regionales y sectoriales, y en las diversas actividades que realiza la Oficina;

- introducir y difundir la perspectiva sindical en la labor de los departamentos y unidades de la Oficina Internacional del Trabajo;

- hacer conciencia acerca de las iniciativas y actividades sindicales en otros departamentos y unidades de la OIT;

- prestar apoyo a la realización de los proyectos de cooperación técnica en los países;

- organizar reuniones y seminarios sobre temas de actualidad que interesen a los trabajadores;

- observar la evolución y analizar las tendencias del movimiento sindical en las empresas, en los países, en las regiones y en el plano internacional; y utilizar sus recursos y conocimientos especializados para consolidar y crear organizaciones de trabajadores.

La OIT se ha convertido, para el movimiento sindical internacional, en un ámbito de denuncia y puesta en visibilidad de situaciones insostenibles en materia laboral y social. No obstante, cierta lentitud en sus procesos internos, resulta necesario no dejar de tener en cuenta el sistema tripartito de funcionamiento y las necesidades que demanda de los tres actores que la componen. La OIT es una tribuna pública para el sindicalismo. Obliga al sistema internacional a tener en cuenta el mundo del trabajo en su seno. Liga al trabajo con el comercio internacional, el sistema monetario internacional, las políticas globales de desarrollo y cooperación internacional, entre otras cosas.

Dos cuestiones deben ser tenidas en cuenta en la relación movimiento sindical-OIT. La primera es que la OIT no es un sindicato sino una agencia internacional y, como tal, no responde automáticamente a las políticas sindicales de cada organización. Ha sido común en algunas latitudes interpelar a la OIT por lo que la OIT no puede hacer, a menos que tenga el consenso de los tres sectores que le dan sustento: gobiernos, sindicatos y empleadores. En segundo lugar, no se debe confundir la necesaria relación institucional y participativa del movimiento sindical con los distintos estamentos y sectores de la OIT, con la agenda sindical. La OIT es parte de la agenda de la CSI y no su guía de acción, cuestión que, en algunas oportunidades y, no solo en la CSI sino en algunas de sus organizaciones integrantes, aparece confusa.

La Confederación Sindical Internacional, la Red Sindical Mundial de Investigación y la Universidad Global del Trabajo (GLU)

En enero de 2004 se creó la Red Sindical Mundial de Investigación (GURN, por sus siglas en inglés). La Confederación Internacional de Organizaciones Sindicales Libres y el Consejo Sindical Consultivo de la Organización para la Cooperación y el Desarrollo Económico (OCDE) fueron las que tomaron la iniciativa de crear esta red de investigación, y el proyecto se llevó a cabo con la asistencia de ACTRAV y del Instituto Internacional de la OIT para Estudios Laborales. La Red contó con el apoyo financiero del departamento de desarrollo de la Federación Sindical holandesa (FNV Mondiaal) y del Gobierno alemán. El GURN aspiraba a llevar a cabo e iniciar investigaciones sobre temas directamente concernientes al movimiento sindical internacional. La Red contó con una página de internet, banco de datos de investigaciones y un compendio de los institutos de investigación y boletines.

La experiencia fue interesante en sus inicios. La existencia de una gran cantidad de instituciones académicas, de investigación y sindicales sobre la diversidad de temas que ocupan la agenda sindical, ameritaba ser aprovechada por el sindicalismo internacional. Para ello el GURN implicaba la posibilidad de coordinar todos los esfuerzos de investigación relacionados con el mundo del trabajo desde una perspectiva sindical. Esta red ha quedado virtualmente absorbida por una nueva iniciativa, aunque no se descarta que pueda ser reactivada. La nueva iniciativa es la creación de la Universidad Global del Trabajo (Global Labor University, GLU).

La Universidad Global del Trabajo es una red de universidades, organizaciones sindicales, la Organización Internacional del Trabajo y la Fundación Friedrich Ebert de Alemania, para implementar y desarrollar programas internacionales universitarios en "Políticas Laborales y Globalización", llevar adelante investigaciones conjuntas y organizar foros internacionales de debate sobre temas laborales globales. La GLU se propone, también, cualificar dirigentes sindicales y otros expertos a través de programas universitarios de posgrado de alto nivel.

La GLU despliega actividades en tres áreas:

1. Capacitación: desarrollo e implementación conjunta de programas universitarios sobre políticas laborales y globalización.

2. Investigación: Anualmente la GLU organiza una Conferencia sobre los efectos económicos, sociales y políticos de la globalización y el rol de los sindicatos. La GLU coopera con el GURN y otras redes laborales de investigación.

3. Publicaciones: la GLU publica libros de texto, *papers* de investigación y libros sobre temas del trabajo y la globalización.

La GLU se organiza sobre la base miembros plenos que son organizaciones sindicales nacionales e internacionales, universidades, institutos de investigación y otras organizaciones (OIT, FES) y que participan directamente colaborando con la red proveyendo programas máster en "Trabajo y Globalización".

Los órganos de la GLU a nivel internacional son:

1. El Consejo: cada miembro pleno está representado en este Concejo que decide sobre las orientaciones generales de la GLU, elige el Grupo Directivo, discute el reporte anual, debate y orienta sobre los programas de la red, afilia nuevos miembros y decide sobre los temas de la Conferencia Anual. Este Concejo se reúne una vez al año al tiempo de la realización de la Conferencia anual. El Concejo trabaja con el criterio de los consensos. Los representantes universitarios y los representantes sindicales forman sus respectivos grupos para las representaciones ante el Comité Directivo. El resto de las decisiones requieren la mayoría de todos los delegados registrados y la mayoría al interior de los dos grupos. En la elección del Comité Directivo debe haber representación del norte y del sur, balance de género y del sindicalismo internacional. Los estudiantes estarán representados por dos delegados en las reuniones del Concejo. La Red de Alumnos, amigos y donantes son invitados sin voto a las reuniones del Concejo.

2. El Comité Directivo: es elegido anualmente por el Concejo y está formado por representantes de las universidades participantes y de los institutos de investigación, representantes de las organizaciones sindicales nacionales y del sindicalismo internacional. Los miembros del Comité distribuyen su trabajo por consenso. El Comité Directivo cumple un rol de facilitación. Los sindicatos y universidades que ofrecen un programa en el marco de la GLU deben estar representados en el Comité para asegurar la coordinación técnica entre los programas. El Comité actúa como coordinador de la GLU. Coordina la cooperación internacional y las iniciativas en red.

3. Red de Alumnos y Amigos: líderes sindicales y ex alumnos de la GLU forman esta Red. Los integrantes de esta Red son permanentemente informados de las actividades de la GLU y son invitados a asesorar y asistir sobre el desenvolvimiento futuro de la GLU.

La Universidad Global del Trabajo es una iniciativa importante de la OIT y del movimiento sindical internacional. Es indudable que los desafíos que enfrenta el movimiento sindical en sus distintos ámbitos y niveles necesitan un conjunto de herramientas de capacitación y formación de cuadros que deben operar a escala global, independientemente de la capacitación político-sindical que realizan los sindicatos nacionalmente. La idea de una universidad global dedicada específicamente a los estudios que realiza la GLU es un inicio importante que debe ser perfeccionado y, fundamentalmente, continuado y mejorado. El conglomerado de universidades e instituciones académicas es prestigioso y son todas universidades interesadas en el presente y futuro del mundo del trabajo.

No obstante, para algunas regiones y países, acceder a los programas que se ofrecen parece un poco complejo. Gran parte de los cuadros medios de los movimientos sindicales del sur del planeta no han tenido la posibilidad de acceder a capacitaciones educativas formales de nivel intermedio y/o superior. La formación de un conjunto de cuadros sindicales para el futuro debe observar este dato de la realidad, aunque no necesariamente la GLU debe tomar responsabilidad por esto. La cuestión idiomática es otro elemento para estudiar. Solo para dar un ejemplo, es muy difícil encontrar dirigentes sindicales intermedios y altos del movimiento sindical en América Latina que hablen otro idioma que no sea el de su lengua materna. La GLU es unilingüe y esto genera inconvenientes a dirigentes que podrían acceder a sus programas, pero no lo hacen por no hablar el idioma inglés. Sabemos de las dificultades para establecer programas multilingües. Ello no impide ver las limitaciones que este problema genera a pesar de la alta calidad de los programas de la GLU.

La existencia de la GLU, sus programas e investigaciones deberían ser un componente sustancial de las áreas de capacitación y formación política y económica de las organizaciones sindicales nacionales y la CSI debería impulsar y promover una participación más activa en esta iniciativa.

La Confederación Sindical Internacional, la Oficina de los Sindicatos Globales en Washington y la Organización Mundial de Comercio

Como lo manifestamos, la Confederación Sindical Internacional viene desarrollando, desde su creación, una refundación del sindicalismo internacional, un sindicalismo internacional con capacidad de incidencia e influencia. La cuestión de su visibilidad política y sus relaciones con las instituciones del sistema global es estratégica.

La presencia de la CSI en el lugar emblemático de residencia de las instituciones económico-financieras, esto es Washington, deviene de las épocas de la CIOSL. La Oficina de los Sindicatos Globales en Washington recibió un fuerte impulso con Guy Ryder en la CIOSL y, posteriormente, en la CSI. Esta oficina en la que interactúan la CSI, las Federaciones Sindicales Internacionales y el Comisión Sindical Consultiva ante la OCDE (TUAC, por sus siglas en inglés) ha posibilitado, no solo una presencia del movimiento sindical internacional ante las instituciones del sistema económico y financiero global, sino un conocimiento por parte de los sindicatos nacionales del funcionamiento de las mismas en contextos de ajuste económico y políticas de condicionalidad económica y financiera respecto a los países en desarrollo. El movimiento sindical ha adquirido una experiencia y conocimiento del funcionamiento de las instituciones y de los representantes de los países en su seno que posibilita diálogo e influencia política. Delegaciones del sindicalismo internacional participan de las reuniones anuales de estas instituciones haciendo oír su voz respecto a las políticas de estos organismos en los países y regiones. Los estudios y ediciones estadísticas tanto del FMI como del BM son analizados por la oficina de la CSI en Washington, convirtiéndose estos en importantes insumos para los sindicalismos nacionales como para la propia CSI en sus diagnósticos y estrategias globales. La Oficina de los Sindicatos Globales de Washington se ha convertido en un ámbito generador de diálogo y presión del sindicalismo internacional en las actuales etapas de la globalización, al tiempo que permite sortear las dificultades que las informaciones provenientes de los organismos, al menos de los dos mencionados, orientan hacia tendencias económicas preestablecidas y, generalmente, volcadas hacia los intereses del poder económico concentrado.

Otra presencia estratégica para el sindicalismo internacional se desarrolla en la Organización Mundial de Comercio (OMC). En 1999, cuatro años después de la creación de la OMC, se realizó en Seattle, Estados Unidos, la Tercera Conferencia Ministerial de la OMC. Transcurrida aproximadamente una década desde la instalación de la globalización, el hartazgo de las mayorías globales se expresaba cada vez más a través de una curiosa y creciente presencia de un activismo social cada vez movilizado, caracterizado como movimientos antiglobalización o antiglobafólicos. Estos movimientos, mayormente representativos de sectores específicos y de características no gubernamentales, ocuparon espacios que, en muchas oportunidades fueron abandonados o nunca asumidos por los movimientos sindicales nacionales, ya sea porque sus temáticas eran abordadas genéricamente por esos movimientos sindicales o porque estos carecían de las fortalezas necesarias para poder asumir los reclamos de estos movimientos sociales.

En América, un país en cuya realidad social y política sí pesaba la presencia de los movimientos sociales, era Brasil. De allí que, desde los movimientos sociales de Brasil y con un fuerte apoyo de la CUT, nace la experiencia del Foro Social Mundial, como contracara, además, del Foro Económico de Davos, patrocinado por los grandes conglomerados económicos. El FSM nació como un ámbito dedicado a fomentar un debate crítico sobre la globalización neoliberal. Logró congregar un importante número de organizaciones no gubernamentales, movimientos sociales y organizaciones sindicales de todo el mundo. La experiencia del Foro fue importante en términos de hacer visible el rechazo de las grandes mayorías del planeta a la globalización neoliberal y excluyente, y de transmitir una cierta necesidad de construir estrategias conjuntas entre los movimientos sociales y el movimiento sindical. Esta construcción fue asumida solo por algunos sectores del movimiento sindical. Siempre fue dificultosa la relación movimientos sociales-movimiento sindical. Es cierto que determinadas organizaciones de la sociedad civil se caracterizan por la positiva actitud de poner en la vidriera del debate global temas que, probablemente, de otra manera no serían asumidos por los gobiernos o por las organizaciones del sistema internacional. Las cuestiones de género, medio ambiente, Derechos Humanos, en general, los temas agrarios, de productores pequeños, comercio internacional, trabajadores informales, etcétera, son solo algunos de ellos. Se han generado una multiplicación de alta densidad de organizaciones no gubernamentales y movimientos sociales de diversa naturaleza, básicamente, con capacidad de movilización global. Muchas veces, el movimiento sindical se ha preguntado de donde proviene el financiamiento de algunas de estas organizaciones. Se han encontrado algunas con pretensiones de sustituir la representación específica del movimiento sindical y con financiamiento de sus actividades desde los centros de poder económico concentrado. También el sindicalismo ha expresado, frente a estos movimientos, que la capacidad para enfrentar los retos sociales y laborales del mundo actual, la presencia sindical es estratégica y no admite discusiones de ninguna naturaleza. No obstante esto, la dinámica entre ambos actores ha ido *in crescendo* en los últimos años: para algunas estrategias puntuales y específicas, como las que deben llevar adelante las representaciones de los sectores del trabajo informal, se necesita una interactuación que posibilite impactar más en la realidad.

En Seattle se produjo una interesante confluencia entre el movimiento sindical internacional y los movimientos sociales globales y nacionales que coincidieron en rechazar la continuidad de un modelo económico de exclusión y pobreza expresado por el intento de acuerdo en el seno de la OMC. Seattle se convirtió en el inicio de la debacle que terminó con la crisis de Argentina en 2001 y dejó al desnudo el rotundo fracaso de las políticas económicas de apertura, libre comercio y neoliberalismo. También Seattle dejó una enseñanza: era posible sumar fuerza y esfuerzos entre quienes se preocupan desde su conocimiento específico y especialización temática para denunciar situaciones puntuales de ataque de la globalización hacia sectores económicos afectados por ella y el movimiento sindical con sus características de poder de representación general de los intereses de los trabajadores.

La labor de la CSI y los sindicatos globales en la OMC es una demostración cabal de ese esfuerzo conjunto, pero débil aún. La CIOSL, y la CSI más tarde, con más fuerza, creó el Grupo de Comercio Internacional y Standards Laborales (TILS, por sus siglas en inglés). La CSI ha tenido, respecto a este grupo, un funcionamiento irregular. Básicamente, participan en él los sindicalismos de los países en vías de desarrollo perjudicados por las desregulaciones que emanan de los órganos de la OMC. Principalmente, las dificultades de los países del sur global para acceder con sus materias primas a los mercados del norte y, viceversa, de los países desarrollados respecto a la introducción de bienes industrializados a los países del sur. La cuestión es un poco más compleja, aunque, en términos generales, se nota en este ámbito de actuación sindical diversos niveles de preocupación respecto al tema del comercio internacional. Aquí también se muestran ciertas diferencias en el seno del sindicalismo internacional. El funcionamiento irregular al que hacíamos referencia está relacionado con estas diferencias respecto al rol de la OMC, al concepto de libre comercio y a las relaciones norte-sur en la economía global.

Por otra parte, al estancarse las negociaciones comerciales en el seno de la OMC desde el inicio de la Ronda de Doha, que se suponía debía reencausar dichas negociaciones en la que se llamaría la Ronda del Desarrollo y, frente al inicio de negociaciones promoviendo acuerdos bilaterales y multilaterales, también los movimientos sindicales nacionales y regionales establecieron estrategias respecto a estos, reduciendo su participación en el ámbito multilateral por excelencia, del sistema de Naciones Unidas, la OMC.

Frente a los cambios políticos operados en los últimos tiempos, fundamentalmente en Estados Unidos, con su vuelco hacia una política comercial más proteccionista abdicando de continuar con los proyectos de acuerdos mega regionales, es posible que la OMC vuelva lentamente a ocupar el lugar para el que fue creada. Es allí, ahora, donde las multinacionales de nuevo tipo y las tradicionales seguirán procurando instrumentar las normas necesarias para profundizar el libre comercio en esta etapa.

Los debates actuales sobre el futuro del trabajo también impulsarán un rol protagónico de la OMC. Los intentos por desregular los mercados nacionales para que estos sean fácilmente penetrados por las nuevas formas de comercio, distribución y logística, se desarrollarán en el seno de esta. De hecho, este libro entra a imprenta a pocos días de finalizada la Reunión Ministerial de la OMC en Buenos Aires. En ella se vivió un intenso debate sobre los temas sensibles del comercio internacional y sus regulaciones, particularmente, con relación al rol de las nuevas multinacionales del comercio electrónico y las modalidades en que estas se desempeñarán en los mercados nacionales. La reunión de Buenos Aires fracasó precisamente por la falta de acuerdos en su seno respecto a este y otros temas; sin embargo, quedó una sensación de debilitamiento del marco multipolar que este tipo de agencias del sistema internacional irradian.

La CSI y, fundamentalmente, los sindicatos globales de sector afectados directamente por las decisiones de las Reuniones Ministeriales de la OMC deberán establecer una estrategia de mayor profundidad respecto a este tema. En ella, deberán intervenir, no solo los sindicatos mencionados, sino el conjunto del sindicalismo global. A estos efectos, se deberán profundizar las conversaciones con el sindicalismo chino. No parece realista dejar fuera de la construcción de una estrategia respecto a la OMC al sindicalismo de la potencia del sudeste asiático habiendo sido ya reconocida como economía de mercado y haber entrado en pleno funcionamiento su presencia en las negociaciones comerciales desde fines de 2016.

La Confederación Sindical Internacional y el Capital de los Trabajadores

También la CSI, ha incursionado inteligentemente en lo que se denomina el capital de los trabajadores. Se entiende por tal, los montos de dinero acumulado en los fondos de pensión de diverso tipo manejados por las organizaciones sindicales. El Comité del Capital de los Trabajadores (CWC, en inglés) es una red de activistas sindicales establecida para compartir información y desarrollar estrategias encaminadas a una acción conjunta en el campo del capital de los trabajadores. El CWC se estableció en 1999, tras una reunión de dirigentes sindicales internacionales celebrada en Estocolmo, Suecia. Y su nombre oficial es el Comité de la Agrupación Global Unions sobre el Capital de los Trabajadores, en reconocimiento de la pertenencia de sus miembros a las principales organizaciones sindicales internacionales, incluyendo la Confederación Sindical Internacional (CSI), las Federaciones Sindicales Internacionales (FSI) y la Comisión Sindical Consultiva ante la OCDE (TUAC).

El Secretariado del CWC tiene su sede en Vancouver, Canadá, y está facilitado por Share, una organización sin ánimo de lucro que mantiene estrechos vínculos con el movimiento sindical canadiense. La labor del Comité se desarrolla a través de grupos de trabajo y foros de discusión que funcionan, esencialmente, de forma virtual.

También, trabaja para educar a los fideicomisarios de fondos de pensiones sobre cuestiones de inversión responsable, controlar las tendencias y políticas mundiales en relación con la gobernanza empresarial y del mercado financiero y examinar la manera en que una inversión responsable del capital de los trabajadores puede aportar un valor económico y social a nuestras comunidades. Según lo informa su página WEB, y conforme nuestro conocimiento por haber participado en algunas de sus reuniones, "el Comité solicita a los propietarios del capital de los trabajadores que ejerzan sus derechos en tanto que accionistas para asegurarse de que las compañías en las que invierten respeten los más altos niveles internacionales de Derechos Humanos y gestión medioambiental.

El trabajo actual consiste en supervisar cuestiones tales como la violación de los derechos de los trabajadores en Birmania, así como el trabajo forzoso en las cadenas mundiales de suministro. También, abarca las campañas recientes, incluido el activismo de los accionistas en la petición a Siemens para que rompa vínculos con la Cámara de Comercio de los Estados Unidos y una campaña de los inversores en la SEC de ese país para que divulgue la proporción de dividendos.

Campañas previas

Revisar la información, los riesgos de inversión, y consiguientes acciones por parte de los accionistas y conclusiones de las campañas anteriores del CWC.

Reunión internacional de fideicomisarios de fondos de pensiones

Información sobre la reunión internacional de fideicomisarios de fondos de pensiones del CWC y recursos disponibles para los fideicomisarios. El CWC fomenta la cooperación internacional sobre formación de fideicomisarios mediante el intercambio de estudios e investigaciones, material pedagógico y programas.

Entre los beneficios derivados de dicha cooperación se pueden citar mejoras en la manera en que se elaboran y se brindan programas educativos para los fideicomisarios. Una prioridad emergente para esta labor es considerar las necesidades educativas de los expertos en pensiones sindicales y fideicomisarios en países donde aún no se han establecido planes de pensiones o que, apenas, están empezando a hacerlo.

Globalmente, los fideicomisarios sindicales promueven cualquier oportunidad para adquirir las técnicas y los conocimientos necesarios para vincular la obtención de una jubilación segura con estrategias de capital que redunden en beneficio de los trabajadores y sus dependientes. La formación contribuye a incrementar la capacidad y la confianza de los fideicomisarios para hacer oír su voz respecto a la gobernanza de las compañías en las que invierten y en las acciones de los administradores de inversiones que contratan.

El grado de importancia que se concede a la voz de los trabajadores en la inversión de sus fondos para la jubilación y respecto a las prácticas medioambientales, sociales y de gobernanza de las compañías en las que se invierten, depende en gran parte de las regulaciones y normas nacionales e internacionales. Organizaciones intergubernamentales y foros como las instituciones de la Unión Europea, el Consejo de Estabilidad Financiera, el Fondo Monetario Internacional y la Organización para la Cooperación y el Desarrollo Económico ejercen un nivel cada vez mayor de influencia sobre esas áreas de la política.

En un clima político en constante evolución, se mantiene informados a los miembros del CWC sobre los principales acontecimientos sobre regulación y política. Esto incluye la política de inversión y gobernanza de los fondos de pensiones, la responsabilidad en cuanto a la gestión de activos, la gobernanza corporativa de las compañías cotizadas en bolsa y de capital de riesgo, la responsabilidad social empresarial y la divulgación de datos empresariales, así como otras cuestiones relevantes.

Los miembros del CWC participan en diversas organizaciones internacionales que tratan cuestiones de interés para la inversión responsable del capital de los trabajadores. Podemos citar, por ejemplo:

Principios para la Inversión Responsable de Naciones Unidas

Los Principios de la ONU para la Inversión Responsable aportan un marco voluntario para los profesionales de inversiones que deseen incluir factores medioambientales, sociales y de gobernanza corporativa en su toma de decisiones respecto a la inversión.

La Red Internacional de Gobernanza Corporativa

La Red Internacional de Gobernanza Corporativa (International Corporate Governance Network, ICGN) es un foro institucional liderado por inversores e integrado por fondos de pensiones, administradores de inversiones y otras instituciones del mercado financiero interesadas en cuestiones relativas a la gobernanza corporativa internacional.

El Instituto EURESA

El Instituto EURESA forma parte de un organismo a mayor escala, que reúne a las mutuas y aseguradoras europeas que operan en la economía social. El instituto promueve la colaboración entre sus miembros y desarrolla estudios y cursos de formación. También es sede de la Red EURESACTIV, una excelente plataforma on-line para la participación activa de los accionistas, en la que colaboran varios miembros del CWC. Información adicional sobre la plataforma se puede encontrar en el nuevo folleto de EURESACTIV. El objetivo es aportar a los inversores institucionales apoyo práctico en el ejercicio de sus derechos y promover activamente la buena gobernanza y la responsabilidad social corporativa a nivel mundial.

El CWC y el Instituto EURESA organizan, conjuntamente, reuniones de empresas de servicios financieros vinculadas al movimiento sindical, al menos, una vez cada dos años.

La Confederación Sindical Internacional y el G20

Desde la creación del G20, la CSI ha tenido una acción proactiva sobre la base de la nueva impronta que este grupo podía imprimir a la eventual salida de la crisis financiera, particularmente, por su composición allende las fronteras del G8, la presencia de los países emergentes y la constitución del Labor 20.

Veamos ahora cómo reaccionó el sindicalismo global ante el G20, más precisamente, frente a las cumbres y reuniones que, con el tiempo, se fueron instrumentando a su alrededor.

Decía la Declaración del sindicalismo internacional frente a la primera Cumbre de Presidentes del G20 realizada en Washington en 2008:

> 1. Los líderes del G20 se reúnen en el momento en que la economía mundial se encuentra al borde del precipicio. El espectacular empeoramiento de la crisis financiera, en septiembre y octubre de 2008, ahora ejerce un dramático impacto en la economía real. Se prevé una caída del PBI y el aumento del desempleo en los principales países industrializados. La crisis se está extendiendo a las economías emergentes y a las economías en vías de desarrollo. Ya varios gobiernos han tenido que solicitar préstamos de emergencia del Fondo Monetario Internacional (FMI) debido a la paralización de sus sectores financieros, la huida de capitales fuera del país, el derrumbe de las monedas y el punto muerto en el que se encuentra el crecimiento económico. La economía mundial se enfrenta

a una grave recesión. Qué tan prolongada y profunda sea depende de cuán oportuna y bien centrada sea la acción gubernamental. Esta crisis sistémica viene a añadirse al aumento sin precedente de los precios de los alimentos y los productos básicos experimentado a principios del año y la consiguiente crisis alimentaria en los países en desarrollo. También, se produce en el contexto de un acelerado cambio climático, que sin una acción rápida afectará más gravemente a los más pobres en todo el mundo y a los grupos especialmente vulnerables, incluidas las mujeres.

2. La historia ha demostrado que las crisis de esta magnitud conducen a la inestabilidad social y política, cuyos resultados son impredecibles y, a menudo, trágicos. Las familias trabajadoras corren un enorme riesgo en la respuesta a esta crisis. Ya desde hace más de dos décadas, la cohesión social se ha visto presionada como resultado de la creciente desigualdad que existe en la mayoría de los países. Hoy día, son los que están perdiendo su hogar, su empleo y pensión como consecuencia de la crisis financiera de la que, de ningún modo, son responsables, a los que se recurre en su rol de contribuyentes para que saquen de apuros a los que realmente lo son. Los gobiernos del G20 deben reconocer la urgente necesidad de ponerse a trabajar en pos de un sistema de gobernanza de los mercados mundiales más incluyente, justo y democrático. Los sindicatos deben ocupar un sitio en la mesa de negociación y participar en las negociaciones cruciales que se llevarán a cabo en las diferentes instituciones en los próximos meses. La Confederación Sindical Internacional proponía, entonces, un plan coordinado de recuperación de la economía real, volver a regular los mercados financieros mundiales, un nuevo sistema internacional de gobernanza y la lucha contra la crisis de justicia distributiva. Y, también, proponía un plan coordinado de recuperación de la economía real, volver a regular los mercados financieros mundiales, un nuevo sistema internacional de gobernanza y la lucha contra la crisis de justicia distributiva.

La CSI concluía manifestando que "el movimiento sindical internacional ha denunciado reiteradamente la creciente divergencia existente entre los mercados financieros desregulados e incontrolables, por un lado, y las necesidades de financiar la economía real para suministrar trabajo decente, por otro. Según la OCDE, la arquitectura financiera internacional debe juzgarse por su capacidad para 'mantener la estabilidad financiera, velando por la solvencia de los participantes en el mercado', para 'proteger a los inversores' contra quiebras y el fraude y 'garantizar mercados financieros eficientes y eficaces'. En las últimas semanas, ha quedado claro que el sistema no ha sido capaz de cumplir los tres objetivos. Más allá de la reunión del G20, la cooperación debe extenderse a todos los niveles, (G7, G8, Europa, la OCDE y las instituciones financieras internacionales) para evitar el arbitraje cautelar y garantizar el alcance global de la nueva arquitectura. Los trabajadores y las trabajadoras exigen participar y ocupar un sitio en estas reuniones e instituciones. Tienen poca confianza en que los banqueros y los gobiernos reunidos a puerta cerrada lo hagan bien esta vez. Debe asegurarse la plena transparencia, la divulgación de la información y la consulta. Las organizaciones de la Agrupación Global Unions están dispuestas a desempeñar el papel que les corresponde en este proceso".

En abril de 2009, los líderes del G20 volvieron a reunirse en Londres. Un gran escepticismo invadía a las sociedades de los países desarrollados. La crisis de 2008, aunque no había desembarcado todavía en nuestras latitudes, no tardó en llegar, primeramente, a Europa y, más tarde, al resto del planeta.

La Agrupación de los Sindicatos Globales advertía que "Cuando los líderes del G20 se reunieron por primera vez en noviembre de 2008 en Washington, el mundo se enfrentaba ya a una ralentización sin precedentes en el crecimiento, con un descenso de la producción en los países industrializados. La situación es, ahora, muchísimo peor. Se registraron caídas impresionantes en el PIB durante el último trimestre de 2008. En función de una tasa anualizada, el PIB descendió en un seis por ciento en las economías del G7, la Unión Europea y la OCDE en su conjunto. Se trata de las peores cifras jamás registradas. El contagio se ha extendido a las economías emergentes y en desarrollo, donde el crecimiento se ha estancado y el PIB per cápita está descendiendo, el mundo entra actualmente en una profunda recesión. El impacto de la recesión se está intensificando rápidamente en las regiones en desarrollo, en 2009, a causa del fuerte descenso en las exportaciones y el agotamiento de los flujos de capital privado. Veintiséis países de bajos ingresos en África, Asia, las Américas y Europa del Este han sido identificados por el Fondo Monetario Internacional (FMI) como 'altamente vulnerables' a los efectos adversos de la recesión global. El logro de los Objetivos de Desarrollo del Milenio, que establecen objetivos mínimos para un esfuerzo global con vistas a combatir las causas originales de la pobreza, está resultando perjudicado por la crisis. Diez años de progresos en términos de reducción de la pobreza se han desvanecido en pocos meses".

Al describir las consecuencias sociales de tamaña crisis, el sindicalismo internacional seguía advirtiendo, en consonancia con los datos emanados de la OIT: "El desempleo ha seguido aumentando en los primeros meses de 2009. Ahora parece ser que el escenario 'tremendista' de la OIT, que vaticinaba un incremento del desempleo en 50 millones en todo el mundo para 2009, podría ser, incluso, excesivamente optimista. Más de 200 millones de trabajadores podrían encontrarse sumidos en la más absoluta pobreza, principalmente en los países en desarrollo y emergentes, que no cuentan con redes de seguridad social adecuadas, lo que implica que el número de pobres que trabajan –que ganan menos de dos dólares al día por para cada miembro de la familia– podría llegar a alcanzar 1.400 millones. El 60% de los pobres del mundo son mujeres. Los trabajadores y trabajadoras de todo el mundo, que están perdiendo sus puestos de trabajo y sus hogares, son las víctimas inocentes de esta crisis: una crisis precipitada por la codicia y la incompetencia en el sector financiero, pero que se fundamenta en las políticas de privatización, liberalización y desregulación del mercado laboral de las últimas décadas. Los efectos de estas políticas –salarios estancados, recortes en la protección social, erosión de los derechos de los trabajadores y las trabajadoras, una creciente precarización del empleo, y la financiarización–, se han combinado para profundizar las desigualdades y la vulnerabilidad. La escala de esta crisis sirve como testimonio del fracaso de dichas políticas. Sin una respuesta radical por parte de los gobiernos, la crisis económica más grave desde la Gran Depresión de los 1930 podría transformarse en una crisis social y, en última instancia, también política".

El movimiento sindical internacional instaba a los líderes del G20 a trabajar juntamente con otros gobiernos e instituciones internacionales para desarrollar una estrategia de cinco puntos y poder así abordar la crisis y establecer una economía mundial más justa y sostenible para las generaciones venideras. La propuesta de la CSI consistía en:

- poner en marcha un plan de recuperación y de crecimiento sostenible pactado a nivel internacional que dé un fuerte impulso a la creación de empleo centrándose en la inversión pública, políticas activas del mercado de trabajo, la protección de los más vulnerables mediante la creación de amplias redes de protección social, así como inversiones en la "economía verde" capaces de orientar la economía mundial hacia un modelo de crecimiento con bajas emisiones de carbono. Las economías en desarrollo y emergentes deberán disponer de los recursos y el espacio político necesarios para la aplicación de políticas anticíclicas;

- nacionalizar de inmediato los bancos insolventes de tal forma que se restaure la confianza y los créditos en el sistema financiero y, más importante aún, establecer nuevas reglas y mecanismos de control del sector financiero con una fuerte implicación de los interesados. Proponemos un plan de acción en ocho puntos a tal efecto;

- luchar contra el riesgo de deflación salarial y contra el aumento de las desigualdades de ingresos, ampliando la cobertura de la negociación colectiva y reforzando las instituciones encargadas de fijar los salarios, de tal manera que se establezca una base decente en los mercados laborales;

- sentar las bases para la consecución de un acuerdo internacional ambicioso y cabal sobre el cambio climático en la COP15 en Copenhague, en diciembre de 2009;

- establecer un marco de normas e instrumentos jurídicos de referencia para las instituciones internacionales en la esfera económica y social –la OIT, el FMI, el Banco Mundial, la OMC y la OCDE–, y proceder a la reforma de tales instituciones, constituyendo una gobernanza económica mundial eficaz, que cuente con mecanismos de rendición de cuentas.

En septiembre de 2009, el G20 volvía a reunirse en Pittsburgh, Estados Unidos. La crisis no cedía y todo parecía indicar que se iba camino a una catástrofe. Sin embargo, los líderes del G20 insistían que la recesión mundial estaba tocando fondo, reduciéndose el declive masivo de la producción en la mayoría de las principales economías y que los gobiernos estaban preparando sus estrategias para dejar de lado las medidas de estímulo fiscal. El sindicalismo internacional advertía que "sería peligrosamente prematuro hacerlo. Las perspectivas para una recuperación, todavía incierta, resultan, como mucho, modestas y la reducción del declive se debe casi exclusivamente a las medidas de estímulo aplicadas por los gobiernos. Por el momento, no hay signos de una recuperación auto sostenida. Por otro lado, en lo que respecta al desempleo, lo peor aún está por venir. La experiencia de otras crisis en el pasado indica claramente que el desempleo es un indicador retardado y las últimas previsiones confirman que el desempleo se extenderá hasta bien entrado 2011. La Organización Internacional del Trabajo (OIT) estima que el desempleo podría aumentar en hasta 59 millones a escala mundial para finales de año. El desempleo en los países de la OCDE crecerá en más del doble en los próximos dieciocho meses y continuará aumentando con tasas de dobles dígitos hasta bien entrado 2011. Más de 200 millones de trabajadores y trabajadores podrían encontrarse sumidos en la más extrema pobreza, sobre todo en países en desarrollo y emergentes donde hay pocas o ningunas redes sociales, lo que implicará que el número de pobres que trabajan podría ascender a 1.400 millones".

Los líderes del G20 declararon en Pittsburgh: "Nos comprometemos a implementar los planes de recuperación que apoyen el trabajo decente, ayudar a preservar el empleo y priorizar la creación de puestos de trabajo. Instruimos a nuestros ministros para evaluar la evolución de la situación laboral, los informes de revisión de la OIT y otras organizaciones sobre el impacto de las políticas que hemos adoptado, el informe acerca de si otras medidas son deseables...".

En abril de 2010 se produce la primera reunión de Ministros de Trabajo del G20. El sindicalismo emite una declaración poniendo la recuperación del empleo en el centro de las políticas para salir de la crisis: "No puede haber una recuperación sostenible de la economía hasta que no haya una recuperación del empleo. Sin unos niveles salariales y de empleo adecuados, seguirá existiendo un elevado riesgo de que un consumo débil contribuya a prolongar la crisis. El creciente déficit público debe abordarse a través del aumento del empleo y la producción, en lugar de introducir medidas que podrían volver a sumir la economía mundial en una recesión con resultados catastróficos. Los gobiernos han de adoptar un programa agresivo para asegurar un crecimiento más robusto, que aporte más puestos de trabajo, junto con las reformas a la gobernanza mundial que se requieren para garantizar un componente social más firme a largo plazo. Estos son los mensajes clave que los Ministros de Empleo y Trabajo del G20 deberán hacer llegar a la Cumbre de los Líderes del G20 que se celebrará en Toronto, Canadá, en junio de 2010. No podemos permitirnos una década perdida con un estancamiento de los mercados de trabajo ni, con ella, una generación perdida de jóvenes desvinculados de la actividad productiva. Para hacer frente a la crisis mundial del empleo, los Gobiernos deben dar muestras de la misma voluntad política que manifestaron para salvar al sistema bancario mundial. Los trabajadores y trabajadoras y sus familias siguen soportando el peso de una crisis económica de la que no son responsables".

Cuando estalló la crisis, 34 millones más de hombres y mujeres quedaron sin empleo. Muchos otros millones han abandonado la búsqueda de trabajo a medida que disminuyen las perspectivas de empleo. La situación a la que se enfrenta la juventud es particularmente grave, con tasas de desempleo, en ocasiones, hasta tres veces superiores a las de los adultos. Se calcula que, en 2010, se incorporarán a la mano de obra mundial 45 millones de jóvenes mujeres y hombres. De acuerdo con las proyecciones actuales, habrá muy pocos empleos disponibles. Este es un drama social de proporciones incalculables. Más allá de los países industrializados, la crisis está extinguiendo rápidamente las esperanzas de poder alcanzar cualquiera de los Objetivos de Desarrollo del Milenio (ODM) o los objetivos de desarrollo previstos a escala nacional, especialmente en los países de bajos ingresos. Los más afectados son los más vulnerables: los trabajadores y trabajadoras migrantes, las personas en situación de pobreza de las zonas rurales y urbanas, los campesinos sin tierra, las familias encabezadas por mujeres y las trabajadoras. La OIT ha estimado que 100 millones de hombres y mujeres han quedado sumidas en la más extrema pobreza durante el último año. Dejando de lado una visión a corto plazo, es preciso que los ministros aborden la erosión que desde hace mucho tiempo sufre la justicia distributiva, uno de los elementos que contribuyó de manera importante a esta crisis. El "empleo de calidad" debe situarse en el epicentro de la recuperación y de un nuevo mercado de trabajo que seguirá a esta crisis. La disociación de los hogares de bajos y medianos ingresos de los beneficios del crecimiento económico y del aumento de la productividad ha llevado a la reducción salarial y del poder adquisitivo de los trabajadores y trabajadoras. En muchos países, la restricción de facto de los derechos de los trabajadores/as a organizarse y negociar colectivamente ha contribuido a acentuar este problema. Al mismo tiempo, la desregulación del mercado de trabajo ha aumentado considerablemente la proporción de trabajo precario. Una remuneración inadecuada, la inseguridad laboral, la vulnerabilidad y el miedo se han convertido en elementos fundamentales de la vida laboral para millones de trabajadores y, especialmente, para las mujeres, en todo el mundo. Los Ministros de Empleo y Trabajo del G20, reunidos en Washington, tienen una doble responsabilidad: en primer lugar, deben acordar una acción agresiva encaminada a crear empleo y asegurarse de que sea asumida por los líderes del G20; en segundo lugar, deben garantizar que el mercado de trabajo surja de esta crisis.

El 2010 fue un año clave en el desarrollo de la crisis determinando la realización, nuevamente, de dos cumbres de líderes y la primera reunión de los Ministros de Trabajo del G20. En Canadá, al momento en que se reúnen en Ontario los líderes del G20, "es evidente que la crisis económica que ha causado estragos en las vidas y el sustento de los trabajadores y trabajadoras está lejos de terminar. No solo la 'recuperación mundial' es frágil e incierta, sino que en la zona del euro la crisis financiera se ha convertido en una ola de especulación contra las principales monedas y los Estados soberanos". Los sindicatos globales daban cuenta del contagio en la zona euro de la crisis norteamericana dejando sentado que, por primera vez, una crisis global comenzaba en los países centrales. El sindicalismo europeo empezó a escuchar de boca de los gobiernos las dos palabras que encerraban con una verborragia incontenible el ajuste estructural de las economías europeas: la consolidación fiscal. "El enfoque coordinado e inclusivo que se dio al estímulo ahora está siendo sustituido por una salida competitiva y prematura, ya que los gobiernos, bajo la presión de los mercados de los bonos, se tornan hacia la necesidad de una consolidación fiscal. Este viraje corre el riesgo de provocar la recaída de la economía mundial en la recesión con resultados catastróficos. También, amenaza con provocar disturbios sociales. Los acontecimientos ocurridos en Grecia ilustran las consecuencias de las equivocaciones de los gobiernos y que estos no den una respuesta equitativa, probablemente, resulte ser un error histórico. Los trabajadores y trabajadoras de todo el mundo están experimentando los efectos devastadores del aumento del desempleo y la amenaza de una década de estancamiento de los mercados de trabajo en los países industrializados, la profundización de la pobreza en los países en desarrollo y una generación perdida de jóvenes excluidos de la actividad productiva. El desempleo mundial ha aumentado afectando a 34 millones de personas más desde que empezó la crisis, con millones más de trabajadores que no pueden encontrar un empleo regular, pero que no son registrados como desempleados. La ONU estima que deben crearse más de 300 millones de nuevos empleos para volver a los niveles anteriores a la crisis del desempleo. El último punto de inflexión –la deflación provocada por los especuladores financieros– conseguirá exacerbar los efectos de esta crisis.

En Canadá, el sindicalismo global instaba a los gobiernos del G20 a "ir más lejos para lograr un cambio de paradigma que haga del empleo el objetivo primordial de la política económica y social, consolidando un proceso constante a favor de una mayor y continua cooperación entre los ministerios del Trabajo a través de un Grupo de Trabajo sobre el Empleo, juntamente con la OIT, así como un papel más importante para los interlocutores sociales en el proceso del G20". "La Agrupación Global Unions pide a los líderes del G20 mantener las medidas de estímulo que se centran en el empleo y el crecimiento y diseñar respuestas en materia de políticas para garantizar un crecimiento robusto que propicie una recuperación centrada en el empleo, en lugar de abandonar los estímulos prematuramente antes de conseguir niveles de crecimiento adecuados, con el riesgo de provocar una recaída".

Al mismo tiempo que la cumbre de Canadá, la CSI realizaba su Congreso en Vancouver y los sindicatos denunciaban el agravamiento de la crisis. Previo a las reuniones del G20 el movimiento sindical internacional realizaba una reunión de evaluación de la situación y debatía los contenidos de los documentos a ser presentados en las Cumbres.

El sindicalismo de América Latina participaba a través de Argentina y Brasil. En esas reuniones ambos sindicalismos, provenientes de países gobernados por políticas heterodoxas en materia económica, expresaban una visión y vivencia de la crisis distinta que el sindicalismo europeo o norteamericano. La crisis desembarcó en América Latina después de que comenzara en Estados Unidos y la Unión Europea, y los gobiernos latinoamericanos pusieron en práctica políticas económicas anticíclicas y medidas de protección social que ralentizaron las consecuencias en el empleo y la precariedad laboral y social. Pero los problemas de América Latina seguían siendo los mismos: reprimarización de la economía, dificultades para la instalación de procesos de industrialización y desigualdad social estructural. Desde el punto de vista social, América Latina, estaba logrando sacar gente de la pobreza extrema. Los planes sociales Jefes y Jefas de Hogar en Argentina y el plan Fome Cero en Brasil eran el ejemplo de políticas económicas activadoras de la demanda agregada. América Latina demostraba que era posible no ingresar en procesos de consolidación fiscal como en Europa ni de salvataje de los bancos que habían provocado la crisis, como en Estados Unidos.

Los Global Unions manifestaban: "hacemos un llamamiento a los líderes del G8 en particular respecto a: cumplir los compromisos de ayuda y apoyo a los ODM (Objetivos del Milenio), ponerse de acuerdo sobre un plan de acción para alcanzar los ODM conjuntamente con un marco sólido y transparente para supervisar el cumplimiento de los compromisos, invertir en los servicios públicos, situar el trabajo decente en el epicentro de la ayuda al desarrollo y apoyar estrategias para la creación de empleo de calidad, especialmente para las mujeres; publicar un riguroso plan de recursos y calendario previo a la Cumbre de los ODM, en septiembre de 2010, encaminado a ampliar los recursos con el fin de cumplir los compromisos sobre el acceso universal a la prevención, tratamiento, cuidado y apoyo del VIH y el Sida, fortalecer los programas educativos entre homólogos en los lugares de trabajo y reaprovisionar el Fondo Mundial para el Sida, la Tuberculosis y la Malaria; dar mandato a una comisión multisectorial de alto nivel para que elabore recomendaciones encaminadas a salvar la brecha de financiación que necesitan los países para lograr la Educación para Todos (EPT), desarrollar una educación y formación profesional pertinente, celebrar una reunión ministerial clave del G20 sobre este tema en 2011 y poner en marcha una Asociación Mundial para la Formación de Docente; aplicar el denominado 'piso básico de protección social' de la OIT, mediante la creación de un Fondo de Protección Social y garantizar que los países emergentes y en desarrollo tengan los recursos como el espacio político necesarios para su aplicación".

En noviembre de 2010, esta vez en Seul, el G20 realiza su Cumbre. Es la primera vez que se realiza una en suelo asiático. Y aunque el movimiento sindical mostraba cierta impaciencia por la situación social derivada de la crisis y la falta de cumplimiento de las promesas de Pittsburgh, de poner el eje de la recuperación en el empleo, un interesante escenario quedó planteado respecto a los modelos económicos de desarrollo al interior del G20. No hay que olvidar a este respecto el enojo del sudeste asiático con las instituciones financieras internacionales, particularmente el Fondo Monetario Internacional, en el manejo de la crisis financiera asiática de 1997-1998. El denominado Consenso del Desarrollo de Seúl, adoptado por el G20, produce un giro importante al abandonar, al menos en los documentos, la política de ayuda extranjera hacia una de inversión en infraestructura, educación, salud, tecnología y desarrollo industrial. La estrategia tiene como eje el crecimiento económico con reducción de pobreza y creación de empleo inclusivo. Esta propuesta se transforma en un centro político respecto a las tensiones estado-mercado planteadas hasta entonces en todas las Cumbres.

No obstante, el movimiento sindical plantea que los líderes "no han cumplido la promesa". Agrega críticamente que "Resulta profundamente preocupante que el empleo no figure en el programa inicial de esta Cumbre del G20. La crisis económica que ha causado estragos en las vidas y el sustento de los trabajadores y trabajadoras está lejos de haber terminado. Se ha convertido ahora en una crisis social. Hay, actualmente, más de 220 millones de desempleados en el mundo, el nivel más alto registrado en la historia, y que supone un incremento de más de 31 millones respecto al nivel de 2007. Otros 100 millones de personas –principalmente en los países en desarrollo– han quedado sumidos en la más extrema pobreza. No solo la recuperación global es frágil e incierta, sino que el aumento del desempleo está además minando la confianza y amenazando la recuperación. El miedo en los mercados financieros empuja a muchos Gobiernos del G20 a abandonar las políticas expansionistas en favor de programas de austeridad, que, en caso de implementarse, aumentarían considerablemente el peligro de que nuestras economías vuelvan a caer en la recesión, los servicios públicos resulten devastados y el nivel de vida se vea reducido. Los Gobiernos no pueden aceptar la perspectiva de una década de estancamiento de los mercados de trabajo en los países industrializados, la profundización de la pobreza en los países en desarrollo y una generación perdida de jóvenes excluidos de la actividad productiva".

Avizorando que el desempleo es la principal consecuencia de la crisis, los Sindicatos Globales instan a los gobiernos del G20 a crear un Grupo de Trabajo sobre el Empleo. Para cuando los líderes del G20 se reúnen en Cannes, en noviembre de 2011, el propio Fondo Monetario Internacional afirma que "La economía mundial se encuentra en una nueva fase peligrosa. La actividad mundial es ahora más débil y desigual; últimamente, la confianza se ha deteriorado de manera drástica y los riesgos a la baja se están agudizando" y los Ministros de Trabajo del G20, en septiembre de ese mismo año, advertían que "El mundo se enfrenta a tiempos difíciles, con un riesgo de nueva crisis y graves consecuencias para los mercados de trabajo … Hacemos un llamamiento a nuestros Líderes para reafirmar al empleo como objetivo clave de la política económica".

Los Sindicatos Globales reiteran la enorme preocupación por el aumento del desempleo mundial que "sigue afectando a más de 200 millones de personas, es decir, 27 millones más por encima de su nivel previo a la crisis. Además, la desaceleración del crecimiento amenaza con incrementar los 84 millones de personas que ya se encuentran en situación de extrema pobreza desde que empezó la crisis. Los mercados financieros ahora son presa del pánico a causa de la falta de crecimiento. Los intentos por reducir a corto plazo el déficit público solo conseguirán deprimir aún más el crecimiento y se corre el riesgo de que varias economías del G20 caigan de nuevo en una renovada recesión con consecuencias económicas, sociales, e inclusive políticas, devastadoras. El desempleo representa ahora la mayor amenaza para la recuperación. Las estimaciones de la OCDE y de la OIT indicaban que para 2015 debían crearse 21 millones de empleos cada año solamente para volver a las tasas de empleo anteriores a la crisis. Incluso antes de que la recuperación se estancara, era claro que el crecimiento mundial era demasiado débil como para hacer posible esta tasa de crecimiento del empleo. Ahora, el

G20 se encuentra ante una emergencia a gran escala del empleo, con la probabilidad de un renovado aumento del desempleo. Desde que empezó la crisis, el incremento del desempleo ha afectado particularmente a los jóvenes. Y a la par del aumento de desempleo de larga duración, el elevado desempleo juvenil amenaza con debilitar el potencial de crecimiento a largo plazo. La desaceleración del crecimiento y el aumento del desempleo, combinado con la creciente desigualdad en los ingresos en la mayoría de los países del G20 durante la década que precedió a la crisis, amenazan la recuperación, debilitan el crecimiento a largo plazo e incrementan el riesgo de una explosión social de gran magnitud, así como de la inestabilidad política. La Agrupación Global Unions hace un llamamiento a los líderes del G20 en Cannes para que envíen un firme mensaje de confianza a las familias trabajadoras, no solo a los mercados financieros, rompiendo el círculo vicioso de la inseguridad en el empleo, los bajos salarios, el freno al consumo y la obstrucción a la inversión. Ahora se requiere incrementar el empleo para restablecer el crecimiento, y no solamente el crecimiento para restablecer el empleo".

Los líderes del G20 reconocieron en Cannes que "la recuperación mundial se ha debilitado, particularmente en los países avanzados, dejando un desempleo que se sitúa en niveles inaceptables. El Informe sobre Perspectivas Económicas de la OCDE, publicado a mediados de noviembre, dejó clara la amenaza real de una doble recesión, con unas previsiones de crecimiento que se ven reducidas prácticamente a diario. Sin embargo, la irresponsabilidad y la codicia de los mercados financieros, principales responsables de la recesión, no se han visto frenadas; las desigualdades continúan aumentando en beneficio del 1%, o incluso del 0,1%, situado en lo más alto, mientras que las crisis de la deuda soberana ejercen aún más presiones sobre el Euro, creando un contexto en que es, prácticamente, seguro que aumente todavía más el desempleo. Las economías emergentes en el G20 también están resultando afectadas y afrontan particulares tensiones sociales al tener que encontrar empleo para millones de jóvenes que buscan trabajo. Y los 1.400 millones de hombres y mujeres que subsisten en la más extrema pobreza tienen muy pocas perspectivas de mejora en un contexto de estancamiento económico mundial. Con todo, muchos de los gobiernos e instituciones a escala mundial parecen haberse marcado una vía que no hará sino empeorar las desigualdades y el desempleo aún más. Los derechos sindicales están siendo atacados desde varios frentes, persistiendo las presiones para una mayor "flexibilidad" del mercado laboral por parte de la OCDE, el FMI y la Comisión Europea, con lo que se crean las condiciones para un incremento de las desigualdades de ingresos que contribuyeron a la crisis para empezar. Así pues, las economías del G20 podrían verse privadas del impacto positivo sobre la demanda que tendrían unos salarios más elevados, sentando las bases para mayores tensiones y confrontación. La Cumbre del G20 en Toronto, en 2010, había supuesto un anticipo del giro que dejaría de lado el apoyo al crecimiento para concentrarse en la contracción fiscal. Esto contribuyó al colapso del crecimiento engendrando un círculo vicioso de creciente desempleo, déficits en alza y falta de confianza. En Cannes se manifestó la medida del compromiso hacia el crecimiento y el empleo en el Comunicado y la Declaración. Los líderes del G20 afirmaron estar "firmemente convencidos de que el empleo y la inclusión social deben ser elementos centrales de nuestras acciones y políticas para restaurar el crecimiento y la confianza".

En 2012, México hubo de convertirse en un punto de referencia donde se reafirme la relevancia del G20 para luchar contra la recesión, con decisiones encaminadas a mejorar la cooperación económica e impulsar el empleo, incrementar la regulación financiera y establecer una tasa sobre las transacciones financieras, alcanzar un piso de protección social y apoyar el desarrollo, hacer frente al cambio climático y promover el crecimiento sostenible, y lograr una gobernanza global más democrática y justa.

La reunión de los líderes del G20 en San Petersburgo, en 2013, tuvo como uno de los tres temas principales, de su orden del día, el crecimiento y el empleo. Sin embargo, la atención del G20 sobre el empleo se vio eclipsada por los acontecimientos en Siria. Aun así, consiguieron aparecer en la Declaración de los Líderes varios elementos importantes de la reunión de julio de los Ministros de Trabajo y de Finanzas sobre los empleos de calidad, la negociación colectiva y los derechos en el trabajo.

La Cumbre también dio varios pasos potencialmente importantes en la lucha contra la evasión fiscal a escala mundial. La pregunta clave consistía en saber si las palabras que figuran en la Declaración serán seguidas por acciones de parte de los gobiernos al poner en práctica los compromisos contraídos y, en muchos casos, modificarían las políticas correspondientes. La Declaración reconoce que la "necesidad más urgente es aumentar el ritmo de la recuperación mundial, generar un mayor crecimiento y mejores puestos de trabajo". Pese a mencionar la necesidad de fortalecer la demanda y la negociación salarial colectiva, incluidos los sistemas nacionales de fijación de salarios, las recomendaciones de la Cumbre presentan, esencialmente, soluciones a largo plazo y solamente algunas propuestas de acción inmediata. Entre tanto, el Plan de Acción de San Petersburgo, también emitido en la Cumbre, no refleja suficientemente el cambio de tono de la Declaración de los líderes.

En el contexto de las diversas previsiones económicas respecto al estancamiento del crecimiento de las economías emergentes, el bajo crecimiento y las elevadas tasas de desempleo en la zona euro y el aumento de la desigualdad, se carece, todavía, de acciones de seguimiento encaminadas a crear puestos de trabajo y demanda, así como de una modificación del enfoque de las políticas de ajuste estructural a favor de inversiones inteligentes y sostenibles a la par del fortalecimiento de la negociación colectiva y de las instituciones del mercado de trabajo. Estas medidas implicarían una acción coordinada a escala mundial y no solamente compromisos nacionales dispares.

En cuanto al proceso, se ha avanzado a nivel del G20, con miras al diálogo social. Labor 20 (L20), en representación de las centrales sindicales nacionales e internacionales, participó en una sesión conjunta con representantes del B20 y los líderes del G20, el segundo día de la Cumbre. Los líderes apreciaron "la contribución del B20 y el L20 y reconocen [reconocieron] el papel esencial que desempeña el diálogo social como medio para lograr los objetivos del G20 de fomentar el crecimiento, el empleo y la cohesión social".

En lo relativo al fraude y la evasión fiscales, la decisión en San Petersburgo de adoptar el plan de acción de la OCDE sobre la erosión de la base impositiva y la transferencia de beneficios (Base Erosion and Profit Shifting-BEPS) y comprometerse a un intercambio automático de información, antes de finales de 2015, representó un paso decisivo. Puede compararse con el paso que se dio, en la Cumbre de Londres, en abril de 2009, cuando se modificó el alcance de la cooperación internacional para eliminar los paraísos fiscales. Ahora, la responsabilidad de poner en práctica estas decisiones recaía en los gobiernos.

La Cumbre de San Petersburgo se celebró diez días antes del quinto aniversario de la quiebra de Lehman Brothers (15 de septiembre de 2008). Cinco años más tarde, el G20 de 2013, perdió la oportunidad de recuperar el liderazgo político en lo que se refiere a la dirección y la ambición de las reformas financieras posteriores a la crisis, liderazgo perdido desde las Cumbres de Londres y Pittsburgh, en 2009.

La Cumbre emitió los nuevos Principios del G20 sobre la financiación de las inversiones a largo plazo por parte de inversores institucionales, los cuales habían sido formulados por la OCDE. Estos nuevos principios serían acertados en la medida en que los inversores institucionales cambiaran, de hecho, su estrategia de inversión dejando a un lado la óptica a corto plazo y los objetivos especulativos con miras a inversiones a largo plazo en la economía real. Sin embargo, el plan de trabajo aprobado en la Cumbre repitió recetas anteriores para promover entornos "favorables a las empresas" en los países en desarrollo sin ninguna referencia a los derechos sociales y medioambientales, pese al objetivo declarado de tender a un crecimiento "sostenible" y a la creación de empleo, los compromisos en relación con el cambio climático, así como las perspectivas de desarrollo de San Petersburgo.

En Brisbane, siguiente parada del G20 del 2014, nada daba visos de mejoramiento en la economía global y la crisis ya se instalaba en los países en desarrollo, incluso, en aquellos que habían puesto en práctica políticas anticíclicas previendo los efectos de esta.

> Los líderes del G20 deben concentrar su atención en un plan para el empleo y los salarios. Simulaciones económicas muestran que una combinación de políticas coordinadas salariales y de inversión podrían crear hasta el 5,84% más de crecimiento en los países del G20, en comparación con un escenario sin cambios", declaraba Sharan Burrow, Secretaria General de la Confederación Sindical Internacional (CSI).
>
> Para encarrilar al G20 para alcanzar el objetivo de un crecimiento del PIB en más del 2%, marcado por los Ministros de Finanzas del G20 y los Gobernadores de los Bancos Centrales, en febrero de 2014, los gobiernos deben cambiar sus políticas. Es necesario aumentar la ambición para crear los 81 millones de puestos de trabajo necesarios, de aquí a 2018, para colmar el déficit de empleo ocasionado por la crisis. En la economía mundial, la demanda agregada está impulsada por los salarios. Los salarios mínimos y la negociación colectiva constituyen un elemento clave de la solución para crear un crecimiento resiliente e inclusivo. En prácticamente todos los países del mundo se está luchando por un crecimiento de los salarios. Los trabajadores y trabajadoras del mundo entero necesitan un aumento salarial ya, y más inversiones para impulsar el crecimiento y garantizar que sea generador de empleo e inclusivo, a fin de lograr

un desarrollo económico sólido a largo plazo. Un modelo elaborado para el L20 muestra que un incremento coordinado en salarios e inversión en infraestructura podría conducir a un aumento del crecimiento de hasta un 5,84% en los países del G20 –superando el objetivo de crecimiento del 2%– y reducir el déficit del empleo en 33 millones, con lo que se situaría en 31 millones para 2018", declaraba el movimiento sindical internacional.

En Brisbane, el G20 debe aprobar un Plan de Acción sobre Empleo y Crecimiento, estableciendo medidas ambiciosas para apoyar la demanda agregada, reducir la desigualdad y fomentar la inversión. Esto ha de estar apoyado por objetivos nacionales de creación de empleo, y seguido en consulta con los interlocutores sociales", manifestaba John Evans, Secretario General de Comité Consultivo Sindical de la OCDE (TUAC). Y agregaba que "la coherencia política a través de procesos de coordinación a nivel nacional y del G20 resulta esencial para lograr unos resultados políticos fiables. Una reunión ministerial conjunta de los Ministros de Finanzas y de Trabajo del G20, en 2015, sería fundamental para hacer avanzar esta cuestión. Esperamos encontrar los siguientes seis puntos y un plan de inversión en el comunicado de los líderes del G20: inversión del 1% del PIB en infraestructura en todos los países, particularmente infraestructuras que apoyen una transición hacia una economía baja en carbono; el reconocimiento de que las inversiones, incluyendo de los fondos de pensiones de los trabajadores, han de realizarse aplicando los Principios de Alto Nivel del G20/OCDE de inversión a largo plazo; formalizar el empleo por medio del respeto de los derechos de los trabajadores y garantizando un salario mínimo, lugares de trabajo seguros y pisos de protección social; medidas para promover un crecimiento inclusivo, que permitan a las mujeres y a los jóvenes participar en el mercado laboral con empleos seguros; creación de empleo en la economía de cuidados para apoyar la participación de mujeres; garantías para la juventud, que garanticen empleos y/o educación y formación con un refuerzo de los aprendizajes de calidad, tal como acordaran el B20 y el L20.

Los próximos meses hasta la Conferencia de la ONU sobre el Clima en París, en diciembre de 2015, serán críticos para impulsar una acción ambiciosa sobre el cambio climático, por lo que pedimos a los Líderes del G20: comprometerse a una cuota ambiciosa y equitativa de reducción de emisiones a fin de garantizar el éxito de las negociaciones multilaterales sobre el clima en París; contribuir con importantes recursos al Fondo Verde para el Clima, incluyendo fuentes públicas provenientes, por ejemplo de una TTF o de impuestos sobre las emisiones de carbono, y apoyar el desarrollo de los bonos verdes como medio para proporcionar opciones a largo plazo para los inversores responsables; apoyo a medidas de transformación industrial y estrategias de Transición Justa, destinadas a proteger los empleos y los medios de subsistencia de los trabajadores que se enfrentan a desafíos en sectores con un uso intensivo de la energía y vulnerables al clima; establecer metas alcanzables en relación con la seguridad alimentaria y energética, y mostrar un fuerte apoyo a las actividades económicas sostenibles.

A esta altura, el G20 ya funcionaba con una serie de órganos de consulta a los efectos de arribar a las cumbres con algunos caminos de consenso recorridos. El movimiento sindical internacional se constituyó como L20 (Labor 20) o Grupo Laboral 20. El Grupo Laboral 20 (L20) representa los intereses de los trabajadores y trabajadoras a nivel del G20. Reúne a representantes de sindicatos de los países del G20 y de las Federaciones Sindicales Internacionales, siendo coordinado por la Confederación Sindical Internacional (CSI) y la Comisión Sindical Consultiva (TUAC-CSC) ante la OCDE.

El L20 ha venido interviniendo en los procesos intergubernamentales del G20 para asegurar un diálogo inclusivo y constructivo sobre "Empleo y Crecimiento", en tanto que uno de los grupos oficiales de consulta, junto con el grupo empresarial (Business 20, B20), el de la sociedad civil (Civil 20), el de la juventud (Youth 20) y los Think Tank 20.

El L20 hace llegar los mensajes clave del movimiento sindical internacional con ocasión de las consultas del Equipo de Trabajo sobre Empleo y las reuniones de Sherpas, las reuniones de Ministros de Trabajo y de Finanzas y las Cumbres del G20. Las consultas conjuntas de los interlocutores sociales con los líderes, así como con los Ministros de Finanzas y los Ministros de Trabajo forman parte integral del proceso del G20.

Los miembros del L20 formulan sus mensajes clave a través de un amplio proceso de consultas, y confirman sus objetivos políticos durante la Cumbre del L20 con ocasión de cada presidencia del G20. La existencia del L20 otorga cierta institucionalidad al sindicalismo internacional para intervenir en los procesos adyacentes a las Cumbres y a las reuniones que convoca el G20 como así también establecer los marcos para la implementación de un diálogo social global con sus contrapartes. El L20 permite asimismo establecer estrategias con los países en desarrollo integrantes del G20, como así también con las instituciones del sistema de Naciones Unidas que se han ido incorporando al propio sistema de funcionamiento del G20. El L20 sostiene en el seno del G20 el debate y la preocupación sobre el impacto de la crisis financiera internacional sobre el mundo del trabajo.

La Cumbre del L20 establece un foro de debate para el movimiento sindical internacional respecto a su futura implicación con el G20 e invita Secretarios/as Generales y Presidentes/as de los sindicatos del G20, que han venido reuniéndose desde la primera Cumbre de Líderes del G20 celebrada en Washington. La primera Cumbre del L20 reconocida formalmente se celebró en Cannes inmediatamente antes de la reunión de líderes. Seguirían otras Cumbres en Los Cabos (2012), Moscú (2013) y Brisbane (2014).

Las organizaciones sindicales integrantes son invitadas a intervenir como oradores, junto con otros sectores de la sociedad civil global, a representantes de distintas partes interesadas, con el objetivo de facilitar intercambios sobre la futura dirección de las políticas y la gobernanza mundiales. Entre sus resultados destacables figuran un compromiso conjunto B20/L20 para intensificar los aprendizajes de calidad, en 2013, así como una carta conjunta a los líderes sobre prioridades comunes, en 2014.

En Brisbane, Sharan Burrow sostuvo enfáticamente que "El Grupo Laboral 20 (L20) representa a los trabajadores y trabajadoras e insta a los Gobiernos a que tengan el valor de oponerse al modelo corporativo estadounidense en alza, que está destruyendo el equilibrio social en la economía mundial".

El 3 y 4 de septiembre, en Ankara, Turquía, tuvo lugar la Reunión Conjunta de Ministros de Finanzas y Ministros de Trabajo del G20. El L20 asistió a dicha reunión y emitió una declaración que resumidamente expresaba lo siguiente:

> Los Ministros de Finanzas y los Gobernadores de Bancos Centrales se comprometieron a aumentar el PIB del G20 "en más del 2% por encima de la trayectoria que implican nuestras actuales políticas en los próximos cinco años", es decir, un crecimiento adicional del 0,5% por año, en la reunión de Sídney, en febrero de 2014, y aprobado por los Líderes del G20 en Brisbane, en el mes de noviembre de ese año. El G20 no cumplió con su objetivo y el crecimiento se encuentra casi un 1,7% por debajo del nivel previsto. Para cumplir el objetivo, el crecimiento debería aumentar ahora un 1% adicional cada año hasta 2018, lo que no sucederá de seguir aplicándose las políticas actuales, ya que la inversión y el crecimiento de la producción en los países del G20 se mantienen muy por debajo de las tendencias a más largo plazo y a niveles anteriores a la crisis. En varios países, el desempleo sigue en aumento o se mantiene en niveles altos.

Y continúa,

> La OIT y la OCDE han analizado el alcance de las "brechas de empleo" restantes, de las que se prevé un aumento de 3 millones, en 2015, y de 8 millones más en los cuatro años siguientes. Por otra parte, el trabajo informal sigue siendo un flagelo, y no solamente para el desarrollo de los países del G20. Asimismo, existe un riesgo social resultante de una transición desordenada a una economía de cero emisiones de carbono y carente de planes nacionales en materia de industria y empleo. La creación de empleos de calidad debe convertirse en la prioridad central del G20 con compromisos concretos en materia de políticas y un seguimiento coordinado. La reunión de los Ministros de Trabajo y Empleo

y la reunión conjunta con los Ministros de Finanzas y los Gobernadores de Bancos Centrales deben actuar como un catalizador para la acción. En muchas economías, el crecimiento se ve limitado por la austeridad fiscal y el estancamiento de los ingresos de las familias trabajadoras. La crisis griega no es sino una manifestación de esta situación. A nivel mundial, los trabajadores y trabajadoras se enfrentan a una grave presión financiera que hace descender los salarios por debajo del costo de vida. A pesar de la prueba contundente de que tales políticas no alcanzan los objetivos económicos que se plantean, sino que tienen consecuencias sociales graves, algunos gobiernos del G20 y las instituciones internacionales han abogado por seguir adelante con las políticas de austeridad y las "reformas" estructurales que reducen los salarios y la protección del trabajador. En el contexto actual, tales enfoques darán lugar a un mayor estancamiento del empleo y del crecimiento económico. Las tasas de desempleo siguen siendo altas, o siguen en aumento, incrementando el riesgo de convertirse en "estructurales" debido a sus efectos duraderos. El riesgo para los jóvenes es especialmente grave, ya que su tasa de desempleo es tres veces superior en comparación con la de los trabajadores adultos. En numerosas cadenas de suministro de las empresas, los beneficios son captados cada vez más por las empresas multinacionales. Entre tanto, estas mismas empresas no pagan salarios con los que se pueda vivir ni permiten el crecimiento de las clases medias. La confianza en las empresas se ha roto. La encuesta de la CSI observa que el 55% de las personas encuestadas en Francia, Alemania, Reino Unido y los Estados Unidos creen que no puede confiarse en las empresas globales para ocuparse de sus trabajadores y que se necesitan leyes más estrictas. El 80% de los encuestados en Indonesia, Filipinas y Turquía cree que la mayoría de los empleadores dan prioridad a los beneficios por encima de la seguridad de sus trabajadores. Más de tres cuartas partes (78%) de las personas en Indonesia, Filipinas y Turquía desean que las empresas paguen a todos sus trabajadores y trabajadoras un salario mínimo decente. Se requiere un enfoque renovado. La demanda agregada tiene que ampliarse de manera coordinada a través de todos los países del G20 mediante la realización de programas de inversión pública y el aumento de los niveles de vida de las familias de bajos y medianos ingresos. La reunión conjunta previa de los Ministros de Trabajo y Finanzas del G20 en Moscú, en julio de 2013, reconoció la validez de una estrategia de este tipo y se comprometió a "políticas de mercado de trabajo y de inversión social que apoyen la demanda agregada y reduzcan las desigualdades, tales como el incremento generalizado de la productividad, protección social bien dirigida, salarios mínimos establecidos de manera adecuado en relación con los sistemas nacionales de fijación de salarios, acuerdos nacionales de negociación colectiva y otras políticas dirigidas a fortalecer los vínculos entre productividad, salarios y empleo". Pese al Plan de Acción de Brisbane y sus ochocientos nuevos compromisos de política, la integración y coordinación de los planes de crecimiento y de empleo nacionales entre los países, y dentro de ellos, no son suficientes. Esta situación es especialmente contraproducente en la medida en que la OCDE y el FMI esperan un efecto de propagación a lo largo del G20 en su primera evaluación de los planes de acción. El G20 debe poner en marcha medidas globales para "apoyar la demanda agregada y reducir las desigualdades", tal como se comprometió en 2013, y garantizar la coherencia de las políticas a través de los procesos de coordinación a nivel nacional y en el interior del G20.

El L20 propone en esa Cumbre "Dejar de lado las políticas de austeridad, con sus efectos negativos indirectos, y apoyar una demanda agregada, la inversión, las cualificaciones y la innovación, los servicios públicos y una tributación progresiva, así como sistemas distributivos; consolidar y revisar en consecuencia las estrategias nacionales de crecimiento y empleo del Plan de Acción de Brisbane y evitar efectos indirectos negativos entre los miembros del G20; incorporar el Marco para la Promoción de Empleo de Calidad tal como se presenta en la Conferencia Ministerial del Trabajo de Ankara y adoptar medidas coordinadas para invertir en puestos de trabajo y en buenas condiciones de trabajo, apoyar el diálogo social, los servicios de empleo y las políticas activas del mercado de trabajo, así como brindar mayores oportunidades de formación; reducir la desigualdad de ingresos y la informalidad, dado que son los principales lastres para el crecimiento y el bienestar social; aumentar los bajos y medios ingresos a través de salarios mínimos vitales y el apoyo a la negociación colectiva y, con ello, impulsar el poder adquisitivo en las economías. Adoptar las 'Prioridades del G20 en materia de políticas sobre la participación de la renta del trabajo y las desigualdades' y ponerlas en práctica a escala nacional, en particular, mediante el fortalecimiento de las instituciones del mercado de trabajo; la fijación de salarios mínimos; la promoción de la cobertura de los convenios colectivos y la protección social universal; asimismo, mediante la integración de los grupos vulnerables en la economía formal; dar mandato al subgrupo del G20 sobre la Participación de la Renta del Trabajo, de apoyar el desarrollo de planes de políticas concretas".

Un mes y medio después, el L20 realizó su propia cumbre antes de la Cumbre del G20 en Antalya. Precediendo a las reuniones de alto nivel y las consultas con los interlocutores sociales, la Cumbre del Grupo Laboral 20 (L20) brindó una ocasión a los representantes sindicales para preparar conjuntamente recomendaciones sobre política y mensajes clave a los líderes y ministros del G20. Esas prioridades se publicarán más tarde como parte de una Declaración del L20 a los Gobiernos.

La próxima cumbre del L20 tuvo lugar en Antalya, en noviembre de 2015, en el marco de la Presidencia turca del G20. La CSI y TUAC trabajan en colaboración con las centrales sindicales en los países anfitriones correspondientes para preparar las cumbres. En 2015, el Comité Directivo del L20 estuvo presidido por la central sindical

Türkiye İşçi Sendikaları Konfederasyonu (TÜRK-İŞ) e incluye, también, a Türkiye Devrimci İşçi Sendikaları Konfederasyonu (DİSK) y Türkiye İşçi Sendikaları Konfederasyonu (HAK-İŞ).

La Cumbre del L20 previa a la Cumbre del G20, en Antalya, manifestó que "La caída de las tasas de crecimiento y las grandes disparidades salariales, la persistente brecha mundial del empleo y los 73,3 millones de jóvenes desempleados en todo el mundo, los bajos niveles de inversión, así como los grandes retos que plantea el cambio climático, la crisis de los refugiados y la necesidad de poner en ejecución los Objetivos de Desarrollo Sostenible, requiere del liderazgo del G20. Con el fin de alcanzar la meta de crecimiento fijada por el G20 de incrementar un adicional 2,1% para 2018, las economías del G20 tendrían que crecer el doble de la meta inicial, es decir un 1% más anual. Están lejos de conseguirlo. La Cumbre del G20 en Antalya debe convertirse en un catalizador para la acción. El G20 reúne a las principales economías del mundo y tiene el poder de tomar medidas colectivas para poner en marcha la economía mundial y ejercer un impacto positivo en los ciudadanos de todo el mundo".

El sindicalismo internacional plantea la necesidad de producir un fuerte crecimiento inclusivo con un alto componente de empleo y propone una batería de políticas a implementar por la Cumbre: Dejar de lado las políticas de austeridad, con sus efectos negativos indirectos, y apoyar una demanda agregada, la inversión, las cualificaciones y la innovación, los servicios públicos y una tributación progresiva, así como sistemas distributivos. Consolidar y revisar en consecuencia las estrategias nacionales de crecimiento y empleo del Plan de Acción de Brisbane y evitar efectos indirectos negativos entre los miembros del G20. Incorporar el Marco para la Promoción de Empleo de Calidad, tal como se presenta en la Conferencia Ministerial del Trabajo de Ankara, y adoptar medidas coordinadas para invertir en puestos de trabajo y en buenas condiciones de trabajo, apoyar el diálogo social, los servicios de empleo y las políticas activas del mercado de trabajo, así como brindar mayores oportunidades de formación. Reducir la desigualdad de ingresos y la informalidad, dado que son los principales lastres para el crecimiento y el bienestar social. Aumentar los bajos y medios ingresos a través de salarios mínimos vitales y el apoyo a la negociación colectiva y, con ello, impulsar el poder adquisitivo en las economías.

Adoptar las "Prioridades del G20 en materia de políticas sobre la participación de la renta del trabajo y las desigualdades" y ponerlas en práctica a escala nacional, en particular, mediante el fortalecimiento de las instituciones del mercado de trabajo; la fijación de salarios mínimos; la promoción de la cobertura de los convenios colectivos y la protección social universal; asimismo, mediante la integración de los grupos vulnerables en la economía formal. Dar mandato al subgrupo del G20 sobre la Participación de la Renta del Trabajo, de apoyar el desarrollo de planes de políticas concreta. Poner en práctica e ir más allá del "objetivo 25 para 25" en relación con el empleo femenino antes de 2025 e invertir en servicios para el cuidado de niños y la economía asistencial. Dar seguimiento a la "Estrategia en materia de competencias y cualificaciones" del G20 incrementando las plazas de aprendizaje de calidad, garantizando una educación pública que cuente con los recursos necesarios y el aprendizaje a lo largo de la vida a través de una "colaboración estrecha" con los interlocutores sociales y con un enfoque que implique al conjunto del gobierno. Transformar los "Principios del G20 sobre el Empleo Juvenil" en políticas nacionales y examinar la posibilidad de introducir garantías para la juventud con el fin de abordar el reto de la juventud y los jóvenes vulnerables que "ni estudian, ni trabajan, ni siguen una formación". Aplicar el "Objetivo de la Juventud del G20" y evaluar su ambición en relación con las cifras del empleo juvenil a nivel nacional. Proseguir la labor sobre las reformas financieras, incluyendo las medidas armonizadas a nivel internacional para proteger la banca minorista de las actividades de la banca de inversión y comercialización volátil y examinar la posibilidad de una tasa sobre las transacciones financieras (TTF).

La XI Cumbre del G20, es un foro para propiciar la cooperación internacional sobre los aspectos más importantes del programa económico y financiero internacional. Reúne a diecinueve países y a la Unión Europea, que, en conjunto, representan alrededor del 90% del PIB mundial, el 80% del comercio global y dos tercios de la población en el mundo. Celebrada en Hangzhou, China, los días 4 y 5 de septiembre de 2016, se clausuró con la publicación del Comunicado Final y los Planes de Acción. Pese a unas tasas de interés negativas, el *Brexit*, el crecimiento estancado en la Eurozona, con una alta probabilidad de mayor flexibilización monetaria por parte del BCE, el texto se muestra optimista, centrándose más en soluciones estructurales a corto plazo y en ganancias a largo plazo derivadas de la innovación.

"El G20 ha tomado una vía pro-crecimiento, pero dejando de lado el empleo y la demanda. Pese a resultados importantes durante la reunión de Ministros de Trabajo y Empleo del G20 en julio, las respuestas al déficit de empleo y los persistentes bajos salarios han quedado reducidas a apenas uno de los cuarenta y ocho párrafos. Aunque se adoptan los Principios de Salarios Sostenibles, junto con compromisos sobre aprendizaje y empleabilidad, no se ha establecido un vínculo político decisivo con las estrategias de crecimiento del G20, careciendo de medidas de seguimiento", indicó Sharan Burrow, Secretaria General de la Confederación Sindical Internacional (CSI).

La Declaración del a la Cumbre del G20 reclamaba coherencia política entre el compromiso sobre salarios de Antalya y los nuevos Principios. En lugar de ello, se concede un "papel esencial" a las reformas estructurales. Si estas son una extensión del consenso de años anteriores basado en la austeridad, no se conseguirá mayor igualdad salarial ni nuevos empleos de calidad. Al ignorar opciones políticas que promoverían la demanda, incluyendo la inversión en infraestructura y el reforzamiento de las instituciones del mercado de trabajo, se dejará a los países del G20 con una política monetaria que, por sí sola, no puede impulsar el crecimiento. Especialmente cuando las economías se enfrentan a la deflación o a una baja inflación, casos que no se abordan en el comunicado de Hangzhou.

"La economía mundial necesita impulsar la demanda agregada incrementando los salarios y la inversión pública ya mismo, en lugar de más reformas estructurales a corto plazo que podrían reducir la demanda y crear mayor inseguridad. Unas instituciones fuertes del mercado de trabajo, empleos de calidad y planes de infraestructura tendrían que constituir elementos centrales de las estrategias de crecimiento del G20 y los principios que guíen las reformas estructurales, y no al contrario. Para lograr las ambiciones de crecimiento de Brisbane, los líderes tienen que mostrarse más decisivos respecto al crecimiento inclusivo y acordar un mayor rol a los sindicatos y al diálogo social", señaló John Evans, Secretario General de la Comisión Sindical Consultiva ante la OCDE (TUAC).

El Comunicado hace referencia a sinergias entre las políticas relativas a la demanda y a la oferta y a oportunidades para las mujeres, los jóvenes y los grupos vulnerables. Pero en general carece del mandato necesario para impulsar la demanda y garantizar un empleo de calidad, ligado también a la agenda de innovación. Todo se basa en la oferta. También el Comunicado reconoce los Objetivos de Desarrollo Sostenible, la Agenda de Acción de Addis Abeba y plantea cuestiones de seguimiento en relación con el Acuerdo del Clima de París, ratificado por los Estados Unidos y China durante la cumbre como un gesto simbólico. Pero será necesario mucho más que promover los mercados energéticos y la implicación empresarial en los países en desarrollo.

"Los líderes guardan silencio en cuanto a la conducta empresarial responsable y los derechos humanos en las cadenas mundiales de valor, al tiempo que promueven un mayor comercio. El L20 espera que el G20 se comprometa a tomar medidas concretas respecto a las cadenas mundiales de suministro y una conducta empresarial responsable en 2017. De igual modo, en lo relativo al cambio climático, el Comunicado resulta muy genérico. ¿Dónde está el firme llamamiento a una mayor ambición para mantener el calentamiento global por debajo de dos grados Celsius y para el desarrollo de las estrategias de transición justa necesarias para alcanzar dicho objetivo, manteniendo a los trabajadores en empleos de calidad?", cuestionó Burrow.

Lo mismo se aplica al nuevo enfoque del G20 en cuanto a las "nuevas vías de crecimiento" en relación con estrategias de innovación, la próxima revolución industrial y la economía digital. El L20 insta a la presidencia alemana del próximo año a alinear las ambiciones de crecimiento en tecnología e innovación con el futuro del trabajo y la capacitación necesaria, como un desafío clave a largo plazo, al tiempo que se salve la brecha digital en los países en desarrollo y para grupos vulnerables.

"El fomento de la innovación, la transformación industrial y la economía digital, si no se gestionan adecuadamente, dejarán a muchos atrás. Las estrategias de innovación deben ser formuladas colectivamente en distintos órganos del G20 y áreas políticas. No se trata exclusivamente de inversión y transferencia de tecnología. Es necesario que los sindicatos formen parte de la nueva Unidad de Trabajo del G20 en tanto que importantes asociados con vistas a la adopción de los enfoques sostenibles e inclusivos necesarios para mantener a los trabajadores con buenos empleos y aportarles una formación de calidad en el momento adecuado, especialmente en los sectores manufacturero y de servicios, teniendo en cuenta las tendencias demográficas y migratorias. Esto guarda relación también con la regulación de nuevos modelos empresariales y formas atípicas de trabajo en la economía digital", indicó Evans.

El G20, finalmente, reconoció que la actual crisis de refugiados es la mayor registrada desde la Segunda Guerra Mundial y que requiere una distribución de la carga que supone y asistencia al desarrollo, teniendo en cuenta que muchos países encuentran dificultades para hacerle frente. "Debemos responsabilizarnos y hacer más colectivamente. El G20 no ha conseguido establecer un plan de acción respecto a la integración del mercado de trabajo y oportunidades de capacitación para los migrantes. Deben respetarse los Derechos Humanos de las familias de refugiados, los menores no acompañados y los adultos jóvenes, y garantizar que tengan acceso al empleo, la vivienda, el aprendizaje del idioma y la formación profesional. En el Comunicado del G20 se echa en falta una palabra muy importante en el lugar adecuado: integración", añadió Burrow.

Brexit, recesión en Europa, crisis económica y política en América Latina, señales de restauración conservadora, desdibujamiento de la unipolaridad, Donald Trump. Este era el escenario para 2017. El G20 se reúne ese año en Hamburgo ante una gran hostilidad pública, cercado por vallas y rodeado de manifestantes que prácticamente neutralizan su funcionamiento.

La Declaración del Grupo Laboral 20 (L20), establece las políticas que deberían adoptar los líderes a fin de garantizar una acción coordinada destinada a crear empleos de calidad para el futuro, reducir las desigualdades con objeto de lograr los Objetivos de Desarrollo Sostenible y cumplir los compromisos del Acuerdo de París.

La Encuesta Mundial de la CSI 2017, que cubre a más de la mitad de los países del G20, reveló que el 74% de los encuestados se muestra preocupado por el aumento de la desigualdad entre el 1% más rico y el resto de la población; al 73% le preocupa la posibilidad de perder su empleo; y el 83% considera que el salario mínimo no resulta suficiente para llevar una vida digna.

"La globalización está en entredicho porque la mano de obra mundial está en apuros y la gente sencillamente no confía en unos gobiernos que simplemente les ofrecen más de lo mismo. La gente quiere reglas globales para las cadenas de suministro, donde se exijan responsabilidades a las corporaciones multinacionales; quiere un salario mínimo que permita vivir dignamente, quiere que se invierta en empleos para ellos y para sus hijos; y quiere que sus gobiernos tomen medidas respecto al clima", declaró Sharan Burrow, Secretaria General de la Confederación Sindical Internacional.

En rumbo para el G20 ha sido establecido ya por la Declaración de los Ministros de Trabajo y Empleo del G20, pero ahora les corresponde a los líderes del G20 reafirmar el llamamiento de sus ministros de trabajo con vistas a:

- la adopción de un set integrado de políticas que sitúen a las personas y al empleo en un lugar central, con inversiones en una infraestructura verde habilitante y en la economía de cuidados;

- asegurarse de que la competencia no se apoye en violaciones al trabajo decente y los principios y derechos fundamentales en el trabajo, imponiendo la debida diligencia respecto a los derechos humanos en las cadenas mundiales de suministro.

"La Cumbre del G20 en Hamburgo tiene lugar tras un año de respuestas críticas por parte de los votantes contra gobiernos, instituciones y el funcionamiento mismo de los sistemas económicos, en particular, de un sistema mundial que ha hecho mucho más por liberalizar y desregular los mercados que para repartir los costos y beneficios de la globalización de manera equitativa", indicó John Evans, Secretario General de la Comisión Sindical Consultiva ante la OCDE (TUAC).

"Los Ministros de Trabajo y Empleo del G20 acordaron unas políticas que, de adoptarse, aportarían trabajo decente a los jóvenes, las mujeres y los migrantes. Subrayaron, además, el papel de los interlocutores sociales para la creación de un futuro del trabajo adecuado para todos. Los líderes del G20 deben reafirmarlo, así como el rol esencial de la negociación colectiva y el diálogo social. Empresas y sindicatos a nivel del G20 hicieron un llamamiento conjunto en relación con garantías de aprendizaje permanente y empleos de calidad en todos los sectores. Ahora le corresponde al G20 asegurarse de alinear los resultados de sus Ministeriales de Trabajo y Finanzas para alcanzar dichos objetivos", agregó Evans.

El L20 reclama a los líderes del G20 los siguientes compromisos:

- Un estímulo fiscal para salir de la trampa de bajo crecimiento y emprender una transición justa hacia una economía baja en carbono y digitalizada;

- Situar el empleo y salarios de calidad en el centro de las acciones del G20 para hacer frente a las crecientes desigualdades;

- Salvar la brecha de género respecto a salarios y empleo;

- Apoyar el empleo juvenil y el desarrollo de competencias;

- Establecer normas para una conducta empresarial responsable, imponiendo la debida diligencia respecto a los derechos humanos en las cadenas mundiales de suministro;

- Incrementar la transparencia fiscal;

- Garantizar una distribución justa de los beneficios derivados del cambio tecnológico;

- Una respuesta conjunta a los grandes movimientos de refugiados y la integración de migrantes;

- Hacer realidad los compromisos sobre el cambio climático;

- Alinear las políticas del G20 con la Agenda 2030 para el Desarrollo Sostenible;

- Integrar el diálogo social y garantizar la coherencia de las políticas dentro del G20.

"Los Gobiernos del G20 han recibido de sus ciudadanos el mandato de actuar. Según revela la Encuesta Mundial de la CSI, el 85% de la población considera que ha llegado el momento de reestablecer las normas para promover el crecimiento y la prosperidad compartida y el 93% piensa que es importante que su gobierno adopte una posición contra los abusos de las empresas y en defensa del estado de derecho", añadió Sharan Burrow.

Como se puede apreciar, la salida del G20 al escenario del sistema internacional ha puesto varios temas en el tapete de discusión. En primer lugar, la incapacidad del sistema de Naciones Unidas para lidiar con las causas y efectos de la crisis de 2008-2010; en segundo lugar, la insuficiencia manifiesta del G8 para controlar el sistema económico mundial en una fase global compleja, donde el poder unipolar parece difuminarse y, al mismo tiempo, las relaciones internacionales se tensan para parir, lentamente, un sistema multipolar; la escasa claridad del papel a jugar por el G20 merced a los tirones en su interior respecto a un modelo económico a seguir en el tratamiento, no solo de las causas, sino de los efectos, en lo que atañe particularmente al movimiento sindical, la cuestión del empleo y la precariedad, no como temas únicos pero sí como temas específicos.

Mirando el futuro, la escala del daño causado por la crisis financiera global es tal que puede abarcar una generación reconstruir un orden económico global que promueva el crecimiento sustentable y equitativo, que reduzca los desbalances globales y que produzca una reforma del sistema financiero, entre muchas otras cosas. El G20 puede funcionar al viejo estilo, un G7 más algunos otros, o puede caminar y atravesar una transición conformándose como un grupo cohesivo en el que los grandes países en desarrollo dejan de ser seguidores de las reglas impuestas por el G7, en el seno del G20. Como se ha podido apreciar en las declaraciones de la Agrupación Global Unions y, posteriormente, en las del L20, propuestas del movimiento sindical internacional no faltan. Ante cada cumbre o reunión *ad hoc* del Grupo, el sindicalismo internacional no ha defeccionado en cuanto a presencia, capacidad de *lobby* y propuesta.

No obstante, la lentitud, no solo para abordar los temas del desempleo causado por la crisis financiera, sino las políticas económicas a seguir para la vertebración de una salida que tenga el trabajo y la inclusión como centro de las políticas, ha determinado incertidumbre respecto al funcionamiento del sindicalismo con relación al G20. Es que, además, la lentitud y, en algunos casos, la anomia para avanzar en la solución de los problemas, los que, por otra parte, son aceptados por el G20 como tales en cada cumbre, llena de incertidumbres también a las sociedades políticas y civiles en relación con el futuro de este Grupo.

Como lo comentamos, la Cumbre de Hamburgo fue un aviso de la intolerancia y la desazón que existe en las sociedades respecto a esta institución que nació, precisamente, para llevar soluciones a una globalización que funcionaba y sigue, por lo visto, funcionando para pocos. Este año, 2018, la Cumbre del G20 será recibida por Argentina, en Buenos Aires. La situación política en la subregión del Cono Sur de América Latina no augura, por lo menos, una cumbre tranquila y, al mismo tiempo, existe la posibilidad de instalar un debate desde el movimiento sindical y la sociedad civil enfocado, precisamente, en los impactos laborales y sociales que se avecinan relacionados con el futuro del trabajo en esta región.

Otras prioridades

También en los últimos tiempos la CSI se ha enfocado con mayor ahínco en temas y prioridades que, aunque no ausentes con anterioridad, han concitado expectativas importantes en su agenda de trabajo.

La CSI publica una Encuesta denominada *Index global de derechos* en la que se identifican, sobre la base de las informaciones que acercan las organizaciones sindicales nacionales miembros, las falencias, insuficiencias e incumplimientos de los países en materia de derechos laborales. Este *Index* es importante para establecer prioridades en materia de denuncias de dichas falencias e incumplimientos y a los efectos de incidir sobre las políticas de la OIT, desde el movimiento sindical, en el llamado de atención a los países respecto a la aplicación de las normas fundamentales del trabajo que se tratan públicamente en la conferencia anual de la organización internacional.

No obstante, la existencia de las Federaciones Sindicales Internacionales o sindicatos globales de sector, cuya mayor tarea es la vinculada a la organización de los sectores en las regiones y países donde tienen sus afiliadas, particularmente, la organización en multinacionales y cadenas de suministro, la CSI también incursiona en el terreno de la organización. En 2017, la CSI organizó, en Canadá la Conferencia sobre Organización Global en la que se debatieron las siguientes temáticas:

- Organización en la cadena de suministro: Plantaciones

- Organización en la economía informal

- Estrategias para el crecimiento en distintos sectores

- Establecimiento de nuevos sindicatos

- Organización masiva dentro de la comunidad

- Establecimiento de una nueva generación de organizadores

- Organización en grandes centros de trabajo con varios empleadores

- Organización para la paz

- Organización en condiciones hostiles

- Organización en una economía que atraviesa dificultades

- Organización tras la contestación social

Para fortalecer este aspecto de la central global, la CSI creó la Academia Mundial de Organización. La Academia, como lo informa la página web de la CSI, "brinda formación para Organizadores Sindicales y Organizadores Líderes Nacionales de las afiliadas de la CSI y las Federaciones Sindicales Internacionales que se comprometen políticamente y por medio de sus propios recursos a llevar a cabo un programa centrado en la organización. Pretende identificar a Organizadores Líderes Nacionales enérgicos que estén trabajando en campañas clave, y formarlos y asesorarlos en el desarrollo de técnicas de Organización Estratégica". La Academia desarrolla planes de campaña y colabora en actividades de tutoría a largo plazo con el objetivo firme de organizar nuevos miembros en los lugares de trabajo, conseguir mejores convenios colectivos y, en última instancia, impulsar un cambio social y reforzar el poder de los trabajadores y las trabajadoras.

Otra excelente iniciativa de la CSI está relacionada con las cadenas mundiales de suministro. Se trata del Centro de Recursos sobre las Cadenas de Suministro. La página web de la CSI informa que "el 80% del comercio y el 60% de la producción mundial corresponden en la actualidad a las cadenas de suministro de compañías multinacionales. La mayoría de los trabajadores empleados en las cadenas de suministro se encuentran atrapados en empleos inseguros y, muchas veces, peligrosos, cobrando salarios de miseria y debiendo realizar largas jornadas laborales. El trabajo informal, las horas extraordinarias obligatorias y la esclavitud también forman parte de la ecuación. Un reciente informe de la CSI demuestra que cincuenta de las mayores compañías mundiales tienen una relación directa de empleo con apenas el 6% de las personas que trabajan en sus cadenas de suministro, el 94% restante forma parte de la mano de obra oculta de la producción mundial. Los gobiernos están empezando a tomar conciencia del problema y el G7, el G20, la OIT y la OCDE han admitido que es necesario hacer algo al respecto".

La CSI llama a "movilizar para transformar el modelo de las cadenas de suministro en un sistema que redunde en beneficio de los trabajadores y trabajadoras. Esto implica situar el respeto de la legalidad, la libertad sindical y el derecho de negociación colectiva como elementos centrales. Implica solidaridad a todos los niveles de la cadena de suministro con aquellos que intentan reforzar el poder de los trabajadores". Este sitio web está dedicado a promover la labor de los sindicatos y sus aliados en la lucha a favor del trabajo decente en las cadenas de suministro.

La Red Sindical de Cooperación al Desarrollo (RSCD) es, también, una iniciativa de la CSI que agrupa a diversas organizaciones sindicales afiliadas, organizaciones solidarias (OS), representantes de las organizaciones regionales de la CSI y las Federaciones Sindicales Internacionales (FSI). El objetivo de la red es aportar la perspectiva sindical a los debates políticos y mejorar la coordinación y la eficacia de las actividades sindicales relacionadas con la cooperación al desarrollo.

El trabajo de la red se centra en labores de defensa y actividades de construcción de capacidades, incluyendo conferencias y seminarios además de diversas publicaciones: un boletín de noticias regular Enfoque Sindical en el Desarrollo y la serie de Cuadernos de Desarrollo que incluyen declaraciones políticas y proyectos de investigación de la RSCD.

La estrategia de cooperación al desarrollo de la CSI se basa en el principio de "la apropiación democrática". La RSCD ha venido operando desde 2007 contando con apoyo financiero de las organizaciones afiliadas y de la Comisión Europea.

La CSI ha logrado intervenir en todos los aspectos que tienen relación con el mundo del trabajo, en las múltiples facetas que el mismo despliega, con el objetivo precitado de convertirse en una voz y una fuerza que construye poder desde sus capacidades de representación, así como desde los niveles de debate y propuesta que la realidad global requieren. Su capacidad de respuesta ha potenciado la presencia del movimiento sindical a escala global, aunque pudiesen existir dudas o incertidumbres respecto a los efectos de su accionar.

Disipar esas dudas y/o incertidumbres en cuanto a los efectos implica realizar un análisis, primero, respecto a qué esperamos de ella, qué expectativas nos formamos respecto a sus impactos. En segundo lugar, hurgar en sus estructuras actuales: ¿son suficientes?, ¿son las adecuadas para el actual cuadro de situación del mundo y de los trabajadores y sus organizaciones sindicales? ¿son efectivas sus regionales?

La CSI no es un sindicato como el común de ellos. No ejerce representación directa de los trabajadores ni tampoco de los sindicatos de base o locales. Representa centrales sindicales nacionales. Su representación es indirecta. Por lo tanto, las expectativas tienen sus límites: no negocia colectivamente ni realiza un tratamiento puntual del conflicto laboral, no puede esgrimir posturas extremadamente específicas respecto a temas concretos del mundo del trabajo porque esas posturas pueden no ser asumidas por las disímiles realidades locales, nacionales y/o regionales, su capacidad de movilización de masas, a su escala, es decir a escala global, no es del todo nula, aunque tampoco es sencilla. Por otra parte, es necesario notar que en su interior se mueven tensiones porque conviven organizaciones sindicales que representan intereses concretos de trabajadores de distintos países y regiones del planeta.

Al margen de lo dicho en el párrafo precedente, el proceso por el que tiene que pasar la organización mundial de los trabajadores para convertirse en un sujeto global de nuevas características, ha de tener nuevas dinámicas y cabalgar sobre un nuevo mapa político, cultural y, fundamentalmente, del trabajo. Por de pronto, entender que no se está en una coyuntura puntual. Hay un proceso en marcha, de disputa de modelo a construir, permanente y complejo. Hay, obligadamente, ciertos elementos a tener en cuenta en este nuevo escenario.

El conocimiento, su procesamiento y la eficacia de la información, conforman un trípode, no solo necesario, sino estratégico en la política de la central mundial. El movimiento sindical hoy día, independientemente de la etapa de incertidumbres, tensiones y pugna, posee más herramientas e instrumentos para diagnosticar, conocer en profundidad, y hasta prever escenarios y situaciones, que antes. Los niveles de conocimiento superan infinitamente los que tuvieron quienes construyeron nuestras organizaciones y, así y todo, las construyeron y las perfeccionaron. Todos sabemos de las diferencias de tamaños, estructuras, representación, vigencia y ejercicio de la libertad sindical y culturas sindicales. No obstante, esas diferencias, entendemos necesario buscar los denominadores comunes a todos los movimientos sindicales nacionales y regionales que integran la familia de la CSI que permitan que esos conocimientos permeen hacia esas organizaciones. El GURN y la GLU son iniciativas importantes, aunque insuficientes. La eficacia de la información, obviamente, está relacionada con quién la emite y quién la recepciona. La trasmisión del conocimiento y la eficacia de la información no se producen solo por su ubicación en una página web sino por lograr incitar a las regionales y a las organizaciones nacionales a usar ese conocimiento y esa información regular y adecuadamente. Insistimos en una reformulación creativa e innovadora del conocimiento y la información. La creación de un grupo con participación de las regionales, el área de comunicaciones, expertos académicos, ACTRAV de la OIT y de sindicatos que hayan perfeccionado sus métodos para hacer más eficaz la investigación, el conocimiento y su procesamiento, podría ser un instrumento importante en tanto y en cuanto emane de él un plan para mejorar estos aspectos.

Otro elemento importante es la capacidad de la central mundial para ser agente dinamizador de los distintos segmentos de la sociedad global. Hablamos de un rol de articulador de los distintos movimientos sociales y de conexión con los movimientos políticos. La CSI debe transmitir la idea de que cualquier intento de programa político debe partir de una mirada e interpretación del mundo del trabajo. Es obvio que, como lo comentamos precedentemente, existen países y regiones cuyos movimientos sindicales se relacionan con espacios políticos y sociales diversos. Pero, aquí, hablamos de un rol dinamizante y articulador con algunos movimientos y organizaciones no gubernamentales de carácter global y presentes multinacionalmente. El programa de la CSI que se vaya pergeñando puede derramar a vastos sectores de la sociedad civil y política y ampliar la capacidad de incidencia de la central.

Se trata de mantener la construcción de su propia identidad sindical al tiempo que genera una red fluida de intercambios y de generación de redes inter-societales. En esta tarea es necesaria la acción consecuente de las regionales, del Consejo Sindical CSI-CES y del Consejo de Sindicatos Globales. Las campañas globales y las regionales necesitan un sustento de masa crítica mayor que el que se percibe desde los sindicalismos nacionales. En esta tarea, estos últimos deberían desempeñar una acción a través de las secretarías internacionales de las centrales nacionales y sus vinculaciones con la CSI. Una campaña difícilmente será exitosa solamente con su lanzamiento, si no existen la una y la otra, esto es la acción nacional y la vinculación con quien lleva la campaña adelante desde la CSI y el Sindicato Global, si cabe.

La CSI deberá crear un ámbito de estudio y debate sobre el futuro del trabajo. No solo la existencia flamante de la Comisión Mundial sobre el Futuro del trabajo instrumentada por la OIT lo amerita. El movimiento sindical internacional debe tener su propia visión sobre el futuro del trabajo y como produce el respeto por los derechos fundamentales del trabajo y la generación de empleo decente en ese futuro.

En definitiva, como lo indicamos en la "Introducción", se trata de crear un nuevo internacionalismo sindical en un nuevo tiempo de profundas mutaciones en el trabajo a las que hay que imprimir justicia social, derechos y más democracia. Esta tarea no está exenta de tensiones, diálogo y lucha inteligente. Tensiones al interior de la central y al exterior de ella misma, diálogo intra e intersindical y una lucha en la que los aspectos cuantitativos, que caracterizaron históricamente el poder transformador del movimiento obrero, interactúan con los aspectos cualitativos de su accionar. Al mismo tiempo, las experiencias nacionales, al menos en América Latina, demuestran que la unidad sigue siendo un prerrequisito para ser co decisores en la mesa del poder. Las razones que dieron origen a la CSI siguen absolutamente vigentes. Se torna, entonces, una prioridad avanzar aún más en el proceso unitario a escala global. Si se dejaron de lado las diferencias entre el sindicalismo socialcristiano y la CIOSL, no vemos impedimentos para profundizar ese diálogo con vistas a una CSI más abarcativa y representativa. Las vinculaciones con el sindicalismo chino deben formar parte prioritaria de la agenda de la CSI y de los sindicatos globales. Hay que cerrar el círculo unitario para que el modelo que nos saque de la incertidumbre contenga un reconocimiento a la presencia de un movimiento sindical internacional más fuerte en el futuro mundo del trabajo.

Glosario

CIOSL	Confederación Internacional de Organizaciones Sindicales Libres.
FSM	Federación Sindical Mundial.
CMT	Confederación Mundial del Trabajo.
CLAT	Confederación Latinoamericana de Trabajadores.
CSI	Confederación Sindical Internacional.
CSA	Confederación Sindical de las Américas.
ORIT	Organización Regional Interamericana de Trabajadores.
OIT	Organización Internacional del Trabajo.
OCDE	Organización para la Cooperación y el Desarrollo Económico.
TUAC	Comité de Asesoramiento Sindical de la OCDE.
OPEP	Organización de Países Exportadores de Petróleo.
AFL-CIO	Federación Americana del Trabajo y Confederación de Organizaciones Sindicales Industriales (Central obrera de los Estados Unidos).
CUT	Central Única de los Trabajadores (se refiere a la central obrera mayoritaria de Brasil).
UGT	Unión General de los Trabajadores (se refiere a la segunda central obrera de Brasil).
PIT-CNT	Plenario Intersindical de Trabajadores y Confederación Nacional de Trabajadores (Se refiere a la central obrera uruguaya).
OMC	Organización Mundial del Comercio.
GATT	General Agreement on Trade and Tariffs (Acuerdo General sobre Comercio y Tarifas).
CCSCS	Coordinadora de Centrales Sindicales del Cono Sur.
PT	Partido de los Trabajadores de Brasil.
FIET	Federación Internacional de Empleados, Técnicos y Profesionales.
ITG	Internacional de Trabajadores Gráficos.
MEI	Media and Entertainment International (Internacional sindical de los medios y el entretenimiento).

IC   Internacional de las Comunicaciones.

UNI   Union Network International (Red Sindical Internacional. Se refiere al Sindicato Global del sector servicios).

FITCM   Federación Internacional de la Construcción y la Madera.

ACFTU   All China Federation Of Trade Unions (se refiere a la federación de sindicatos de toda la China).

EMTD   Equipo Multidisciplinario de Trabajo Decente (CGT de Argentina).

CELAM   Consejo Episcopal Latinoamericano.

AMG   Acuerdo Marco Global.

Bibliografía

AA. VV. (2017). *Towards a fairer gig economy*. Londres, Meatspace Press.

Albanese, P. (2016). "China, la economía de mercado y la OMC". En *EL Tribuno*, 10 de noviembre. Disponible en: www.eltribuno.info/china.

Antenas Collderram, J. M. (2008). "Los sindicatos ante la globalización. ¿Hacia que nuevas formas de solidaridad?". En *Cuadernos de Relaciones Laborales*, Vol. 26, n° 1. Madrid, Universidad Complutense.

Arrighi, G. (2015). *Adam Smith en Pekín. Orígenes y fundamentos del siglo XXI*. Madrid, Akal.

Attiná, F. (2001). *El sistema político global. Introducción a las relaciones internacionales*. Barcelona, Paidós Ibérica.

Baldwin, D. (1993). *Neorealism and Neoliberalism. The Contemporary Debate*. Columbia, Columbia University Press.

Barone, B. (2015). "El debate sobre la condición de economía de mercado de China cobra intensidad". Bruselas, Dirección General de políticas exteriores del Parlamento Europeo.

Barretto Ghione, H. (2017). "Tres Determinismos Tecnológicos sobre el Futuro del Trabajo". En el suplemento "Posturas" de *La Diaria*, 15 de julio. Disponible en: https://findesemana.ladiaria.com.uy/articulo/2017/7/tres-determinismos-tecnologicos-sobre-el-futuro-del-trabajo/.

Basualdo, V. (2012). "El sindicalismo 'libre y el movimiento sindical argentino desde mediados de los años cuarenta a mediados de los años cincuenta". Artículo publicado y presentado en el European Social Science and History Congress en Glasgow.

Boff, L. (2017). "La ideología afín a la teología de la liberación de Jorge Bergoglio". Reportaje en *El País* de España. Disponible en: www.catolicosalerta.com.ar.

Boff, C. (2003). "La originalidad histórica de Medellín". Disponible en: www.servicioskoinonia.org/relat/203.htm.

Brynjolfsson, E., McAfee, A. (2016). *La segunda era de las máquinas.* Buenos Aires, Temas.

Castells, M. (2000). "Globalización y sociedad civil: el nuevo contexto histórico de los derechos humanos". En *Isegoría* n° 22. Disponilbe en: http://isegoria.revistas.csic.es/index.php/isegoria/article/viewFile/518/518.

______. (2001). *La era de la información. La sociedad en red.* Madrid, Alianza.

Castillo, J. J. (2008). *La soledad del trabajador globalizado.* Madrid, Catarata.

China Labour Bulletin. (2011). "La situación del movimiento obrero en China y sus perspectivas de futuro". Disponible: www.clb.org.

Collinson, P. (2012). "China´s great leap forward into the supermarket". En *The Guardian.* Disponible en: https://www.theguardian.com/money/2012/apr/27/china-biggest-market-world.

Concilio Vaticano II (1965)."Situación del hombre en el mundo de hoy". En *Constitución pastoral "Gaudium et spes".* Roma, Ediciones San Pablo.

Cooper, A., Thakur, R. (2013). *The Group of Twenty (G20).* Nueva York, Routledge.

Cortina, R. y otros (2011). *La encrucijada global. Nuevas fronteras en la agenda global.* Buenos Aires, Prometeo.

Cortina, R., Robles, A. (2006). *Mercosur, integración y sociedad de trabajo.* Buenos Aires, Corregidor.

Cuda, E. (2017). "Teología y política en el discurso del Papa Francisco. ¿Dónde está el pueblo?". En *Nueva Sociedad* n° 248, noviembre-diciembre. Disponible en: http://nuso.org/articulo/teologia-y-politica-en-el-discurso-del-papa-francisco-donde-esta-el-pueblo/.

Del Arenal Moyúa, C. (2008). "Mundialización, creciente interdependencia y globalización en las relaciones internacionales". En *Cursos de derecho internacional y relaciones internacionales de Vitoria-Gasteiz* n° 1. Disponible en: http://www.ehu.eus/cursosderechointernacionalvitoria/ponencias/pdf/2008/2008_4.pdf.

Dirmoser, D. (2017). "La gran marcha china hacia el oeste. El megaproyecto de la nueva ruta de la seda". En *Nueva Sociedad* n° 270, julio-agosto.

Duran Herrera, J. J., Bajo, N. (2014). "Institutions as Determinant Factors of Corporate Responsibility Strategies of Multinational Firms". En *Corporate Social Responsibility and Environmental Management* vol. 21, n° 6.

Fanjul, E. (2011). "Hacia un nuevo modelo de crecimiento chino". En *Economía Exterior* n° 56. Disponible en: http://www.politicaexterior.com/articulos/economia-exterior/hacia-un-nuevo-modelo-de-crecimiento-chino/.

Ferrando, A. P. (2013). *"Las cadenas globales de valor, los países en desarrollo y sus PYMES"*. Buenos Aires, Instituto de Estrategia Internacional.

Gallego-Díaz, S. (1982). "El regreso de la central norteamericana AFL-CIO a la CIOSL amenaza con trastornar el panorama sindical de todo el mundo". En *El País*. Disponible en: https://elpais.com/diario/1982/02/05/economia/381711608_850215.html.

Gallin, D. (2008). "Transnational companies. International Framework Agreements: A Reassessment". En *Cross-Border Social Dialogue and Agreements: an Emerging Global Industrial Framework?* Ginebra, International Institute of Labour Studies. Disponible en: http://www.globallabour.info/en/2008/06/international_framework_agreem_2.html.

Godio, J. (2011). *El futuro de una ilusión. Socialismo y mercado.* Buenos Aires, Capital Intelectual.

______. (2007). *La sociedad de trabajo: una utopía realizable. Modos de desarrollo productivos y empleos decentes en las Américas*. Buenos Aires, Corregidor.

______. (2003). *Sindicalismo sociopolítico. Bases y estrategias para la unidad y renovación sindical*. Santiago de Chile, Oficina Internacional del Trabajo. Disponible en: http://www.insumisos.com/httpdocs/articulos/Sindicalismo%20en%20Chile%20(J.%20Godio).pdf.

______. (2005). *Sociedades de trabajo y sindicalismo socio-político en América Latina y el Caribe*. Buenos Aires, Corregidor.

Godio, J., Washendorfer, A. (1986). "Las internacionales sindicales". *Nueva Sociedad* n° 83. Disponible en: http://nuso.org/media/articles/downloads/1395_1.pdf.

González, M., Lagos, J.G. (2013). "Methol: la religión como geopolítica, la geopolítica como religión". En *Lento*, junio. Disponible en: http://lento.uy/methol/ [Consulta: 22 de junio de 2014].

Di Marco, L. (2010). "Curas villeros: predicadores de la Teología del Pueblo". En: *La Nación. Enfoques*. Disponible en: http://www.lanacion.com.ar/1262615-curas-villeros-predicadores-de-la-teologia-del-pueblo.

Lafuente, M., Genatios, C. (2005). "Crisis petrolera y cambio tecnológico". En *Red Voltaire*. Disponible en: http://www.voltairenet.org/article126714.html.

Lancho García, R. (2013). "Gracias a Bergoglio el documento de Aparecida más que un texto es una realidad". Entrevista con Susana Nuín en *ZENIT, el mundo visto desde Roma*. Disponible en: https://es.zenit.org/articles/gracias-a-bergoglio-el-documento-de-aparecida-mas-que-un-texto-es-una-realidad/.

Lascurain Fernández, M. (2012). "Empresas multinacionales y sus efectos en los países menos desarrollados". En: *Economía: Teoría y Práctica*. Nueva Época, n° 36 enero-junio. Disponible en: http://www.scielo.org.mx/pdf/etp/n36/n36a4.pdf.

Lebrón Veiga, A. J. (2008). "Economía china: pasado, presente y futuro". En *Observatorio de Política China*. Disponible en: http://politica-china.org/areas/sociedad/economia-china-pasado-presente-y-futuro.

Malena, J. (2013). *"China. La construcción de un país grande"*. Buenos Aires, Céfiro.

Martínez de Bringas, A. (2001). *"Globalización y derechos humanos"*. Bilbao, Instituto de Derechos Humanos, Universidad de Deusto. (Cuadernos Deusto de Derechos Humanos; n° 15). Disponible en: http://www.deusto-publicaciones.es/deusto/pdfs/cuadernosdcho/cuadernosdcho15.pdf.

Mason, P. (2016). *"Postcapitalismo: hacia un nuevo futuro"*. Buenos Aires, Paidós. (Estado y Sociedad).

Méndez, D. (2010). "Los trabajadores chinos de Honda protestan". En *ZaiChina.Net*. Disponible en: http://www.zaichina.net/2010/06/01/los-trabajadores-chinos-de-honda-protestan/.

Metalli, A. (2011). "El filósofo que inspira al Papa". Disponible en: http://www.metholferre.com/reconocimiento/testimonios/detalle.php?id=38.

Munck, R. (2008). *"Globalización y trabajo. La nueva Gran Transformación"*. Mataró, Intervención Cultural.

Novick, M. (2001). "Nuevas reglas de juego en la Argentina. Competitividad y actores sindicales". En: *Los sindicatos en los procesos de transición*, Buenos Aires, CLACSO.

Papa Francisco (2015). *Carta encíclica sobre el cambio climático y la desigualdad. Laudato si' sobre el cuidado de la casa común*. Roma, Librería Editrice Vaticana.

_____ (2017). "Discurso del Santo Padre Francisco a los Jefes de Estado y de Gobierno de la Unión Europea presentes en Italia para la celebración del 60 aniversario del Tratado de Roma". Disponible en: http://w2.vatican.va/content/francesco/es/speeches/2017/march/documents/papa-francesco_20170324_capi-unione-europea.html.

_____ (2013). "Exhortación Apostólica Evangelii Gaudium del Santo Padre Francisco a los Obispos, a los Presbíteros y Diáconos, a las personas consagradas y a los fieles laicos sobre el anuncio del Evangelio en el mundo actual". Disponible en: http://w2.vatican.va/content/

francesco/es/apost_exhortations/documents/papa-francesco_esorta-zione-ap_20131124_evangelii-gaudium.html.

Piketty, T. (2014). *El capital en el siglo XXI*. México, Fondo de Cultura Económica.

Poch-De-Feliu, R. (2009). *La actualidad de China: un mundo en crisis, una sociedad en gestación*. Barcelona, Crítica.

Conferencia General del Episcopado Latinoamericano y del Caribe (2007). [Resumen del documento final] "Aparecida 30/05/2007, Brasil". En *Aciprensa*. Disponible en: https://www.aciprensa.com/aparecida07/final.htm.

Asamblea General de la Organización de las Naciones Unidas, Instituto del Tercer Mundo (2009). "Las propuestas de la Comisión Stiglitz para la Cumbre de la ONU: Cómo salir de la crisis ¿y después?". En *GloobalHoy* n° 101. Disponible en: http://www.gloobal.net/iepala/gloobal/fichas/ficha.php?entidad=Textos&id=7297&opcion=documento.

Roel Pineda, V. (1998). *La tercera revolución industrial y la era del conocimiento*. Lima, Universidad Nacional Mayor de San Marcos.

Ruffier, J. (2011). "Tensiones sociales en China del Sur. ¿Hacia un paro general?". En *Revista de Trabajo* año 7, n° 9. Disponible en: http://www.trabajo.gob.ar/left/estadisticas/descargas/revistaDeTrabajo/2011n09_revistaDeTrabajo.pdf.

Saskia, S. (2015). *Expulsiones. Brutalidad y complejidad en la economía global*. Buenos Aires, Katz.

Scannone, J. C. (2014). "El papa Francisco y la teología del pueblo". En *Razón y Fe* vol. 271, n° 1395. Disponible en: http://www.encuentro-mundi.org/wp-content/uploads/2015/02/Bergoglio-y-teologia-del-pueblo.pdf.

______. (2009). "La filosofía de la liberación: historia, características, vigencia actual". En *Teología y Vida* vol. 50. Disponible en: https://scielo.conicyt.cl/pdf/tv/v50n1-2/art06.pdf.

Schmidt, V., (ed.) (2007). "*Trade union responses to globalization: A review of the Global Union Research Network*". Ginebra, International Labour Organization.

Stephenson S. M. (2015). "Cadenas globales de valor: la nueva realidad del comercio internacional". En *Puentes. Análisis e Información sobre Comercio y Desarrollo Sostenible para América Latina* vol. 16, n° 1. Disponible en: https://www.ictsd.org/bridges-news/puentes/news/cadenas-globales-de-valor-la-nueva-realidad-del-comercio-internacional.

______. (2016). "*Trade Governance Frameworks in a World of Global Value Chains*". Ginebra, International Centre for Trade and Sustainable Development, World Economic Forum. (Policy Options Paper). Disponible en: http://www3.weforum.org/docs/E15/WEF_Global_Value_Chainreport_2015_1401.pdf.

Stiglitz, J. E. (2015). "*La gran brecha*". Barcelona, Taurus.

Strange, S. (1996). "*The Retreat of State. The Diffusion of Power in the World Economy*". Cambridge, Cambridge University Press. (Cambridge Studies in International Relations).

Tandon, Y. (2012). "La reforma del sistema financiero internacional. El informe Stiglitz tres años después". En *Red del Tercer Mundo*. Disponible en: http://agendaglobal.redtercermundo.org.uy/2012/10/05/la-reforma-del-sistema-financiero-internacional-el-informe-stiglitz-tres-anos-despues/.

Tokatlian, J. G. (2004). *Hacia una nueva estrategia internacional. El desafío de Néstor Kirchner*. Buenos Aires, Norma.

Traub-Merz, R. (2011). *Wages Strikes and Trade Unions in China-End of the Low-wage Policy*. Berlin, Friedrich-Ebert-Stiftung.

______ (2011). *All China Federation of Trade Unions: Structure, Functions and the Challenge of Collective Bargaining*. Ginebra, Internatinal Labour Office. (Working Paper, n° 13).

UNI Global Union (2016). *Report to the World Executive Board on mission to China*.

_____. (2017). *The Future World of Work*. Disponible en: http://www. thefutureworldofwork.org/.

Van Der Velde, L. (2010). "*G20(I). Una historia*". Buenos Aires, Grupo de Estudios Internacionales Contemporáneos. Disponible en https:// geic.files.wordpress.com/2010/12/g20-i-una-historia.pdf.

Vasquez, J. A. (1983). *The Power of Power Politics. From Classical Realism to Neotraditionalism*. Cambridge, Cambridge University Press. (Cambridge Studies in International Relations).

Xercavins i Valls, J. (2009). *La crisis global, las Naciones Unidas y la gobernabilidad democrática mundial. Informe sobre la Conferencia de las Naciones Unidas sobre la crisis financiera y económica mundial y sus efectos sobre el desarrollo*. Barcelona, Centro de Cooperación para el Desarrollo de la Universidad Politécnica de Cataluña; Centro UNESCO de Cataluña. Disponible en: https://upcommons.upc.edu/ bitstream/handle/2117/6586/xFIUNREPORTd_es.pdf.

Impreso por TREINTADIEZ S.A. en 2018
Pringles 521 (C1183 AEI)
Ciudad Autónoma de Buenos Aires
Teléfonos: 4864-3297 / 4862-6794
editorial@treintadiez.com

www.ingramcontent.com/pod-product-compliance
Lightning Source LLC
Chambersburg PA
CBHW081956260726
48659CB00009BA/2790